EINSCHLAG: TITAN

Hard Science Fiction

BRANDON Q. MORRIS

ISBN: 978-3-96357-031-5

Lizenzausgabe des Belle Époque Verlags, Dettenhausen, mit freundlicher Genehmigung des Autors.

Brandon Q. Morris c/o Matthias Matting

Sieglgut 51, 94034 Passau

www.hardsf.de

brandon@hardsf.de

Lektorat: Dr. Ulrike Bunge

Korrektorat: Mirjam-Samira Volgmann

Covergestaltung: Aditya Mashardito

Druck: Custom Printing, Warszawa, Polen

BE

Belle Époque Verlag

Inhalt

Einschlag: Titan 1

Nachwort 295
Bücher von Brandon Q. Morris 297
Die neue Biografie des Saturn 309

Einschlag: Titan

4790.3

DAS FLÜSSIGE METHAN GLÄNZT ÖLIG AUF SEINER HAUT. Boris wartet, bis es verdunstet ist, dann spreizt er die Zehen, bückt sich und entfernt den Eiskrümel, der sich zwischen dem vierten und dem fünften Zeh verfangen hat. Auf dem rechten Handrücken leuchtet die Zahl 92 in Grün auf. Der See ist heute noch zwei Grad kälter als gestern. Aber wie tief wird er sein? Der schwarze Spiegel des Gewässers liegt fast still vor ihm. Er erinnert ihn an verdickte Sojamilch. Wenn man genau hinsieht, erkennt man dünne, graue Nebelschwaden, die in die bräunliche Luft aufsteigen. Es ist fast windstill, nachdem es drei Tage lang ununterbrochen geregnet hat.

Boris drückt den Rücken durch. Was sie vorhaben, ist eine Schnapsidee, wie sie nur von den Wnutri kommen kann. Er dreht sich um. Anna steht in einem knappen Meter Abstand schräg hinter ihm und kratzt sich gerade unter der Achsel.

»Was ist los?«, fragt sie.

Unter der Mundmembran bewegen sich ihre Lippen im Takt der Worte, doch ihre Stimme erklingt direkt in seinem Kopf. Boris schaltet den Sender ab. Auf diese kurze Entfernung können sie sich ebensogut auf die gute alte Art verständigen, per Schall. Es kann nie schaden, Energie zu sparen.

»Soll ich noch lange hier herumstehen?«

Eigentlich ist seine Schwester die netteste Kollegin, die

man sich vorstellen kann, aber heute ist sie schon seit dem Frühstück seltsam gereizt. Sie sagt aber nicht, warum. Ob sie schon wieder Ärger mit ihrer Freundin hat? Er reaktiviert den Sender, weil ihm einfällt, was sie gerade vorhaben. Er ist offenbar selbst ein bisschen konfus. Das muss an der Aufgabe liegen. Geralt, der Archäologe, hat leicht reden. Er sitzt im Wnutri-Abteil der Station und braucht bloß zu warten, bis sie ihm bringen, was er will. Du musst dich konzentrieren, Boris. Auch ein Snarushi ist nicht unsterblich.

Langsam tastet er mit dem rechten Fuß nach vorn. Der Boden ist sandig. Das ist ein gutes Zeichen. Er überträgt sein ganzes Gewicht auf den rechten Fuß und sinkt etwa fünf Zentimeter tief ein. So weit, so gut. Der linke Fuß tastet nach vorn. Er schiebt ihn langsam über den Seeboden, der sandig bleibt. Sand ist gut. Bei diesen höllisch niedrigen Temperaturen verhalten sich die Wassereiskristalle wie Silizium-Sand. Gefahr geht vom Methangas aus. Wenn es zu kalt wird, friert der See von unten her zu. Hätte es Geralt nicht ein paar Umläufe früher einfallen können, nach diesem Schrott zu suchen? Dann wäre jetzt hier noch Herbst und nicht Winter. Fünf Grad mehr, und am Seegrund hätte sich garantiert kein Eis gebildet. Vielleicht wäre der Methansee auch komplett verdunstet, dann hätten sie gemütlich im Wassereis-Sand graben können.

Der nächste Schritt. Boris zieht den rechten Fuß nach vorn. Der nasse Sand am Grund versucht, ihn festzuhalten, aber gegen die Kraftfasern in seinen Gelenken hat er keine Chance. Noch immer kein Eis am Boden. Vielleicht haben sie Glück. Das linke Bein ist an der Reihe. Boris führt all seine Bewegungen mit Bedacht aus. Er ist der Außenwelt gewachsen, aber das bedeutet nicht, dass der Mond ihm nicht gefährlich werden kann. Nur einer von zehn Snarushi stirbt an Altersschwäche. Trotzdem will fast jeder junge Titanier zu den Äußeren gehören. Boris hat die Entscheidung auch noch nie bereut, selbst wenn sie Einschränkungen mit sich bringt. Den Wnutri gehören die Labors und Gewächshäuser, aber ihm gehört der ganze Titan.

Das flüssige Methan reicht ihm jetzt schon bis zur Hüfte.

»Sieht gut aus«, sagt er und dreht sich um.

Anna folgt ihm. Seine jüngere Schwester ist mindestens so geschickt wie er, obwohl sie erst vor fünfzig Umläufen zur Snarushi geworden ist. Es dauert allein fünf Umläufe, bis innere und äußere Haut zusammengewachsen sind. Die folgende Trainingsphase, in der man den Umgang mit dem neuen Körper erlernt, hat Anna in zwei Dritteln der Standardzeit absolviert. Ihre Mutter wäre bestimmt stolz auf sie, wenn sie noch lebte.

Boris tastet mit dem rechten Fuß nach vorn. Aber dort ist nichts. Er ist so überrascht, dass er beinahe stürzt.

»Achtung, hier ist eine Abbruchkante«, warnt er Anna.

Das ist nicht ungewöhnlich. Der Untergrund verhält sich wie Karstgestein, das von den Gezeitenkräften des Saturn durchgeknetet wird. Manchmal bilden sich Risse, oder der Boden bricht bis zu einem unterirdischen Methankanal durch. Boris schiebt sich die Brille über die Augen. Das Gerät sieht aus wie eine Taucherbrille, enthält aber eine Kombination aus Sonar, Radar und Lidar. Dadurch kann er mit ihr auch unter Wasser oder in dichtem Nebel sehen. Dann rückt er den schweren Rucksack mit den Bleiblöcken zurecht. Ohne ihn würde er wie eine Gummiente an der Oberfläche des Methansees bleiben. Er nimmt die Arme nach vorn, drückt sich ab und taucht unter. Gleich wird Anna ihm folgen.

Der Pfeil weist nach vorn. Boris schnippt mit den Fingern, und die Anzeige auf seinem Handrücken ändert sich. Es wird ganz allmählich kälter hier unten. Er schnippt noch einmal. Sie sind schon bei acht Metern. So tiefe Seen gab es auf Titan nicht, als damals die ersten Menschen eintrafen. Aber die Energie, die sie benötigen, um am Leben zu bleiben, landet als Abwärme in der Atmosphäre und erwärmt sie langsam. Es regnet mehr als früher, und Gewitter kommen nicht mehr nur alle paar Umläufe vor, sondern fast in jedem Umlauf. Im Rat gibt es eine kleine Fraktion, die deshalb die Abschaffung der Wnutri fordert, der Inneren, die die Wärme der Stationen brauchen. Aber das ist eine Milchmädchenrechnung – denn ohne die Nahrung aus den Gewächshäusern und den Sauerstoff aus den Tanks könnten auch die Äußeren nicht überleben.

Noch 150 Meter, zeigen die lumineszierenden Zellen auf seiner Handfläche. Boris sieht sich nach Anna um. Sie schwimmt mit kraftvollen Zügen. Trotz der zentimeterdicken Außenhaut ist das Spiel ihrer Muskeln zu sehen. Ihre Schultern sind so breit wie ihre Hüften. Sie ist eine schöne Frau geworden, und schon immer hatten sich Jungen und Mädchen für sie interessiert. Jetzt bremst sie mit Armbewegungen nach vorn. Den Blick hat sie angestrengt nach unten gerichtet.

Was sieht sie da? Boris schaltet die Brille durch alle Wellenlängen. Da ist etwas, im Infrarot. Es sieht aus wie eine Schlange, die von unten aus dem Inneren des Mondes hervorkriecht. Das muss eine unterirdische Quelle sein. Sie wissen immer noch zu wenig über die Geophysik dieses Mondes, um die Existenz dieser Quellen erklären zu können. Aber sie sind interessant für die Geologen, weil sie oft jede Menge interessanter Verbindungen mit sich führen. Bergbau ist auf Titan schwierig, weil kaum Gestein freiliegt, deshalb lohnt es, Metalle und andere Elemente aus solchen Quellflüssen zu gewinnen.

»Zeichnest du es auf?«, fragt er.

»Klar, Brüderchen, mach dir keine Sorgen.«

Er schüttelt den Kopf. Natürlich macht er sich Sorgen, schließlich ist sie seine kleine Schwester, und Anna handelt manchmal etwas impulsiv. Beinahe wäre sie deswegen vom Snarushi-Programm ausgeschlossen worden. Sie hatte die Station vor Abschluss der Ausbildung ohne Erlaubnis verlassen. Das war ein Skandal sondergleichen gewesen. Aber noch nie musste ein Snarushi seine Außenhaut, die ihn vor der Atmosphäre des Titan schützt, wieder hergeben. Die Spezialschicht ist schließlich mit der Innenhaut verwachsen; um sie zu entfernen, hätte man Anna bei lebendigem Leib häuten müssen. Das war dem Rat dann doch als zu drastische Strafe erschienen.

»Lass uns weiterschwimmen«, sagt er. »Wir haben noch fünf Stunden, dann müssen wir wieder in den Tank.«

»Da vorn muss es sein.«

Unwillkürlich dreht sich Boris um. Anna schwimmt ein paar Meter hinter ihm. Im Infrarot sieht er ihre Silhouette am deutlichsten. Die Außenhaut isoliert zwar hervorragend und gibt deshalb nur sehr wenig Wärme ab, aber in der Kälte hier unten ist schon ein halbes Grad Temperaturdifferenz in der Brille deutlich erkennbar.

»Siehst du etwas?«, fragt er.

»Nein, aber das sind die Koordinaten, die uns Geralt gegeben hat.«

»Das bedeutet nicht viel.«

Eigentlich betrachtet er Geralt ja als seinen Freund. Der Archäologe plustert sich aber für seinen Geschmack zu oft mit angeblichem Wissen auf. Häufig stellt sich dann heraus, dass es sich nur um eine Vermutung handelte.

»Lass uns trotzdem nachsehen.«

Boris atmet tief durch. Anna wartet nicht auf seine Zustimmung. Schon schwebt sie dicht über dem Schlick, der den Boden bedeckt. Schlick ist eigentlich nicht der richtige Begriff. Es ist kein Gemisch aus Sand und Feuchtigkeit. Vielmehr taut hier der Seeboden langsam auf, oder er friert zu, so genau lässt sich das nicht sagen. Das Material hat etwa die Konsistenz weicher Butter. Zumindest hat Boris es bei seinem ersten Besuch am Boden eines Methansees so erlebt.

Er folgt seiner Schwester. Sie lässt sich gerade ganz auf den Boden sinken und versucht offenbar, mit den Händen den Schlick zu durchwühlen.

»So wird das doch nichts«, sagt er.

»Nein, der Seeboden ist viel zu hart.«

»Zu hart?«

Das ist allerdings seltsam.

»Ja, probier es doch selbst.«

Er tastet den Boden ab. Anna hat recht. Da ist kein Schlick. Was hat das zu bedeuten?

»Hm«, brummt er.

»Hast du mir wieder nicht geglaubt? Du bist unmöglich.«

Bitte jetzt keine sinnlosen Diskussionen. Sie haben eine Aufgabe zu erledigen.

»Ich schlage vor«, sagt er, »du schaltest auf das Radar um. Es sollte den Seeboden tief genug durchleuchten, sodass wir das Ding entdecken können.«

»Hoffen wir es.«

NEBENEINANDER UND MIT ETWA VIER METERN ABSTAND gleiten sie langsam über den gefrorenen Boden des Sees. Geralt hat ihnen einen Bereich angegeben, in dem das gesuchte Objekt abgestürzt sein könnte. Mit einem Suchradius von etwa zehn Metern müssten sie das Gebiet binnen zwei Stunden durchkämmt haben. Eine Stunde für die Bergung, eine für den Rückweg, das lässt eine weitere Stunde Puffer, mehr als genug.

Es ist eine langweilige Aufgabe. Geralt sitzt bestimmt gerade in der Bibliothek und liest. Auch nicht besser, darum beneidet er ihn nicht. Schon bei der Vorstellung, die Station nur in einem unförmigen Anzug verlassen zu können, befällt ihn Platzangst. Boris liebt die Weite der Titan-Landschaft. Mit einem Flügelumhang durch die dichte Atmosphäre zu schweben oder in einem der Seen zu tauchen, das ist Leben.

»Siehst du das da?«, fragt Anna und zeigt nach unten.

»Ein Krater, der durch einen Einbruch des Seebodens entstanden ist.«

Er ist ihr dankbar für die Frage, weil sie Abwechslung bedeutet.

»Ich will keine Erklärung, sieh dir doch mal die Form an. Was erkennst du?«

»Ich sehe einen Krater, der …«

»Hast du denn gar keine Fantasie, Boris?«

Natürlich hat er Fantasie. Er kann sich vorstellen, wie Anna in den Krater hineintaucht und dann von einer unerwarteten Strömung fortgerissen wird. Oder wie sie sich am scharfen Material der Kraterrands die Außenhaut aufschneidet, auch wenn das praktisch unmöglich ist. Beweist das nicht, dass er Fantasie besitzt? Aber das muss er mit seiner Schwester nicht diskutieren.

»Der Bogen dort unten.«

Ihr Scheinwerfer beleuchtet eine rundliche Form, die man mit etwas gutem Willen als Bogen bezeichnen kann.

»Ja, sehe ich, toll«, sagt er.

»Das sieht aus wie ein halber Antizyklon auf Saturn.«

Ein halber Antizyklon, klar. Es kann keine halben Zyklone geben, und natürlich auch keine halben Antizyklone. Aber Boris enthält sich jeglichen Kommentars.

»Ich glaube, ich habe etwas«, sagt Anna.

»Lass mich mal sehen.«

Vor seinen Augen erscheint Annas Realität statt seiner, von Lasern an die Innenseite seiner künstlichen Linsen projiziert. Ja, da liegt etwas im Untergrund, das nicht wie natürlich gewachsen aussieht.

»Und?«

»Ja, Anna, tatsächlich, das dürfte es sein. Wird auch langsam Zeit.«

Boris lässt sich die verbleibende Zeitspanne anzeigen. Noch drei Stunden und vier Minuten. Das beruhigt ihn. Sie liegen gut im Plan.

»Lass uns überlegen, wie wir vorgehen«, sagt er.

Anna antwortet nicht. Stattdessen taucht sie nach unten, in Richtung des Radarfundes.

»Nun warte doch mal!«

Er folgt ihr. Der See ist hier ungewöhnlich tief. Er schaltet seine Handfläche auf die Tiefenanzeige um. Zehn Meter, zwölf, fünfzehn, erst bei neunundzwanzig Metern erreicht er den Boden. Das dürfte Tiefenrekord auf Titan sein. Meere bedecken zwar Teile der Mondoberfläche, aber sie sind selten tiefer als wenige Meter. Wieso haben sie nicht gemerkt, dass es hier so weit nach unten geht? Es muss sich um einen größeren Einbruch handeln, einen Krater.

Sein Handgelenk vibriert. Seine Außenhaut will ihn warnen. Rote Zahlen erscheinen auf der Handfläche. 86 Grad. Es ist verdammt kalt geworden hier unten. Das Methan ist um vier Grad unterkühlt. Dass es trotzdem nicht gefroren ist, kann nur am höheren Druck liegen, der in der Tiefe herrscht. Für sie ist das ein glücklicher Zufall. Durch zehn oder gar zwanzig Meter gefrorenes Methan hindurch hätten sie das Museumsstück nicht erreicht.

Anna wühlt im Schlick, der hier den Boden bedeckt.

»Sei vorsichtig!«, ruft er.

»Ich habe es«, sagt seine Schwester. »Ist ganz schön schwer!«

»Warte, ich helfe dir.«

Mit zwei Armbewegungen schwimmt er zu ihr. Sie zieht an etwas, was wie ein Propeller aussieht.

»Mit einer Drachenfliege hat das aber keine Ähnlichkeit«, sagt Anna.

»Es heißt Dragonfly, das ist der alt-englische Name für Insekten von der Ordnung der Odonata.«

»Es sieht auch nicht wie eine Libelle aus.«

Da muss er Anna zustimmen. Das Objekt sieht nicht einmal so aus, als könnte es fliegen. Statt Flügeln besitzt es vier Rotoren. Geralt behauptet, auch damit sei es möglich, in der Titan-Atmosphäre zu schweben. Das kann nicht ausgedacht sein, denn nur so kann die Libelle in diesen Methansee geraten sein. Nach alten Dokumenten ist sie wohl vor fast 6000 Umläufen hier gelandet, hat dann für die Altvorderen

50 Umläufe lang Titan untersucht und wurde schließlich absichtlich versenkt.

»Na komm, ziehen wir es heraus«, sagt er. »Wird Zeit, dass wir heimkommen.«

Er nimmt den Gürtel ab, den er um die Taille trägt, und hängt den Karabiner an seinem Ende in einen der Rotoren ein. Anna wählt den Rotor schräg gegenüber.

»Hau-ruck«, sagt er.

Sie ziehen gleichzeitig an den Gürteln. Das Objekt ist wirklich massiv, selbst unter der niedrigen Schwerkraft des Titan. Geralt hat wohl doch nicht übertrieben, als er von 450 Kilogramm gesprochen hat.

Die Libelle bewegt sich. Schlick steigt auf. Plötzlich sinkt das Objekt auf Annas Seite wieder nach unten.

»Mist, der Gürtel ist mir aus der Hand gerutscht. Der Rotor muss sich bewegt haben.«

Boris beobachtet die irdische Maschine. Tatsächlich, einer der Rotoren dreht sich langsam. Und das nach so langer Zeit! Die Altvorderen müssen eine beeindruckende Batterietechnik besessen haben. Was mag wohl aus ihnen geworden sein? Vor ziemlich genau 5000 Umläufen, als auf der Erde der Hass-Krieg ausgebrochen war, hatten die Titanier jegliche Verbindung gekappt. Hier auf dem Mond hatten die Menschen immer gut zusammengearbeitet, egal, wo sie hergekommen waren. Die einzige Chance, das zu bewahren, hatten die Gründer in kompletter Autarkie gesehen.

»Warte«, sagt er, »nehmen wir eben die beiden anderen Rotoren.«

Er hängt den Karabiner wieder aus und zieht sich an dem Gerät entlang zu dem Rotor direkt neben ihm. Er bückt sich gerade, um den Gürtel erneut einzuhaken, da hört er ein Geräusch, wie er es noch nie gehört hat. Es besteht aus einem feinen Knacken, das sich milliardenfach wiederholt. Es erscheint nicht in seinem Kopf. Es kommt von draußen. Das ist unmöglich. Bricht der Boden etwa weiter ein? Er hat schon einmal bei so einem Einsturz zugesehen. Es hatte ein lautes Krachen gegeben. Aber das Geräusch hier ist anders. Es kommt aus allen Himmelsrichtungen gleichzeitig und scheint von unten aufzusteigen.

»Wir müssen hier weg, schnell!«, ruft er.

Er hat jetzt eine Idee, was das Geräusch verursachen könnte. Es ist zu kalt hier unten, viel zu kalt. Das Methan hätte längst gefrieren müssen. Nur der höhere Druck hat es aufgehalten. Aber es brauchte nur einen Anstoß, eine leichte Verschiebung der Verhältnisse, und den haben sie mit ihrer Bergungsaktion geliefert.

»Ich muss nur noch meinen Gürtel vom Rotor entfernen«, sagt Anna.

»Scheiß auf den Gürtel! Weg hier, sofort!«

Die Panik sitzt in seinem Steißbein. Er darf sie nicht weiter in sich aufsteigen lassen. Er muss auf seinen eigenen Rat hören. Grundregel für Superhelden: Erst sich selbst in Sicherheit bringen, dann die anderen unterstützen. Wenn das Eis ihn erwischt, kann er Anna nicht mehr helfen. Er paddelt hektisch nach oben. Das Geräusch wird schwächer und versiegt schließlich. Boris sieht auf seine Handfläche. Er befindet sich in zwölf Metern Tiefe. Wo ist Anna?

»Anna, sag etwas, bist du da?«

»Ja, ich bin hier, du Dummkopf.«

Ihre Stimme ist in seinem Kopf. Sie muss direkt hinter ihm sein. Erleichtert dreht er sich um, doch er sieht sie nicht.

»Wo bist du, Anna?«

»Kurz über der Drachenfliege.«

»Kannst du …«

»Nein, kann ich nicht.«

»Scheiße.«

Sie wissen beide, was das bedeutet. Anna ist im Methaneis eingeschlossen. Sie hat noch Glück, dass es – anders als Wassereis – sein Volumen beim Gefrieren nicht vergrößert, sonst wäre sie zerquetscht worden. Aber sie muss in etwa zwei Stunden in den Tank, denn dann sind die

Ressourcen, die ihre Außenhaut gespeichert hat, aufgebraucht.

»Geht es dir gut?«, fragt Anna.

Boris schnaubt. Als ob das eine Rolle spielte. Und wie kann es ihm gut gehen, wenn seine Schwester im Eis feststeckt? Er muss sie dort rausholen. Aber wie? Er kann keine Hilfe aus der Station holen. Sie haben nur zwei Stunden. Die Snarushi sind alle irgendwo auf Titan im Einsatz. Und ein Wnutri nutzt ihnen hier unten nichts, denn die Raumanzüge sind nicht tauchfähig. Der Helfer würde darin unweigerlich erfrieren.

»Mir geht es gut«, sagt er, »aber es wäre mir lieber, du wärst hier oben und ich an deiner Stelle.«

»Den Wunsch kann ich dir leider gerade nicht erfüllen.«

»Ich hole dich da raus«, sagt er. »Verlass dich drauf. Lass mich nachdenken.«

»Okay, denk nach. Und sag Frida, dass ich sie liebe.«

»Das wirst du ihr selbst sagen.«

Boris sieht auf seinen Handrücken. Dreißig Minuten sind vergangen. Er hat Geralt per Funk kontaktiert, aber es ist tatsächlich kein Snarushi in Reichweite. Er hatte Geralt gerade noch so davon abhalten können, im Raumanzug zu Hilfe zu eilen. Ist eben doch ein guter Kerl, der Archäologe. Aber er hat das Problem an das Kollektiv weitergegeben. Boris ist nicht mehr der Einzige, der sich Gedanken über Annas Rettung macht. Das ist beruhigend, zumindest ein bisschen. Es stimmt immer noch, jeder ist für seine Mitmenschen da. Das haben sie sich über alle Generationen erhalten können. Es ist auch mehr als die bloße Verwandtschaft; dass sie alle von den Gründern abstammen, hat bloß dazu geführt, dass die Auswahl an Familiennamen gering ist. Deshalb haben sie vor vier Generationen auf das Muttersnamen-Prinzip umgestellt.

»Boris?«

»Ja, Anna?«

»Du kannst nichts dafür. Versprich mir, dass du dir keine Vorwürfe machst.«

Natürlich kann er etwas dafür. Er hat versagt. Er hat nicht richtig auf seine kleine Schwester aufgepasst.

»Ich werde es versuchen.«

»Versprich es.«

»Also gut.«

»Sag, ich verspreche, dass ich mir keine Vorwürfe machen werde.«

»Ich verspreche, dass ich mir keine Vorwürfe machen werde.«

»Danke, Brüderchen, das hilft mir sehr. Nur für den Fall, dass mein Plan nicht funktioniert.«

»Dein Plan?«

»Ich kann jetzt nicht mehr mit dir sprechen. Du wirst es verstehen. Denk an das, was du Frida ausrichten sollst.«

»Klar, Anna, aber mach bitte keinen Scheiß.«

Sie antwortet nicht mehr. Was hat sie vor? Will sie ihrem Leben selbst ein Ende setzen? Er sieht durch die Brille in ihre ungefähre Richtung. Das Radar dringt nicht durch. Aber im Infrarot, da zeichnet sich eine Kontur ab. Er erkennt eine flache Struktur, die etwa Annas Abmessungen hat. Wie macht sie das bloß? Heizt sie etwa ihre Außenhaut auf, um das Eis über sich zu schmelzen?

Kann das funktionieren? Er überschlägt die nötige Schmelzwärme und vergleicht den Wert mit den Energiereserven der Außenhülle. Annas Hülle müsste etwa so viel Restenergie haben wie seine eigene. Ihr Plan kann nur unter einer Voraussetzung aufgehen: Sie muss die Lebenserhaltung deaktivieren und ihre Körpertemperatur senken. Das ist ein riskantes Manöver, und es passt zu ihr. Aber ihm fällt auch keine Alternative ein.

Im Infrarot beobachtet er den Schemen, der langsam aufzusteigen scheint. Ganz unten muss das Eis am kältesten sein, dort braucht Anna die meiste Energie. Tatsächlich scheint sie das zu berücksichtigen. Wenn sie so weitermacht, ist sie in sieben Minuten bei ihm. Sieben Minuten! Nach drei Minuten ohne Sauerstoff versagt ihr Gehirn. Aber vielleicht nicht bei diesen niedrigen Temperaturen. Und nicht mit den Reparaturmaschinen in der Blutbahn. Aber dann? Er wird sie noch etwa eine Stunde durch die Tiefebene schleppen müssen, bevor er die Station erreicht. Dann ist es auf jeden Fall zu spät.

Aber er sagt nichts. Er will Anna ihre letzte Hoffnung nicht nehmen. Ob sie noch bei Bewusstsein ist? Ihre Glieder scheinen sich zu bewegen, aber das sagt nichts. Vielleicht hat sie die Kraftverstärker selbst programmiert. Und das alles für ein Stück Schrott von der Erde! Das ist es wirklich nicht wert. Aber das Schicksal fragt nicht, was das Leben wert ist.

Gleich ist sie da. Er fängt ebenfalls an, das Eis von oben zu schmelzen. Er muss aufpassen, nicht zu viel Energie dafür zu verwenden, denn er muss sie ja noch nach Hause tragen. Dann können sich Frida und alle anderen wenigstens von ihr verabschieden.

Da ist sie! Er greift nach ihrem Arm. Der Arm ist steif. Er muss kräftig ziehen. Das halb geschmolzene Eis ist zäh wie Honig. Da, jetzt hat er sie. Er taucht auf, so schnell er kann.

»Anna?«

Sie antwortet nicht.

»Ich habe sie!«, ruft er per Funk.

»Das ist gut. Ich stehe am Ufer«, antwortet Geralt.

»Wie bitte? Was willst du da?«

»Der Tankwagen. Ich dachte, du könntest den Tankwagen gebrauchen.«

Natürlich. Wieso ist er nicht selbst darauf gekommen? Geralt ist ein Genie. Er muss Anna nicht zum Tank bringen, wenn der Tank zu ihnen kommt. Atemlos taucht er auf. Er nimmt Anna quer über die Arme. Sie ist erstaunlich leicht, und sie scheint völlig steif gefroren. Aber das ist nur die Außenhaut, die er spürt. Wenn sie keine Energie mehr hat, nimmt sie einen möglichst festen Zustand an, um ihren Träger auch dann noch zu schützen. In dieser Form könnte ein Snarushi in einem der Lavaseen auf Io überleben.

Da steht der Wagen mit den Tanks. Geralt muss sich im Fahrerhaus befinden. Er kann nicht aussteigen, aber Boris weiß selbst, was zu tun ist. Er aktiviert die Fernsteuerung an seiner Handfläche. Ein Funksignal schaltet die Membran des rechten Tanks durchgängig. Normalerweise müsste Anna jetzt kopfüber hineinkriechen. Weil ihr Körper so steif ist, kann er sie aber problemlos durch die Membran schieben. Im Inneren des Tanks wartet eine 310 Grad warme Flüssigkeit, die den Snarushi im Tank mit allem versorgt, was der Körper braucht, und all seine Ausscheidungen per Osmose aufnimmt. Wenn in Anna noch Lebensgeister schlummern, wird der Tank sie erwecken.

»Danke, Geralt, das war eine großartige Idee. Fahr sie bitte heim.«

»Und du?«

»Ich komme nach.«

Er will nicht zusehen, wie sich die Ärzte um seine leblose Schwester bemühen.

4790.4

ANNA SCHWEBT FRIEDLICH IN IHREM TANK. BORIS beobachtet sie durch das Sichtfenster. Weißes Licht, das von allen Seiten zu kommen scheint, verwandelt seine Schwester in eine klassische, römische Statue, die aus Alabaster geformt sein könnte. Die Außenhaut ist überall gleich gefärbt. Nur die Sinnesorgane zeichnen sich ab, weil sie mit speziellen Membranen verschlossen sind, sodass der Snarushi mit der Welt auch auf die klassische Art kommunizieren kann. Annas Augen glänzen, als wären sie feucht, aber das sind die Speziallinsen, die sich auch als einfache Lupe oder Teleskop verwenden lassen.

Die Brust seiner Schwester hebt und senkt sich langsam. Sie schläft tief. Im 274 Grad warmen Wasser des Tanks zirkuliert ein Mittel, das verhindert, dass sie zu Bewusstsein kommt. Die Maschinen in ihrer Blutbahn brauchen Zeit, um die Schäden zu reparieren. Ob ihnen das überhaupt gelingen wird, ist unklar, denn verlorene Nervenzellen können sie nicht ersetzen. Sie verstärken lediglich die natürliche Regeneration.

Er hätte sie nicht mitnehmen dürfen. Nein, das ist Unsinn, niemand kann Anna von etwas abhalten, das sie sich in den Kopf gesetzt hat. Aber er hätte die Gefahr erkennen müssen. Die Temperaturanzeige war eindeutig. Dass er ein solches Phänomen noch nie erlebt hat, ist keine Entschuldigung.

»ICH WÄRE JETZT SO WEIT«, MELDET SICH GERALT.

Der Archäologe hat ihn dazu eingeladen, an der Untersuchung der Dragonfly teilzunehmen. Martha und Grigori, zwei andere Snarushi, haben das Objekt heute morgen aus dem See geborgen. Boris betrachtet Anna ein letztes Mal. Hoffentlich ist sie noch dieselbe, wenn der Arzt sie morgen aus dem Koma holt. Geralt wartet im Laborgebäude. Er überquert den Versammlungsplatz der Snarushi. Der zentrale Bereich ist mit einer Plane abgedeckt, um den Platz vor Methanregen zu schützen. Hier muss er den Kopf etwas einziehen. An allen vier Seiten befinden sich aus Wassereis geformte Bänke. Sie sind unbequem, aber das ist das Schicksal der Snarushi. Es gibt keinen Stoff, der bei 90 Grad weich bleibt.

Boris öffnet vorsichtig die Stahltür zum Labor. Metall wird schnell spröde; er darf sie nicht hinter sich zufallen lassen. Eine Schleuse gibt es nicht. Mit ihm dringt etwas von der bräunlichen Atmosphäre in das Labor ein. Das ist aber kein Problem. Die organischen Stoffe werden abgesaugt, bis eine reine Stickstoff-Atmosphäre übrig bleibt. Die Tür existiert vor allem, weil es im Labor dreißig Grad wärmer ist als draußen. Wnutri ohne Raumanzug würden hier immer noch erfrieren, aber Boris findet die Temperatur beinahe sommerlich warm. Die Außenhaut der Snarushi verträgt Luft-Temperaturen über 250 Grad nur schlecht. Ihr Grundgerüst besteht aus einem gentechnisch an niedrige Temperaturen und die Titan-Biochemie angepassten Pilz. Das hat den Vorteil, dass sie bei Verletzungen wie richtige Haut von selbst heilen kann. Aber es bedeutet auch, dass Boris Geralt nie die Hand schütteln kann.

Er ist nicht der erste im Labor. Martha und Grigori warten schon vor der Barriere. Erwachsene Snarushi sind nur nach Größe und Geschlecht zu unterscheiden, denn ihre Außenhaut verbirgt alle individuellen Unterschiede unter einem gleichförmigen Mantel. Es sei denn, man kennt sich besser. Martha zum Beispiel hat die Angewohnheit, sich immer wieder durch die nicht vorhandenen Haare zu streichen, wenn ihr langweilig ist, so wie jetzt.

Grigori kommt auf ihn zu und umarmt ihn.

»Tut mir leid, Junge«, sagt er.

Grigori ist sein Onkel. Jeder ist hier irgendwie Onkel, Tante, Cousin oder Cousine für den Rest der Crew. Grigori ist nur 200 Umläufe älter als er. Trotzdem nennt er ihn immer »Junge«. Boris löst sich aus der Umarmung. Martha reicht ihm die Hand, und er deutet einen Handkuss an. Sie lächelt. Das ist einer der wenigen Gesichtsausdrücke, der auch unter der Außenhaut noch erkennbar ist. Martha hat den Spleen, als feine Dame behandelt werden zu wollen. Aber es ist immer Verlass auf sie.

»Kopf hoch, Borja, das wird schon wieder«, sagt Martha. »Anna ist stark wie ihre Mutter.«

Martha war eine gute Freundin ihrer Mutter. Ab und zu erzählt sie von gemeinsamen Erlebnissen aus der Zeit vor Boris' Geburt.

»Seid ihr da?«, fragt Geralt.

Die Barriere bewegt sich leicht. Sie wirkt auf den ersten Blick wie ein normaler Vorhang, hat aber ein paar Tricks parat. Sie besteht aus einem einschichtigen Monofilament von enormer Zähigkeit. Jetzt wird sie durchsichtig, und der Archäologe erscheint. Er ist unglaublich dünn und groß, hat eine wilde Frisur aus dunkelbraunen Haaren, trägt einen blauen Arbeitsanzug und winkt ihnen zu. Auf seiner Seite der Barriere ist der Raum mit Sauerstoff gefüllt und 294 Grad warm.

Das irdische Objekt steht auf einem metallisch glänzenden Tisch. Es ist schon tausende Umläufe alt, sieht aber noch aus wie neu. Es besteht aus einem quaderförmigen Körper, der auf zwei Kufen sitzt. An seiner Oberseite sind vier Rotoren angebracht. Geralt stellt sich vor den Tisch.

»Die Dragonfly hat Befehle von der Erde über diese Antenne hier oben erhalten«, erklärt der Archäologe. »Eine primitive Software hat die Anweisungen ausgeführt und die Dragonfly von Ort zu Ort fliegen oder Messungen ausführen lassen. Dann wurden die Daten über ein Relais im Orbit zur Erde übertragen. Ich habe die Speichergrößen ermittelt und die Datenraten überschlagen. Der Transfer muss länger gedauert haben als die Erfassung der Daten.«

»Also saß die Dragonfly die meiste Zeit untätig herum?«, fragt Grigori.

»So könnte man es ausdrücken«, antwortet Geralt und geht um die Dragonfly herum.

»Hier lässt sich ein Bedien-Panel ausklappen«, erklärt er und drückt auf eine Taste.

Boris zoomt näher heran. Das Panel besteht aus zahllosen Tasten, es müssen mehr als 50 sein. Darüber ist eine flache Anzeigefläche zu sehen. Geralt drückt ein paar Tasten, und auf der Anzeige leuchten Zeichen auf. Es scheint sich um Buchstaben und Zahlen zu handeln. Nicht alle kann er entziffern. Das muss Alt-Englisch sein.

»Absender der Sonde war ein Staat auf dem amerikanischen Kontinent«, erklärt Geralt, »eine der damals vorherrschenden Mächte. Amtssprache dort war Alt-Englisch, und die Zeichen, die ihr seht, lassen sich dieser ausgestorbenen Sprache zuordnen.«

Ausgestorben? Das kann Geralt nicht wissen. Vielleicht sind im Hass-Krieg damals doch nicht alle Menschen gestorben. Aber vielleicht weiß der Archäologe auch mehr als sie. Es soll Titanier geben, die das Kontaktverbot umgangen haben – eines der drei großen Tabus.

»Die Altvorderen müssen gute Batterien gehabt haben«, sagt Grigori, »wenn die Anzeige noch funktioniert.«

»Ja, der eine Rotor hat sich bei der Bergung auch kurz gedreht«, sagt Boris.

Er fühlt sich schlecht dabei, denn es hätte Anna zugestanden, von dieser Beobachtung zu berichten.

»Keine Batterien«, sagt Geralt. »Die Dragonfly besitzt

einen Radioisotopengenerator, ein RTG. Das verliert nur sehr langsam an Leistung.«

»Ob es noch zum Fliegen recht?«

»Nein, Grigori, vermutlich nicht. Aber wenn wir jemals auf die Idee kommen sollten, auf irdischen Frequenzen zu funken, könnten wir die Dragonfly dazu benutzen. Sie sollte all die Erd-Protokolle beherrschen, die bei uns in Vergessenheit geraten sind.«

»Dazu bräuchten wir aber ein Relais im Orbit«, sagt Boris. »Und jemanden, der Alt-Englisch spricht.«

»Das wäre dann wohl ich«, sagt Geralt.

»Du, ein Relais im Orbit?«

»Boris, du Witzbold. Ich spreche Alt-Englisch. Die meisten alten Dokumente sind in Alt-Englisch und Alt-Russisch verfasst.«

»Aber was ist mit dem Relais?«

»Da muss ich passen. Du weißt selbst, dass Waffen, Weltall und Kontakt die drei Tabus sind, die uns die Gründer hinterlassen haben.«

»Das passt ja«, sagt Boris. »Um eines der Tabus zu brechen, müssen wir auch gleich mit dem zweiten aufräumen.«

»Und wenn wir wieder Kontakt zu den Erdmenschen aufbauen, werden wir vermutlich ohne Waffen nicht auskommen«, ergänzt Martha.

»Macht euch keine Hoffnungen«, sagt Geralt. »So bald werden die Tabus nicht fallen.«

»So bald?«, fragt Boris. »Wie meinst du das?«

Aber der Archäologe antwortet nicht. Er tippt auf der Tastatur herum, und weitere Zeichen erscheinen auf der Anzeige. Boris erkennt ein A, ein M und einige Ziffern.

»Willst du dir die Dragonfly genauer ansehen, Boris?«, fragt Geralt.

»Ja, ich denke, das habe ich mir verdient.«

»Gut, dann ziehe ich mich zurück.«

Geralt untersucht die irdische Sonde noch einmal, packt sein Werkzeug zusammen und trägt es zur hinteren Wand des Labors. Dort wartet er.

Mitten im Raum senkt sich ein Vorhang von der Decke, eine zweite Barriere. Das Material erreicht den Boden. Ein paar Minuten lang passiert nichts. Zumindest sieht es so aus. Tatsächlich streckt die Barriere ihre Wurzeln in den Boden und klammert sich darin fest. Der Boden des Labors versorgt sie mit Nährstoffen; zugleich wird ein elektrisches Feld aufgebaut, das den Vorhang je nach Richtung durchsichtig oder blickdicht macht. Es ist eine beeindruckende Züchtung, die den Gründern da gelungen ist, zumal sie zwei sehr unterschiedliche Temperaturen erträgt.

Der Vorgang scheint jetzt abgeschlossen zu sein, denn nun wird die vordere Barriere in die Decke gezogen. Graue Nebelwolken quellen aus dem entstehenden Zwischenraum hervor. Das ist die Luftfeuchtigkeit aus der Sauerstoff-Atmosphäre, die nun der eiskalte Stickstoff aus ihrem Teil des Labors ersetzt. Boris bückt sich, um den Tisch mit der Dragonfly-Sonde zu erreichen. Das ist das Ding, für das Anna beinahe gestorben wäre. Die Hinterlassenschaften der Altvorderen sind doch zu nichts nütze, außer Leid über sie alle zu bringen. Da hatten die Gründer schon recht.

Aber es ist ein interessantes Stück Technologie, weil es die Denkweise der damaligen Menschen zeigt. Statt eine neue Welt selbst zu erleben, haben sie lieber eine Maschine dorthin geschickt. Daten waren ihnen wichtiger als Erlebnisse. Er streicht über das schwarz lackierte Metall des Körpers der Sonde. Viele kleine Eiskristalle bleiben an seinen Fingerkuppen hängen. Er spürt ihre harten Kanten. Dann betrachtet er seine Finger. Die Kristalle glitzern. Sie schmelzen nicht, so gut isoliert seine Außenhaut seinen Körper. Er pustet gegen die Fingerkuppen, und die Eiskristalle fliegen davon. Im Zoom sieht es fast magisch aus.

Boris drückt ein paar der Tasten. Wie bei Geralt erscheinen Zeichen auf dem schmalen Schirm. Jeder Taste scheint ein bestimmtes Zeichen zugeordnet. Er versucht, sie zu lesen. Er tippt ein Schlangenzeichen, ein T, ein A, ein P und noch ein T. Der Bildschirm blinkt. Ein längerer Text erscheint, den er nicht entziffern kann. Dahinter folgt ein Zeichen, das zwei Arme in die Luft streckt, als würde es um Hilfe rufen, gefolgt von einem geneigten Strich und einem primitiven N, bei dem der Querstrich schräg geraten ist. Er sollte Alt-Englisch lernen. Vielleicht hat Anna ja auch Lust dazu. Aber nein, sie verbringt ihre Zeit lieber mit Frida, die jetzt wohl gerade durch das Fenster im Tank sieht. Übermorgen wird seine Schwester wieder erwachen. Er sucht nach der Taste mit den beiden Armen. Vielleicht ruft das eine Hilfefunktion auf. Da ist sie, zweite Reihe, fast in der Mitte. Er tippt darauf.

Es wird laut. Drei der Rotoren drehen sich. Sie werden immer schneller und lauter. Über die Tastzellen auf seiner Außenhaut spürt Boris den Wind, den sie verursachen.

»Was tust du da?«, ruft Geralt.

Seine Stimme kippt. Er winkt mit beiden Armen.

»Ich weiß nicht«, sagt Boris.

»Hör sofort damit auf.«

»Wenn ich wüsste, wie das geht!«

Grigori stößt ihn von hinten zur Seite und versucht, einen der Rotoren anzuhalten.

»Au«, sagt Grigori, »die Dinger lassen sich nicht anhalten, ohne sie zu zerstören. Soll ich?«

»Nein, bloß nicht, das Ding ist wertvoll. Und sei vorsichtig, die Rotorblätter sind scharf«, warnt Geralt.

Boris kämpft sich zum Tastenfeld zurück. Er hat die Aktivität darüber ausgelöst, also sollte er sie damit auch wieder anhalten können.

»Geralt, was heißt ›anhalten‹ auf Alt-Englisch?«

»Stopp.«

Das klingt wie modernes Titanisch. Boris sucht nach dem »Sch« am Wortanfang. Aber der Buchstabe fehlt.

»Das kann nicht sein, die Tastenreihen haben kein ›Sch‹, gibt es ein anderes Wort?«

»Du musst es mit Ess schreiben.«

»Mit Ess?«

»Das Zeichen sieht aus wie eine Schlange.«

Die Dragonfly schwebt schon ein paar Zentimeter über dem Tisch. Geralt hat sich geirrt, der RTG hat noch genug Energie, um die Sonde abheben zu lassen. Vermutlich ist sie nur deshalb noch nicht weggeflogen, weil kein Ziel einprogrammiert ist.

Boris sucht das Schlangenzeichen. Danach ein T, ein O und …

»Es gibt auch kein P«, sagt er. »Es muss doch ein anderer Befehl sein.«

»Das P ist das R«, ruft Geralt. »Nun mach schon.«

Das P ist ein R? So ein Quatsch. Dann heißt der Befehl ja Storr. Das klingt, als käme es aus einer Wikinger-Sage. Aber er probiert es trotzdem. S-T-O-P-L. Mist, die Dragonfly zappelt, sodass er die falsche Taste erwischt hat.

»Grigori, bitte halt das Ding fest, damit ich richtig tippen kann.«

Jetzt geht es besser. Der Pfeil nach links tut, was er erwartet, er löscht das letzte Zeichen. Boris ersetzt es durch ein R.

S-T-O-P-P.

Das sieht gut aus. Erneut erscheint das Männchen mit den erhobenen Armen, daneben das falsche N. Hilfe wäre jetzt nicht verkehrt. Er drückt die Taste in der Mitte der zweiten Reihe.

Das Geräusch erstirbt. Die Sonde kracht plötzlich nach unten. Grigori kann sie geradeso auffangen. Boris hilft ihm, sie wieder in die Mitte des Labortisches zu stellen.

»Puh, das ist ja gerade nochmal gutgegangen«, sagt Grigori.

»Wehe, ihr fasst die Dragonfly noch einmal an«, warnt Geralt.

»Du hättest uns ja warnen können, dass sie noch so aktiv ist«, sagt Martha.

»Wenn ich es gewusst hätte, hätte ich euch gewarnt. Aber

jetzt wäre ich euch sehr dankbar, wenn ihr mich wieder heranlassen würdet.«

»Aber klar«, sagt Boris.

Sie ziehen sich wieder in die linke Hälfte des Raums zurück. Die vordere Barriere senkt sich. Die Lebenserhaltung füllt den isolierten Bereich in der Mitte mit Sauerstoff, dann öffnet sich der zweite Vorhang wieder.

»Danke, Leute«, sagt Geralt. »Ich will euch ja nicht rauswerfen, aber beim Arbeiten habe ich am liebsten meine Ruhe.«

»Na klar, Geralt«, sagt Grigori. »Wir haben sowieso noch zu tun.«

4790.5

Ausgerechnet heute hat Boris seinen freien Tag. Viel lieber würde er sich mit Arbeit ablenken. Aber die Regelung ist streng. Während jedem Umlauf hat jeder Titanier an einem der insgesamt 16 Tage frei. Eigentlich hatte er mit Anna heute in die Berge wandern wollen. Gerade einmal 45 Kilometer südlich der Basis, in der er stationiert ist, beginnt Xanadu, ein Gebiet, in dem sich mit den 3337 Meter hohen Mithrim Montes die höchsten Berge des Mondes erheben.

So weit wird er aber ohnehin zu Fuß nicht kommen. Er will einen der langgestreckten Hügel besteigen, die den Beginn der bergigen Xanadu-Region markieren. Boris schreitet kräftig aus. Wenn er außer Atem kommt, muss er nicht an Anna denken, die immer noch wie verpuppt in ihrem Tank schwebt. Er hat sie vor dem Abmarsch besucht. Frida hatte schon dagesessen. Sie hat ihn böse angesehen. Und sie hat ja auch Grund dazu, schließlich hat er nicht gut genug auf ihre Freundin geachtet. Boris ist dann schnell wieder gegangen.

Er zieht die Riemen des Rucksacks fester. Proviant braucht er nicht. Über alle besiedelten Bereiche des Titan sind Tanks verteilt, in denen er sich auffrischen kann. Im Rucksack trägt er die Flügel. Er hatte Anna versprochen, ihr heute ein paar Tricks zu zeigen. Nun muss er ohne sie durch die graubraune Landschaft marschieren. Kurz über dem Horizont spürt er einen warmen Fleck. Das muss die Sonne sein. Zu sehen ist sie nicht.

Titan scheint auf den ersten Blick immer das gleiche, trübe Wetter zu haben. Aber das täuscht. Es wabern nicht immer Schwaben durch den dämmrigen Tag. Manchmal regnet es auch, es stürmt oder gewittert. Es wäre doch schön, heute in ein kräftiges Gewitter zu geraten. Das würde wunderbar zu seiner Stimmung passen, auch wenn es nicht ganz ungefährlich wäre.

Der Anstieg ist nicht steil, aber lang. Boris wird schnell warm. Er verfügt nicht über die Fähigkeit zu schwitzen, aber seine Außenhaut braucht nur ein paar Poren zu öffnen, und schon gibt sie die Wärme in die Eiseskälte des Titan ab. Das ist kein programmierter Vorgang. Der Pilz-Organismus, der einen wesentlichen Teil der Außenhaut bildet, mag Wärme nur bis zu einem bestimmten Grad, und wenn ihm zu warm wird, leitet er sie nach außen. Im Grunde leben die Snarushi mit ihrer Außenhaut in Symbiose.

Boris fragt sich manchmal, wie es wäre, wenn dieser Pilz Intelligenz entwickeln würde, also echte Intelligenz und nicht nur den Überlebenswillen, der auch das Wesen in seinem Inneren beschützt. Wären sie dann plötzlich alle in seiner Hand? Die Außenhaut enthält schließlich auch künstliche, kraftverstärkte Muskeln, die in ihren Kreislauf eingebunden sind. Sie reagieren auf Bewegungen seiner eigenen Glieder und verstärken unmerklich den Krafteinsatz. Aber was, wenn sie sich nicht mehr seinem Willen unterwerfen würden, sondern dem des Pilzes?

Boris, du spinnst, würde Anna an dieser Stelle einwerfen. Du entwickelst immer dann Fantasie, wenn es um möglichst grässliche Zukunftsaussichten geht. Darum will sich auch keine Frau mit dir einlassen. Wer will schon immer nur über schreckliche Zukunftsvisionen reden?

Das ist ein wunder Punkt. Obwohl er schon über 500 Umläufe alt ist, hat er noch keine Freundin gefunden. Mit Sharon hat er mal geknutscht, da hatten sie beide nicht einmal 200 Umläufe hinter sich gehabt. Aber Sharon ist schon lange Wnutri, und eine Beziehung zwischen Snarushi und Wnutri ist zwar nicht verboten, aber praktisch undurchführbar, wenn man sich nicht rein platonisch verbunden fühlt. Aber selbst dann würde es kompliziert, weil einer sich garantiert immer dann unwohl fühlt, wenn es dem anderen gerade gut geht. Sharon ist also außer Reichweite.

Und sonst? Martha? Sie hat zwar schon manchmal Andeutungen gemacht, dass sie interessiert wäre, aber sie war eine Freundin seiner Mutter. Das geht gar nicht. Er müsste sich in eine andere Basis versetzen lassen. Doch Anna will unbedingt bleiben, wo Frida ist, und er will Anna nicht alleinlassen. Dabei kann er doch sowieso nicht auf sie aufpassen. Es wäre Zeit, sie aus seiner Verantwortung zu entlassen. Warum eigentlich nicht? Ein Neuanfang in einer anderen Basis, darauf hat er gerade richtig Lust. Irgendwo in der Nähe der Mithrim Montes, sodass er die einzigen Dreitausender des Titan, seiner Heimat, endlich einmal ersteigen kann.

Krrrrzzzzz. Sein rechter Fuß ist in den Abhang eingebrochen. Das ist gut. Er hat die Ausläufer der Ebene endgültig hinter sich. Und das in nur drei Stunden, das ist persönlicher Rekord. Vorsichtig zieht er den Fuß aus dem Loch. Die Hügel vor ihm bestehen vor allem aus Wassereis. Je höher er kommt, desto wärmer wird es, und desto brüchiger wird der Untergrund. Methanregen hat an vielen Stellen ober- und unterirdische Kanäle in das Eis gegraben. Wenn er nicht aufpasst, bricht er noch ein. Das ist ihm zwar noch nie passiert, und er ist nun bestimmt zum dreißigsten Mal hier unterwegs, aber es gibt immer eine Premiere.

Nein, danke. Wenn ihn dann noch jemand aus der Basis retten müsste! Boris schaltet mit den Fingern die lumineszierende Anzeige auf der Hand durch. Da, der nächste Tank befindet sich etwa zwölf Kilometer entfernt in östlicher Richtung. Dort kann er sich im Notfall aufladen.

Er setzt seinen Weg etwas langsamer fort und konzentriert sich dabei auf das Geräusch seiner Schritte. Wenn er auf eine Stelle tritt, unter der sich ein Hohlraum befindet, müsste das zu hören sein. Außerdem vermeidet er so, dauernd zu grübeln. Die Luft ist inzwischen klarer geworden. Er entdeckt ab und zu Pfützen. Vermutlich hat es hier vor kurzem geregnet. Das flüssige Methan wäscht einen Teil der Tholine aus der Luft, sodass sie gleich viel klarer wirkt. Dann setzt der Regen wieder ein. Zunächst ist es nur ein feiner Nieselregen. Boris muss immer wieder über seine Linsen wischen, weil die Flüssigkeit die Sicht verzerrt.

Dann verstärkt sich der Niederschlag. Er sieht jetzt wieder klarer, aber dafür überdeckt das Plätschern das Geräusch seiner Schritte. Das Methan scheint direkt über ihm zu entstehen, so wirkt es in der dichten Atmosphäre. Wolken sind gar nicht auszumachen, der Himmel ist fast einheitlich braun, und von oben senken sich flüssige Schnüre herab, die mit einem eher dumpfen Laut auf den Boden treffen. Er hört nicht das Plätschern einer klaren Quelle, sondern eher das Platschen eines Eimers voll mit alter Brühe, den jemand mit einem Mal auskippt.

Boris läuft noch ein bisschen langsamer. Er verfolgt, wohin das Methan abläuft. Vielleicht kann er unsichtbare Hohlräume auf diese Weise vermeiden. Der Regen hört so plötzlich auf, wie er begonnen hat. Dann passiert etwas, was er in seinem Leben nur drei oder vier Mal erlebt hat. Der Himmel reißt auf. Dünne Sonnenfinger greifen aus einem rosafarbenen Hintergrund nach ihm, nach den Bergen, nach der ganzen Landschaft und auch nach dem Regen, der sich in die entgegengesetzte Richtung verzogen hat. Dort entsteht nun ein Regenbogen. Er ist nur angedeutet, Boris kann gar nicht glauben, dass ihm das passiert, aber es ist eindeutig. Er sieht ein Naturwunder, das auf Titan wirklich selten ist. Wenn jetzt noch Anna dabei wäre, wäre der Moment perfekt.

Der Gedanke holt ihn in die Realität zurück. Und als hätte die Sonne das gemerkt, bedeckt sie sich sofort wieder mit Wolkenschleiern. Nach zwei Minuten sieht alles schon so aus, als hätte er sich den Regenbogen nur eingebildet. Die Pfützen sind jedenfalls echt, aus denen dünne Kringel von verdampfendem und gleich wieder kondensierendem Methan aufsteigen.

Endlich erreicht er den Gipfel. Er bemerkt es erst, als er zwei Meter davor steht, weil gerade dichter Nebel aufgezogen ist. Titan will ihm heute anscheinend all seine Wetter-Optionen vorführen. Das wäre doch nicht nötig gewesen. Boris nimmt den Rucksack ab, stellt ihn vor sich und kniet sich hin. Dann packt er die Flügel aus. Sie bestehen aus einem dünnen Stoff und spannen sich automatisch auf, wenn er sie auseinanderfaltet. Der Stoff ist so dünn und leicht, dass man beinahe hindurchsehen kann.

Am Rückenteil befinden sich zwei Schlaufen für die Arme. Weiter vorn gibt es weitere Schlaufen, die er mit den Händen ergreift. Er bewegt die Flügel probehalber. Sie entwickeln einen solchen Vortrieb, dass er beinahe das Gleichgewicht verliert. Er hängt sich den leeren Rucksack an den Gürtel. Dann nimmt er drei Schritte Anlauf, breitet die Arme aus und springt in den Abgrund.

Er fliegt! Das Gefühl ist unbeschreiblich und immer wieder neu. Aus eigener Kraft durch die Atmosphäre des Titan zu gleiten, das kann für ihn nicht zur Gewohnheit werden. Diese Freiheit fühlt er nur in der Luft. Er scheint sich den Gesetzen der Schwerkraft entziehen zu können. Darin liegt die Hoffnung, dass auch alle anderen Gesetze des Alltags ihm nichts mehr anhaben können, und ebensowenig die Regeln und Anweisungen, denen er sich Tag für Tag unterordnen muss.

Boris schlägt kräftig mit den Armen. Die Höhenanzeige an der Hand springt sofort um zehn Meter. Er legt sich leicht zur Seite und schraubt sich Meter um Meter in die Höhe. Vor ihm liegt eine große, schwarze Fläche. Ist das der See, in dem sie vorgestern tauchen waren? Boris dreht ab und schlägt wieder mit den Flügeln. Er erreicht 1500 Meter, dann 2000. Wie hoch wird er kommen? Nein, heute ist nicht der Tag für wahnwitzige Experimente. Wenn ihm etwas passiert, erwacht Anna morgen – und er ist nicht da. Er lässt sich die Richtung zum Tank anzeigen und beginnt mit dem Segelflug. Seine Herausforderung besteht heute darin, so lange wie möglich in der Luft zu bleiben und trotzdem genau beim Tank zu landen.

Der Wind umströmt seinen Körper. Die äußeren Zellen der Außenhaut beginnen sofort damit, die Strömung zur Energiegewinnung zu nutzen. Sie können auch Sonnenenergie in Strom konvertieren oder Temperaturunterschiede in nutzbare Energie umwandeln. Was immer den Gründern eingefallen ist, und was andere Lebewesen für sich entdeckt haben, haben sie in das genetische Grundgerüst der zweiten Haut eingebaut. Allein die sich daraus ergebenden Möglichkeiten haben Boris schon immer so fasziniert, dass es keine Frage gewesen war, sich zum Snarushi umwandeln zu lassen. Anna war ihm gefolgt, so wie sie ihrem großen Bruder immer gefolgt war.

Er hat eine Thermik erwischt. Die Drucksensoren in seinem Bauch zeigen es ihm. Die Atmosphäre des Mondes ist für die Forscher immer noch ein Rätsel. Vorhersagen über mehr als 24 Stunden sind unmöglich, so chaotisch verhält sich das Wetter. Langsam trägt ihn der Aufwind nach oben. Schon ist er wieder bei 1500 Metern. Im Norden hellt sich der Himmel kurz auf. War das ein Blitz? Er greift in den Nacken, doch er hat die Brille in der Basis gelassen. Er schluckt den Ärger über seine Vergesslichkeit hinunter. Gestern war einfach zu viel los. Das Gewitter, wenn es eines ist, ist weit weg. Besser, er bleibt im Hier und Jetzt und genießt den Flug.

Noch hundert Meter, behauptet die Zahl auf seinem Handrücken. Hier unten ist heute wieder besonders viel Dreck in der Luft. Er kann den Boden nicht erkennen. Direkt unter ihm muss der Tank sein, den er angesteuert hat. Boris legt die Flügel an und sinkt dadurch schneller.

Fünfzehn Meter, zehn, fünf.

Er breitet die Flügel aus und geht in Landeposition; das rechte Bein nach vorn, das linke nach hinten, und schön locker in den Hüften und in den Knien, wie es ihm sein Lehrer beigebracht hat.

Null Meter.

Aber da ist nichts. Boris lacht. Der primitive Höhenmesser in seiner Hand ist auf eine Trennschicht hereingefallen. Mit der Brille hätte er das gesehen. Das ist ihm nun schon zum zweiten Mal passiert. Er wird zur Kontrolle den Arzt aufsuchen müssen. Die Instrumente in seiner Haut sind organisch. Sie lassen sich also nicht einfach auswechseln, sondern nur heilen, wenn sie beschädigt sind.

Minus fünf Meter.

Er streckt die Hand aus und schüttelt sie. Manchmal genügt das, um die Instrumente zu justieren.

Minus zehn.

Das war wohl nichts.

Fünfundneunzig.

Ah, er hat die Trennschicht, die die Messzellen verwirrt hat, wohl durchquert. Meist handelt es sich um Bereiche mit einer etwas höheren Temperatur, wo die Luft entsprechend dünner ist, sodass sie einen Teil des Spektrums reflektiert, ähnlich wie bei einer Fata Morgana.

Boris bereitet sich ein zweites Mal auf die Landung vor. Jetzt sieht er auch den Tank. Es ist ein mit glänzenden Solarzellen belegter Zylinder, der auf einem Gestell gelagert ist. Er justiert die Flugrichtung, damit er ein paar Meter daneben aufkommt.

»Hallo Boris«, meldet sich die primitive KI des Tanks per Funk in seinem Kopf. »Ich bin Tank WWC34. Ich bin bereit für dich.«

Es ist eine weibliche Stimme, die die Standard-Begrüßung spricht.

»Freut mich, WWC34.«

Bei Dunkelheit oder starkem Nebel hätte er sich auch von dem Tank navigieren lassen können, aber das ist heute nicht nötig. Routinemäßig überprüft Boris den Landeort. Es gibt keine Hindernisse. Er zieht die Flügel näher an den Körper, stellt die Beine aus und erreicht wieder festen Boden.

Boris sieht sich um. Er ist allein. Die nächste Basis ist etwa 50 Kilometer entfernt, aber er hat keine Angst. Der Tank gibt ihm Sicherheit. Wie mag es den Gründern damals ergangen sein? Sie waren noch schwache Menschen, schwächer noch als die heutigen Wnutri, die ihre eigenen genetischen Verbesserungen besitzen. Sie waren Milliarden Kilometer von ihren Artgenossen entfernt, die sich gerade in einem grausamen Krieg bekämpften und ihnen deshalb auf keinen Fall zu Hilfe kommen konnten. Sie müssen Angst gehabt haben, so allein in dieser fremdartigen und für sie todesverheißenden Landschaft.

Aber es muss auch eine spannende Zeit gewesen sein. Heute scheint Boris alles klar, manchmal zu klar. Sie kennen viele der Geheimnisse Titans bereits. Sie haben seine Berge bestiegen, sind in seine Tiefen getaucht und in seinen Höhen gesegelt. Die Bevölkerung wächst, es gibt zwar manchmal Streit auf persönlicher Ebene, aber keine Uneinigkeit über ihre Art zu leben. Snarushi und Wnutri, jeder tut, was er am besten kann. Manchmal wünscht Boris sich deshalb in die alten Zeiten zurück.

»Boris? Warum zögerst du? Ich warte auf dich«, unterbricht der Tank seine Gedanken.

Die KI besitzt offenbar eine eingebaute Motivation, sich um ihre Besucher zu kümmern. Das ist zwar etwas nervig, aber wohl gut für sie. Mit einem Sinn lebt es sich leichter, das gilt auch für KIs. Boris nimmt die Flügel ab, faltet sie zusammen und verstaut sie im Rucksack. Dann geht er zur Grundfläche des Zylinders. Sie erinnert ihn an ein dunkles, rundes Auge. In einer Kreisfläche aus schwarz lackiertem

Metall ist ein organisch wirkender Muskelring eingebaut, der die Membran aufziehen und schließen kann. Boris muss die kleine Treppe vor dem Zylinder emporsteigen und sich dann mit den über den Kopf gestreckten Armen durch die Membran zwängen.

Der Muskel reagiert auf seine Annäherung. Er zieht die äußere Membran auseinander. Dahinter erscheint eine feucht glänzende, runde, an eine riesige Iris erinnernde Fläche, von der es dampft. Boris visiert sie mit den Händen an, dann schiebt er seine Arme direkt hinein. Das Material ist gallertartig. Es isoliert das Innere des Tanks, während er sich hineinbegibt. Boris gibt sich mit den Beinen auf der Leiter einen Schubs und gleitet komplett in den Tank. Sein Körper durchquert, von einem Unterdruck gezogen, den Gallertring und erreicht die Nährflüssigkeit im Inneren des Tanks. Dort kommt er zur Ruhe.

Die Schwerelosigkeit ist überwältigend. Auch sein Gesicht ist mit der Außenhaut verwachsen. Er kann also nicht weinen. Aber trotzdem scheint es Boris, als würden Tränen aus seinen Augenwinkeln fließen. Das passiert ihm fast immer in den ersten Minuten im Tank, nachdem er sich an die Dunkelheit gewöhnt hat.

Danach erst kommt der Moment, in dem er Sterne sieht. Die Ingenieure haben ihm versichert, dass das unmöglich ist. Der Tank ist innen nicht beleuchtet. Aber wenn er die Augen lange genug offen hält, bemerkt er tausende kleine Sterne, die rund um ihn verteilt sind. Er weiß, dass er sich in einer 120 Zentimeter durchmessenden Röhre befindet. Und doch kommt es ihm vor, als würde er frei im Weltall schweben. Er muss einen Arm ausstrecken und die Wand berühren, damit die Illusion nicht zu stark wird.

Er hat diese Empfindungen dem Arzt der Basis geschildert. Anderen Snarushi scheint es ähnlich zu gehen. Der Arzt vermutet, dass die Sterne, die er sieht, durch Treffer kosmischer Strahlung auf seiner Netzhaut entstehen. Aber außerhalb des Tanks, wo er nicht von dessen Stahlhülle geschützt ist, müsste er dann doch noch viel mehr Sterne sehen. Ist es die Dunkelheit, die ihn auch feinste Blitze erkennen lässt? Oder spielt ihm sein Bewusstsein einen Streich? Aber es ist ja auch egal. Es ist wunderschön, das zählt. Nachdem man ihm damals die Außenhaut angelegt hatte, hatte er sich noch gefürchtet, in die enge Röhre steigen zu müssen. Aber als dann Anna an der Reihe gewesen war, hatte er ihr schon begeistert von seinen Erlebnissen darin berichten können.

Boris schließt die Augen. Die Sterne erlöschen. Auch das spricht gegen die Theorie, sie entstünden durch kosmische Strahlung. Er selbst muss der Projektor sein. Sein Bewusstsein produziert die Sterne. Jetzt ist er ganz allein mit sich. Für einen extrovertierten Menschen muss das eine Qual sein, aber ihm gibt es Kraft. Unter den Snarushi gibt es wirklich mehr ruhige Typen als unter den Wnutri. Aber es gibt genügend Gegenbeispiele, Grigori etwa.

Boris schiebt Grigori zur Seite. Die Bühne vor seinem inneren Auge leert sich. Er schließt den Vorhang und löscht das Licht im Saal. Das Rauschen des Blutes in seinen Adern ist das letzte Geräusch. Er schaltet es ab. Um ihn herum ist nichts, und er ist ganz er selbst.

»Boris? Ich muss dich leider wecken«, sagt der Tank. »Ich habe all deine Bedürfnisse erfüllt und hoffe, dass du mit meinem Service zufrieden bist.«

»Danke. Warum weckst du mich?«

»Es liegt eine dringende Anfrage aus der Basis vor. Soll ich sie abspielen?«

»Bitte.«

»Ich störe dich nur ungern bei deinem Schönheitsschlaf«, sagt Geralts Stimme in seinem Kopf, »aber ich soll dich im Auftrag der Kommandantin zu einem Gespräch bitten.«

Ein Gespräch im Auftrag der Kommandantin? Was soll

das? Hat es etwas mit Anna zu tun? Wurde etwa eine interne Ermittlung eingeleitet?

»Das Gespräch ist für 18 Uhr Standardzeit in der Basis angesetzt. Alles Weitere wirst du dort erfahren.«

Na toll, typisch Wissenschaftler. Geralt hätte ja zumindest eine Andeutung machen können.

»Wie lange habe ich geruht?«, fragt Boris.

»Zwei Stunden.«

Dann muss es jetzt etwa 17 Uhr sein. Die Basis ist knapp 50 Kilometer entfernt. Das schafft er nie und nimmer. Sie müssen den Termin verschieben.

»Bitte öffne einen Kanal zur Basis. Bis 18 Uhr bin ich auf keinen Fall dort.«

»Ich muss dir leider widersprechen, Boris«, sagt die Stimme des Tanks. Man hört ihr das Bedauern wirklich an. »Das Fahrzeug draußen wird dich pünktlich zur Besprechung bringen.«

Sie haben sogar einen Wagen geschickt. Dann muss es wirklich wichtig sein. Plötzlich schlägt sein Herz rasend schnell. Ist Anna etwas zugestoßen? Hat sie es doch nicht geschafft? Das wäre ein Grund, ihn schnell heimzuholen. Und man sagt ihm nichts, um ihn nicht aufzuregen.

Aber nein, das ist Unsinn. Diese Art Rücksicht ist völlig unüblich. Man hätte es ihm schonend beigebracht, aber ihn nicht belogen. Lügen ist unethisch. Boris seufzt.

»Danke noch einmal«, sagt er. »Ich habe mich in dir sehr wohlgefühlt. Leider muss ich mich nun verabschieden.«

»Gern geschehen«, sagt der Tank. »Ich öffne meine Membran.«

Als er draußen steht, fröstelt ihn. Das ist ihm noch nie passiert. Ein paar Schritte vor ihm steht ein Buistro, ein offenes, leichtes Fahrzeug auf vier Metallrädern. Grigori sitzt vorn am Lenkrad und winkt ihm.

»Komm her, wir müssen los.«

»Du hast es ja eilig.«

Boris nimmt den Rucksack auf, geht zum Fahrzeug, steigt auf den Sitz hinter Grigori und schnallt sich an.

»Fertig«, sagt er dann.

»Halt dich gut fest. Ich hoffe, du hast nicht zu viel gefrühstückt.«

»Haha.«

Sehr witzig. Er hat vor über hundert Zyklen zuletzt etwas gegessen. Die Außenhaut versorgt seinen Körper mit allen Nährstoffen, die er braucht.

Grigori gibt Gas. Der Buistro fliegt nur so über das Eis. Obwohl Boris gut angeschnallt ist, schüttelt ihn das Auf und Ab des Fahrzeugs, das immer wieder von kleinen Hindernissen in die Luft geworfen wird.

»Ich hatte schon befürchtet, dich in den Bergen holen zu müssen«, sagt Grigori. »Das wäre nicht so spaßig geworden.«

Spaßig, nun ja. Boris bevorzugt eine andere Art von Spaß. Rechterhand sind die Berge, von denen er seinen Flug gestartet hat. Sie müssen einen Bogen fahren, um sie zu umgehen. Dabei werden sie auch die Dünenfelder streifen.

Nein, sie sind schon drin. Der Buistro segelt gerade über den Kamm einer Düne. Das Gefährt stabilisiert sich selbst in der Luft. Es ist für Hochgeschwindigkeitsfahrten optimiert. Aber Boris würde lieber mit seinen eigenen Flügeln fliegen.

Sie landen mit einem lauten Krachen. Die Dünen haben im Vergleich zu den Hügeln den Vorteil, dass es keine unterirdischen Höhlen gibt, und damit besteht nicht die Gefahr einzubrechen. Boris sieht nach hinten. Sie schleppen eine Sandfahne hinter sich her. Der Sand besteht aus Eiskristallen, gemischt mit organischen Stoffen.

Boris lehnt sich an Grigoris Rücken. Die Außenhaut fühlt sich an wie Gestein. Sein Fahrer muss gerade hoch konzentriert sein. Gut so. Grigori hat mehr Erfahrung hier draußen als er selbst. Er wird ihn sicher zur Basis bringen.

Grigori setzt ihn vor dem Besprechungsbunker ab. Boris steigt vom Buistro.

»Kommst du nicht mit?«

»Ich bin nicht eingeladen.«

Grigori wirkt ein bisschen enttäuscht, soweit er das an seinem Gesicht ablesen kann. Schließlich hat er weitaus mehr Erfahrung als Boris. Das bedeutet aber auch, dass es ganz sicher nicht um Ermittlungen gegen ihn geht.

Der Besprechungsbunker sieht von außen nicht wie ein Bunker aus, sondern eher wie ein großes Zelt. Im hinteren Teil gibt es aber eine unterirdische Struktur, die den Wnutri vorbehalten ist. Früher, vor der Genteilung, befand sich darin die Kommandozentrale der Basis. Heute wechselt das je nachdem, ob die Basis von einem Wnutri oder einem Snarushi geleitet wird.

Boris betritt das Gebäude durch eine schmale Tür. Sie führt in einen schummrig beleuchteten, mehr als doppelt mannshohen Gang, von dem immer wieder Türen abgehen. Dahinter befinden sich Besprechungszimmer, in denen kleine Gruppen zusammenarbeiten können. Die Zimmer wirken unter der zeltartigen Decke wie kleine, eng aneinander gebaute Hütten. Niemand hat ihm gesagt, wohin genau er kommen soll, aber er geht davon aus, dass der Saal sein Ziel ist. Alles, was wirklich wichtig ist, passiert darin.

Am Ende des Ganges trifft er auf eine Tür, die bis zur Decke reicht. Er öffnet sie und tritt ins Helle. Der Saal ist beinahe festlich erleuchtet. Hier haben sie vor ein paar Umläufen Neujahr gefeiert, alle zusammen. Die Barriere, die nun wieder gerade von Wand zu Wand verläuft, hatte man damals in einem komplizierten Verfahren in einem wilden Labyrinth-Muster durch den Raum gespannt. So hatten sich Wnutri und Snarushi besser begegnen können.

Heute geht es ums Geschäft. Geraldine, die Kommandantin, geht auf der mit atembarer Luft gefüllten Seite auf und ab. Sie hat den Kopf auf die Hand gestützt und scheint nachzudenken. Geralt sitzt in einer Ecke und starrt in die Luft. Er will sie wohl nicht stören. Außerdem befindet sich eine junge Wnutri im Raum, die intensiv ihren Handrücken studiert.

Boris tritt etwas fester auf. Er vergisst immer wieder, dass man ihn kaum hört, wenn er barfuß über den Zementboden läuft. Geraldine dreht sich um und lächelt.

»Freut mich, dass es geklappt hat«, sagt sie.

Sie geht nach vorn zur Barriere und schiebt ihre Hand durch den Vorhang. Das Gewebe dehnt sich, sodass Boris ihre Hand drücken kann. Er meint beinahe, ihre Wärme zu spüren, aber das ist physikalisch unmöglich. Geraldine ist eine beliebte Kommandantin. Sie wirkt mütterlich, kann sich aber durchsetzen. Deshalb ist sie auch schon zum dritten Mal wiedergewählt worden. Jetzt kommen auch Geralt und die junge Frau zum Vorhang.

»Priwjet, Boris«, sagt Geralt.

»Ich bin Jenna Tamarastir«, stellt sich die junge Frau vor.

Ihre Hand ist beeindruckend schmal, ihre Finger sind lang, aber sie hat trotzdem einen kräftigen Händedruck. Tamarastir, dann muss der Name ihrer Mutter Tamara gewesen sein. Hier in dieser Basis gab es nie eine Tamara, soweit er sich erinnern kann.

»Jenna ist Astronomin in der Nordpolbasis«, erklärt Geraldine. »Sie hat dort eine spannende Entdeckung gemacht.«

Geraldine hält sich nicht lange mit Small Talk auf. Aber was hat er mit irgendwelchen astronomischen Entdeckungen zu tun?

»Bitte, Jenna«, sagt Geraldine.

»Mein Spezialgebiet sind Asteroiden im Allgemeinen und speziell der Asteroidengürtel«, sagt die junge Wnutri. »Saturn bietet uns zwar einen gewissen Schutz, aber der Einschlag eines Asteroiden auf Titan wäre eine Katastrophe, deshalb müssen wir vorbereitet sein.«

»Natürlich«, sagt Boris. »Und jetzt droht so ein Unglück?«

Er hat seltsamerweise überhaupt keine Angst bei dem

Gedanken. Dass ein Asteroid den Titan trifft, das ist so … unvorstellbar.

»Nein, dann würden wir uns hier nicht so ruhig unterhalten«, sagt Geraldine.

Sondern? – möchte Boris fragen, aber er verkneift sich den Einwurf. Tatsächlich dürften sie einem Asteroiden mit Kurs auf ihren Mond kaum etwas entgegenzusetzen haben. Sie würden wohl fliehen müssen.

»Etwas Seltsames geht im Asteroidengürtel vor«, sagt Jenna. »Ein Asteroid, in der Erd-Nomenklatur heißt er (1288) Santa, hat ohne erkennbare Ursache seine bisherige Bahn verlassen.«

»Was bedeutet das?«, fragt er.

»Es ist ein Rätsel«, antwortet Jenna. »Eines, das wir lösen müssen. Asteroiden sollten sich nicht einfach aus ihren Orbits entfernen. Und wenn das doch passiert, müssen wir die Ursache ermitteln. Nicht, dass noch andere auf die Idee kommen. Wir müssen auf jede Bedrohung vorbereitet sein.«

Die junge Frau wirkt, als sei sie gerade erst volljährig geworden, weiß aber offensichtlich, wovon sie spricht.

»Gibt es denn irgendeine Vorstellung, was die Veränderung des Orbits bewirkt haben könnte?«, fragt Geralt.

»Wir gehen davon aus, dass es eine natürliche Ursache geben muss«, erklärt Jenna. »Etwas, das mit dem Asteroiden selbst zu tun haben muss.«

»Ist denn schon etwas über den Asteroiden bekannt?«

»Nein, Geralt. Er dürfte etwa 31 Kilometer durchmessen. Ansonsten ist er bisher nie aufgefallen.«

»Und wie wollt ihr seinem seltsamen Verhalten auf den Grund gehen?«, fragt Boris.

Er hat noch immer keine Idee, was er mit all dem zu tun haben könnte. Jenna antwortet nicht und sieht stattdessen Geraldine an.

»Wir fliegen hin«, sagt die Kommandantin leise. »Ich weiß, das Tabu, aber wir halten es für notwendig, und deshalb haben wir es in der KK besprochen und beschlossen.«

Die KK ist die Kommandanten-Kommission, die

gewählte Regierung des Titan. Boris ist schockiert. Die Kommandanten wollen tatsächlich eines der drei großen Tabus brechen? Sie sind mit ihnen bisher immer sehr gut gefahren. Und das wegen eines Steinbrockens, der seine Bahn im Sonnensystem verändert hat? Oder steckt da mehr dahinter?

»Ich verlange, dass das im Moment noch strikt unter uns bleibt«, sagt Geraldine nun schon lauter. »Wir werden irgendwann auch über die Tabus sprechen müssen, wenn sie nämlich beginnen, unsere Entwicklung zu bremsen. Aber im Moment geht es nur um eine einzige, zeitlich begrenzte Ausnahme.«

»Wir besitzen doch gar kein Raumschiff«, wendet Boris ein.

Oder haben die Kommandanten etwa auch schon ein Schiff entwickeln lassen? Eine solche Heimlichkeit würde sein Vertrauen in ihre Regierung doch erschüttern. Kein Wunder, dass Geraldine es geheimhalten will.

»Doch, es gibt eines, das Schiff der Gründer, die Arche.«

Wieder hat Geraldine nur geflüstert. Das legendäre Schiff soll eigentlich bei der Landung zerstört worden sein. Das gehört zu den Gründungsmythen der Titan-Kolonie.

»Wahnsinn«, sagt Boris.

»Das ist ja spannend«, sagt Geralt.

Jenna bleibt ruhig. Sie hat es wohl schon vorher erfahren.

»Wo ist es?«, fragt Boris.

»Das ist das Problem«, sagt Geraldine. »Wir haben zwar ungefähre Koordinaten in den Archiven gefunden, doch wir werden es vermutlich erst ausgraben müssen. Das Schiff steht dort schon so unendlich lange! Aber alles soll so unauffällig wie möglich geschehen. Deshalb haben wir an dich und Geralt gedacht. Ihr habt doch schon bei der Dragonfly zusammengearbeitet. Jetzt sucht ihr eben offiziell irgendeine andere alte Sonde.«

»Das klingt nicht uninteressant. Ich werde es mir überlegen.«, sagt Boris.

Das ist eine absolute Untertreibung. Es ist sogar hochspannend. Er würde sofort zusagen. Aber dann würde er nicht erfahren, wo denn der Haken ist. Es gibt ganz bestimmt einen. Er gehört nun wirklich nicht zu den bekannten Titaniern. Sie müssen ihn aus einem bestimmten Grund ausgewählt haben. Vielleicht, weil seine Abwesenheit kaum jemandem auffällt?

»Boris, das kannst du doch nicht machen«, sagt Geralt, »das ist unsere Chance! Ich bin auf jeden Fall dabei. Bitte hört nicht darauf, was Boris sagt. Ich kenne ihn. Er giert nach Abenteuern.«

Mensch, Geralt, halt doch mal deine Klappe. Wer hat dich denn gefragt?

»Wie ist die KK denn ausgerechnet auf mich gekommen? Habe ich mich irgendwie ausgezeichnet?«, fragt Boris.

»Wir sind auf Geralt gestoßen, weil er dauernd Anträge auf Expeditionen zu altem Schrott an die Forschungs-Kommission stellt«, sagt Jenna, »und das ist das perfekte Ablenkmanöver. Ich arbeite in der Kommission mit.«

So jung und schon Kommissionsmitglied. Die FK entscheidet über Forschungsthemen, die über das Budget einer einzelnen Basis hinausgehen.

»Schrott, also bitte, es sind wertvolle Zeugnisse der Vergangenheit«, sagt Geralt.

»Der irdischen Vergangenheit«, sagt Jenna. »Wir sind doch über diese alten Geschichten längst hinaus. Wozu brauchen wir diese alten Sonden? Der Mensch hat seinem Planeten nur Unglück gebracht und ihn schließlich zerstört.«

»Und wir sind gerade auf dem besten Weg, das auf Titan zu wiederholen«, sagt Boris. »Oder ist euch die zunehmende Häufung von Gewittern noch nicht aufgefallen?«

»Das sind nicht der richtige Ort und die richtige Zeit zum Streiten«, mischt sich Geraldine ein. »Mit der Erwärmung befassen sich die Forscher bereits. Und aus einer überwundenen Periode der Vergangenheit lässt sich noch etwas lernen. Du wolltest wissen, wie wir auf dich gekommen sind, Boris Mariasson, und diese Antwort ist einfach: Geralt hat dich empfohlen, als wir ihn nach einem tatkräftigen, erfahrenen

Expeditionsleiter gefragt haben, der ein Gefühl für irdische Artefakte hat.«

»Geralt? Ich soll ein Gefühl für deinen Schrott haben? Wie kommst du denn darauf?«

»Ich habe doch gesehen, wie du mit der Dragonfly umgegangen bist. Du hast keine Ahnung von Alt-Englisch, aber du hast sie sofort zum Laufen gebracht.«

»Das war reines Glück.«

»Manche nennen es Glück, andere Intuition.«

»Na gut, ich habe aber noch eine Bedingung«, sagt Boris.

»Du darfst das legendäre Schiff der Gründer ausgraben, und du stellst Bedingungen?«

Geraldine tritt ganz nah an den Vorhang, bis er ihr Gesicht bedeckt. Es wirkt, als wolle sie auf seine Seite kommen, um ihn einmal kräftig durchzuschütteln.

»Ja, so bin ich«, sagt Boris möglichst unbekümmert.

Er würde sich in den Allerwertesten beißen, wenn Geraldine plötzlich wegen seines Rumgezickes abspränge. Aber er hat das untrügliche Gefühl, dass sie ihm die Bedingung durchgehen lassen wird.

»Und was willst du?«, fragt sie mit einem drohenden Unterton.

Der ist bestimmt nur gespielt, beruhigt er sich.

»Anna, meine Schwester, muss mitkommen. Wir sind ein Team und machen alles gemeinsam. Nur zu zweit sind wir so richtig gut.«

»So gut, dass deine Schwester jetzt bewusstlos im Tank liegt«, sagt Jenna.

Boris macht einen Satz nach vorn und greift durch den Vorhang, verfehlt sie aber. Dann lacht er.

»Ja, das war mein Fehler. Aber morgen wird sie geweckt. Wenn ich richtig informiert bin, sind die Ärzte sehr zuversichtlich. Körperlich ist sie sowieso fit.«

»Einverstanden«, sagt Geraldine. »Wenn die Ärzte ihr Okay geben, kann Anna mitkommen. Es würde wohl Verdacht erregen, wenn ihr diesen Auftrag nicht zu zweit erledigt. Und wir müssen sowieso noch einiges vorbereiten. Ihr solltet dann in drei Tagen abreisefertig sein.«

»Wie lange werden wir unterwegs sein?«, fragt Geralt.

»Eingeplant sind erst einmal zwei Wochen. Aber das hängt auch davon ab, wie gut die Daten aus den Archiven sind.«

»Ich gehe das gern noch einmal durch«, sagt Geralt.

»Darum wollte ich dich sowieso bitten«, sagt Geraldine. »Ich werde dir die Daten übermitteln lassen.«

»Wenn Anna morgen wach wird und die Ärzte einverstanden sind, könnten wir auch einen Tag früher abreisen«, sagt Boris. »Es scheint ja eilig zu sein.«

»Nein, ich habe vorher noch etwas zu tun«, sagt Jenna.

»Jenna kommt auch mit? Wer denn noch? Die ganze KK und dazu noch die FK?«

»Jenna ist die Expeditionsleiterin«, sagt Geraldine. »Sie hat das vollste Vertrauen der KK. Ich erwarte, dass ihr ihren Anweisungen Folge leistet.«

Na toll. Ein junges, unerfahrenes Huhn wird den Ausflug in die Berge leiten. Vermutlich war sie noch nie draußen. Stattdessen hat sie in einem Bunker gesessen und für ihre Prüfungen gelernt.

»Verstanden«, sagt er.

Vielleicht ist sie klug und mischt sich nicht dauernd ein. Wenn er Glück hat, bleibt sie die ganze Zeit in dem geschlossenen Rover, den Geralt und sie als Wnutri brauchen.

»Noch Fragen? Sonst würde ich mich wieder verabschieden.«

Boris überlegt. Doch, ein Detail interessiert ihn noch.

»Wohin will er denn, der Asteroid?«, fragt er.

»(1288) Santa?«, fragt Jenna zurück.

Oh, da hat er wohl ins Schwarze getroffen. Sie weiß es, aber sie traut sich nicht, es auszusprechen. Stattdessen überbrückt sie die Zeit mit ausweichenden Antworten und hofft auf Geraldine.

»Ja, welcher denn sonst? Der, der seinen Orbit verlassen hat.«

»Ja, das war (1288) Santa.«

»Ich denke, das sagtest du schon am Anfang des Gesprächs, Jenna.«

»Das mag sein.«

Jenna dreht sich um. Vermutlich wird sie gerade rot, oder sie weint, und er soll es nicht sehen.

»Ist schon gut«, sagt Geraldine endlich. »Es bleibt aber unter uns. Der Asteroid scheint nach unseren Berechnungen direkt auf die Erde zu zielen.«

4790.6

Anna spricht! Boris beobachtet sie durch das Seitenfenster des Tanks. Sie bewegt eindeutig die Lippen. Das muss ein gutes Zeichen sein; wenn sie sprechen kann, kann ihr Gehirn nicht allzu sehr geschädigt sein. Boris ist ungeheuer erleichtert. Wenn er wollte, könnte er mit den Armen schlagen und auf der Stelle zu einem Rundflug abheben.

Was Anna sagt, kann er nicht hören. Der Arzt, der wie er vor dem Tank wartet, hat sich die Funkverbindung zu seiner Schwester exklusiv reserviert. Er will erst die Reaktionen der Patientin testen, bevor er ihr das Aussteigen erlaubt. Es ist ein Wnutri, der einen leichten Druckanzug trägt. Die Atemluft im Anzug bläht den weißen Stoff auf, sodass er ihn an einen Schneemann erinnert. Hier auf Titan kann man keine Schneemänner bauen, dafür ist es viel zu kalt, aber er hat alte Fotos davon gesehen. In Alt-Russland, das viele hier als Heimat betrachten, soll das Errichten von Schneemännern ein beliebtes Kinderspiel gewesen sein.

Etwas piepst. Das Geräusch kommt von der hüfthohen Maschine, die vor dem Arzt steht. Sie besitzt eine quadratische Basis mit vier Rädern, auf der ein einzelner Arm eine Tastatur und einen Bildschirm hält. Boris kann den Schirm von der Seite einsehen. Er zoomt darauf und erkennt einen menschlichen Umriss. Darauf sind Linien zu sehen, die sich durch den ganzen Körper ziehen und in der Brust wieder treffen. Das muss der Blutkreislauf sein. Sähe man nur diese Darstellung, könnte man nicht erahnen, ob man eine Wnutri oder eine Snarushi vor sich hat. Die Gemeinsamkeiten sind eben doch noch größer als die Unterschiede.

Der Arzt scheint zufrieden zu sein, denn er blättert weiter. Neue Linien erscheinen. Sie sind dünner und weitaus verästelter. Hier enden Boris' medizinische Kenntnisse. Aber auf den Arzt wird Verlass sein. Er ist gestern noch von einer anderen Basis hergekommen. Geraldine will wohl sichergehen, dass Anna den Anforderungen wirklich gewachsen ist. Vorgestellt hat er sich nicht. Bestimmt ist er ein hohes Tier, das auch für die Forschungskommission arbeitet. Wahrscheinlich ärgert er sich insgeheim, dass er mit diesem scheinbar unwichtigen Auftrag betraut wurde.

Aber er nimmt seinen Job ernst, das wird deutlich. Immer wieder scheint er Anna etwas zu fragen. Sie antwortet kurz und knapp. Boris würde zu gern lauschen, aber ärztliche Verbindungen sind vertraulich und so gut verschlüsselt, dass er sie mit seinen Mitteln nicht knacken kann. Er braucht einfach ein bisschen Geduld – und das ist nicht seine Stärke.

»So, ich denke, das war's von mir aus«, hört Boris die Stimme des Arztes plötzlich in seinem Kopf.

Er näselt, als hätte er einen leichten Schnupfen. Gleichzeitig packt er die Maschine zusammen. Er klappt den Bildschirm nach unten und die Tastatur nach oben, dann drückt er von oben darauf, und der Arm fährt ein.

»Danke, Dr. Valentinasson«, sagt Anna.

Anna. Wie hat er ihre Stimme vermisst! Kann man auch zu sehr an seiner Schwester hängen? Aber er hat doch auf sie achtgeben müssen, nachdem ihre Mutter verunglückt war.

»Ich habe nur meinen Job gemacht«, sagt der Arzt.

Er bückt sich und nimmt die Maschine auf. Sie ist kaum größer als ein dicker Aktenordner. Der Arzt winkt kurz in die Runde, als stünde er vor Studenten oder Fans, und entfernt sich dann Richtung Basis.

»Dann kann ich jetzt rauskommen?«, fragt Anna.

Der Arzt antwortet nicht. Er ist wohl schon außer Reichweite.

»Ja, Valentinasson ist weg«, sagt Boris an seiner Stelle.

Durch das Seitenfenster sieht er, wie Anna die Beine anzieht. Um den Tank zu verlassen, muss sie sich umdrehen. Das Verfahren ähnelt dem bei einer Geburt, nur dass sie etwas mehr Platz hat als das Kind in der Gebärmutter. Sie nimmt Embryonalposition ein, dreht sich und schwimmt dann mit einer Armbewegung zur Manschette. Boris geht ihr entgegen. Das Auge des Tanks öffnet sich. Erst zeigen sich Annas Hände, dann ihre Arme und schließlich ihr Kopf. Sie zwängt sich durch die geleeartige Masse, die zugleich den größten Teil der Flüssigkeit zurückhält. Boris streckt ihr die Arme entgegen. So ist es einfacher. Sie braucht sich ihm einfach bloß in die Arme zu werfen, so wie sie es schon als kleines Mädchen beim Spielen getan hat.

»Schön, dass du wieder da bist«, sagt er.

»Das finde ich auch.«

Sie lösen sich aus der Umarmung. Anna reckt und streckt sich. Die bereits gefrorenen Reste der Nährflüssigkeit platzen als kleine Eisschollen von ihrer Außenhaut.

»Alles okay?«, fragt Boris.

»So gut ausgeschlafen wie heute war ich schon lange nicht mehr. Valentinasson meint, meine Hirnfunktionen seien beinahe besser als vorher.«

»Das ist gut. Wir haben nämlich eine interessante Aufgabe vor uns. Aber das erkläre ich dir lieber an einem ruhigen Ort. Wo ist eigentlich Frida?«

Boris sieht sich um. Annas Freundin hat er in den letzten beiden Tagen oft am Tank gesehen, aber ausgerechnet heute ist sie nicht da.

»Frida hat sich über den Arzt entschuldigen lassen. Sie musste jemand Wichtigen von der KK zu einer anderen Basis chauffieren und ist erst heute Abend zurück.«

»Ah, dann ist es ja gut.«

»Um meine Beziehungen musst du dir nun wirklich keine

Sorgen machen. Borja«, sagt Anna lachend. »Sieh lieber zu, dass du dir selbst jemanden suchst. Es ist nicht gut, immer allein zu sein.«

»Dazu ist gerade keine Zeit.«

»Das stimmt. Ich muss mich jetzt auch erstmal um ein paar Dinge kümmern«, sagt Anna.

»Verstehe. Sehen wir uns in zwei Stunden am üblichen Ort?«

»Das müsste ich schaffen.«

Der übliche Ort, das ist der Strandkorb. Er steht schon immer etwa einen halben Kilometer von der Basis entfernt mit Blick auf einen kleinen Methansee. Der See ist allerdings gerade komplett verdunstet. Geralt hat ihm erklärt, dass solche Sitzmöbel auf der Erde in großer Zahl an den Meeresstränden standen, bevor sie überschwemmt wurden.

Boris gefällt die Konstruktion: ein breiter Sitz mit nach hinten neigbarer Lehne, der seine Benutzer mit einem Baldachin vor Methanregen schützt. Wenn es nicht regnet, kann man den Baldachin einklappen und dann wunderbar in den Himmel schauen und dabei den schwer erkennbaren Lauf der warmen Sonnenscheibe erraten. Und wenn es doch regnet, wird es erst richtig gemütlich. Am liebsten sitzt Boris dort allein und liest dabei im Visier seiner Brille ein Buch. Er verschlingt alles, was in modernem Titanisch herauskommt. Leider erscheinen jeden Monat nur zwei oder drei Übersetzungen irdischer Klassiker.

Heute hat er aber seine Brille wieder nicht dabei. Boris ist etwas zu früh beim Strandkorb. Er setzt sich auf die rechte Seite und kippt die Lehne so weit wie möglich nach hinten. Die Meteorologen haben für heute keinen Regen vorhergesagt. Der Himmel hängt aber so tief über ihm, dass er der Prognose nicht ganz traut.

Sie sollen also das legendäre Raumschiff der Gründer

ausgraben. Daran erscheint ihm so Vieles falsch! Wieso existiert es überhaupt noch? Es waren damals keine einfachen Zeiten gewesen. Vielleicht hat man es schlicht vergessen, und die Legende hat daraus seine Zerstörung gemacht. Andererseits geht es um nicht mehr als dreißig Generationen. Kann sich Geschichte in so kurzer Zeit derart verfälschen? Oder muss nicht jemand aktiv daran gearbeitet haben?

Ging es darum, die drei Tabus besser durchsetzen zu können? Ohne einsatzbereites Raumschiff war es sicher einfacher festzulegen, dass niemand ins All fliegt. Die Gründer haben sich bestimmt etwas dabei gedacht. Wenn es einen Ausweg gegeben hätte, hätten sich die ersten Generationen wohl nicht so angestrengt, Titan in eine bewohnbare Welt zu verwandeln. Sie hätten nicht erkannt, dass sie sich auch selbst verändern mussten, um unter den harten Bedingungen hier überleben zu können. Wnutri und Snarushi wären wahrscheinlich nie entstanden.

Boris seufzt. Er hätte nicht in der Haut der Gründer stecken wollen. Sie mussten Entscheidungen treffen, die damals unpopulär waren. Die ersten Versuche mit der Außenhaut führten damals zum Tod mehrerer Freiwilliger, bei denen der Pilz sein Wachstum nicht wie vorgesehen eingestellt hatte. Und die Steigerung der Intelligenz hatte bei den ersten Wnutri das Risiko erhöht, an Geisteskrankheiten zu leiden. Es hatte damals Forscher gegeben, die gefordert hatten, die Manipulation bereits an Embryonen vorzunehmen, damit der Körper sich besser daran gewöhnen könne. Zum Glück war man diesen Weg nicht gegangen. Für Boris war bei seiner Volljährigkeit mit 400 Umläufen völlig klar gewesen, dass er Snarushi werden wollte. Aber es gibt immer noch Titanier, die sich erst spät für einen der beiden Wege entscheiden.

»Na, bist du mal wieder in Gedanken?«

Boris schreckt hoch. Anna steht vor ihm. Wie hat sie sich denn angeschlichen? Er sieht auf ihre Füße. Sie trägt keine Stiefel. So weit entfernt von der Basis ist das nicht ganz ungefährlich. Es gibt doch immer wieder scharfe Abbruchkanten, an denen sie sich mit ein bisschen Pech die nackten Fußsohlen aufschlitzen könnte. Anna schlägt ihm auf die Schulter, setzt sich neben ihn und legt den rechten Fuß auf sein Knie, um sich die Eiskrümel von der Sohle zu wischen.

»Ja, ich habe ein bisschen nachgedacht«, sagt er.

»Hoffentlich nur gute Gedanken.«

»Na klar. Ich habe über den Auftrag gegrübelt.«

»Unseren Auftrag, nehme ich an.«

»Ohne dich hätte ich ihn nicht angenommen.«

»Ich habe dir doch schon öfter gesagt, dass das nicht nötig ist. Ich komme gut allein zurecht. Ich bin doch nicht erst vorgestern 400 geworden! Und ich will dich nicht bremsen. Ich muss auf Dauer meine eigene Karriere machen.«

»Hier geht es nicht um Karriere. Dieser Auftrag ist … sensationell. Und er ist so geheim, dass ich dir nicht einmal davon erzählen dürfte, wenn du nicht dabei wärst. Aber wie ich dich kenne, hättest du mich so lange bekniet, bis ich es dir trotzdem verraten hätte. Dann hätte ich große Schwierigkeiten bekommen. Also ist es für uns beide besser, wenn du mit von der Partie bist.«

Anna schlägt ihm auf die Schulter.

»Ha ha, gut argumentiert, Brüderchen.«

Dann nimmt sie den rechten Fuß herunter und legt den linken auf seinen Oberschenkel, um ihn sauberzumachen.

»Aber nun musst du mir wirklich verraten, worum es geht.«

»Das ist ja unglaublich.«

»So ging es mir auch, als Geraldine uns davon erzählt hat.«

»Und diese Jenna? Was weißt du über sie?«

Er hatte vermutet, Anna würde ihn über die Mission ausfragen. Stattdessen erkundigt sie sich nach der jungen Wissenschaftlerin.

»Nur, dass sie für die Forschungs-Kommission arbeitet und ein bisschen arrogant wirkt. Aber warum fragst du nach ihr? Sie ist eine Wnutri.«

»Was du gleich denkst, typisch Mann. Ich bin an ihr als Person interessiert. Schließlich wird sie unsere Chefin sein.«

»Entschuldige, klar, aber wie gesagt, sie hat nichts von sich erzählt. Ach ja, sie muss Astronomin sein.«

»Vielleicht ist sie einfach nur unsicher und kam dir deshalb hochmütig vor. Es ist bestimmt eine neue Situation für sie, eine Außenexpedition zu leiten, und dann auch noch mit einem so erfahrenen Mann wie dir als Untergebenem.«

»Keine Ahnung. Muss man sich deshalb so hochnäsig benehmen?«

»Man muss nicht, aber es passiert. Hast du dich immer unter Kontrolle?«

»Okay, Frauenversteherin. Dass ich ihr eine Chance gebe, ist doch sowieso klar.«

»Mehr will ich auch gar nicht. Und danke, dass du an mich gedacht hast. Ich hätte alles dafür gegeben, bei dieser Expedition dabei zu sein.«

Sie sitzen noch lange schweigend im Strandkorb. Es ist eine unwirkliche Situation. Wie unwahrscheinlich sie ist, merkt Boris erst, als er erneut an die Gründer denkt. Sie mussten noch mit schweren Raumanzügen durch die für sie giftige Atmosphäre marschieren. Hätten sie sich jemals vorstellen können, ganz ohne jegliche Technik in diesem antik erscheinenden Sitzmöbel auf einen nicht vorhandenen See zu starren?

Vermutlich hätten sie jeden ausgelacht, der ihnen von einer solchen Zukunft erzählt hätte. Aber trotzdem muss es unter ihnen Menschen mit einer Vision gegeben haben, die ihre Kräfte dafür einsetzten, dass überhaupt irgendeine Zukunft möglich wurde. Und schon damals müssen sie so klug gewesen sein zu ahnen, dass die Grenzen dieses Mondes für ihre Nachkommen auch einmal zu eng werden könnten. Denn es wäre sicher ein Leichtes gewesen, das Schiff komplett auseinanderzunehmen und die Teile für den eigenen Komfort zu verwenden.

4790.7

LAGER 7 IST EIN BARACKENÄHNLICHES GEBÄUDE, DEM DIE Rückwand fehlt. Mitten durch den Raum verläuft der obligatorische Vorhang, der den Bereich mit atembarer Luft von dem mit Titan-Atmosphäre trennt. Gerade bewegt er sich nach vorn und gibt eine ganze Reihe Kisten frei. Boris geht sie nacheinander ab. Es sind dreizehn Behälter, in zwei Reihen übereinandergestapelt.

»Und die sollen alle in den Rover passen?«, fragt er.

»Nur die mit dem weißen Kreis auf dem Deckel«, sagt Geralt von der Wnutri-Seite des Vorhangs.

»Das sind ja nur eins, zwei, drei … neun«, sagt Boris.

»Zählen kann ich auch selbst. Würdest du sie bitte zum Rover bringen?«

»Klar, Chef.«

Boris beginnt mit der ersten Kiste. Er hebt sie an und testet ihr Gewicht. So schwer ist sie gar nicht. Er geht in die Hocke und wuchtet sie mit beiden Armen hoch. Dann trägt er sie durch die offene Rückwand nach draußen. Der Rover steht nur wenige Meter entfernt. Die quaderförmige Kabine für die beiden Wnutri-Passagiere ist noch offen. Er trägt die Kiste hinein und stellt sie ganz hinten ab, kurz vor dem Bildschirm der Steuerung. Die Kabine ist überraschend geräumig. An der linken Wand stehen hintereinander zwei Betten. Sie sehen bequem aus, auch wenn die Bettwäsche noch fehlt. Vermutlich ist sie in einer der Kisten untergebracht. Wann hat er selbst zuletzt in einem echten Bett geschlafen? Er hatte immer Probleme damit gehabt. Mal waren die Matratzen zu weich gewesen, dann zu hart. In einem Tank hingegen ruht er immer schwerelos, und nichts drückt.

Die zweite Kiste ist deutlich schwerer.

»Was hast du denn da drin, Geralt?«, fragt er.

»Welche Nummer hat sie?«

»Sch-32.«

Typisch Geralt. Statt die Kisten 1, 2, 3 und so weiter zu nennen, gibt er ihnen Bezeichnungen wie Sch-32 oder M-19A.

»Das ist eine Sammlung alter Werkzeuge.«

»Wozu brauchen wir die? Sind nicht unsere modernen Werkzeuge viel besser? Die wären wohl auch nicht so schwer. Das scheint ja reines Eisen zu sein, oder Blei.«

»Es ist meist eine Stahl-Legierung.«

»Aber das Zeug wird doch brüchig bei der Kälte da draußen.«

»Ich weiß, Boris. Der Stahl wird spröde. Da müssen wir aufpassen. Aber bei der alten Technik gibt es manchmal Verbindungen, die man nur mit Spezialwerkzeug öffnen kann. Die Techniker wollten damit erreichen, dass nicht jedermann mit einem Schraubenschlüssel Dummheiten machen kann. Das nannte man Sabotage.«

»Sabotasch? Hat das etwas mit dem Wort für Samstag zu tun?«

»Nein, gar nichts. Jedenfalls brauchen wir das Spezialwerkzeug, wenn wir etwas reparieren müssen. Und davon gehe ich aus.«

»Da wirst du recht haben.«

Er trägt die zweite Kiste in den Rover, denn auch auf ihr prangt ein Kreis.

Der Deckel der dritten Kiste ist leer bis auf die Nummer: M-19A. Boris muss lachen. Er hat es gewusst!

»Warum lachst du?«, fragt Geralt.

»Deine Nummerierung. Sie ist unübertroffen.«

»Das hat schon alles seinen Sinn.«

»Bestimmt. Ich will ihn auch gar nicht wissen. Geht bestimmt über meinen Horizont. Ich bin ja nur ein Snarushi.«

»Ha ha. Das sagt der, der die Dragonfly zum Fliegen gebracht hat.«

»Das war reiner Zufall, Geralt, wie oft soll ich es denn noch sagen.«

»Ich glaube nicht an solche Zufälle. Wo hast du denn eigentlich Anna gelassen? Ich dachte, ich könnte ihr zur Genesung gratulieren.«

»Sie diskutiert wohl mit Jenna den genauen Ablaufplan.«

»Na typisch, die Damen sitzen bei Kaffee und Kuchen, und wir dürfen die Arbeit machen.«

»Ich mag sowieso keinen Kaffee.«

Boris greift nach der Kiste M-19A. Grinsend trägt er sie nach draußen und befestigt sie auf der Ladefläche über der Kabine. Wo werden er und Anna wohl unterkommen? Entweder, es befindet sich ein Tank in der Nähe des vermuteten Verstecks des Schiffes, oder sie müssen einen transportablen Tank mitnehmen. Den Ablauf planen vermutlich Anna und Jenna gerade.

4790.8

Pünktlich zur vorgesehenen Abfahrtszeit um 9 Uhr sitzt Boris auf dem Fahrersitz. Anna ist seine Beifahrerin. Auf ihrer Seite des Rovers gibt es ebenfalls alle nötigen Steuereinrichtungen, sie kann also jederzeit übernehmen. Und um es ganz sicher zu machen, lässt sich das Fahrzeug auch aus der Kabine der Wnutri lenken. Die Passagiere dort haben zwar nur einen eingeschränkten Blick auf die Umgebung, aber das gleichen die verschiedensten Sensoren aus.

»Seid ihr so weit?«, fragt Boris über Funk.

»Nun warte doch mal«, antwortet Jenna von innen. »Wollen wir nicht erst einmal die Route besprechen?«

»Ach, ich würde … nein, du hast natürlich recht, wir sollten uns den Weg ansehen.«

Boris dreht seinen Sitz um 180 Grad nach hinten. So sieht er direkt auf die rechte Frontscheibe der Kabine. Auch Anna dreht sich um. Jenna winkt ihnen zu. Geralt ist nicht zu sehen. Vermutlich kontrolliert er seine Kisten. Hinter der Kabine ist ein Anhänger zu erkennen. Er enthält den Tank. Gestern war er noch nicht hier, also müssen ihn die Heinzelmännchen über Nacht gebracht haben.

Die Kabinenscheiben werden undurchsichtig. Jenna projiziert ihnen die Karte des Titan darauf.

»Wir befinden uns ungefähr hier«, erklärt sie, »unterhalb

des Isa-Kraters, bei 5 Grad Nord und 60 Grad West. Weiter westlich von dieser Basis liegt das Xanadu-Hochland mit den Mithrim-Bergen etwas südlich des Äquators bei 126 Grad West. Ich glaube, du kennst sie schon, Boris.«

Jenna hat sich offensichtlich informiert. Er kann sich gut vorstellen, wie fleißig sie sich in den letzten Tagen auf diese Expedition vorbereitet hat. Dabei überfällt ihn das schlechte Gewissen. Er lässt alles auf sich zukommen – wie immer.

»Ja, das ist das perfekte Gleit-Gebiet«, sagt Boris. »Durch die Berge wird der Wind über den Sanddünen vor Xanadu nach oben gedrückt und bildet eine ziemlich verlässliche Thermik.«

»Ich sehe schon, ich muss mal mit dir fliegen gehen«, sagt Jenna.

Eine Wnutri, die fliegt, das hat er noch nicht gesehen. Aber sie hat es so ernsthaft gesagt, dass er es beinahe glaubt.

»Leider ist das heute ganz und gar nicht unsere Richtung, sonst hätten wir bestimmt mal dort anhalten und eine Pause einlegen können«, sagt Jenna. »Wir fahren südöstlich. Ich zeichne es auf der Karte ein.«

Eine grüne Linie erscheint zwischen den Bergformationen.

»Es geht zunächst durch die Fensal-Dunkelländer hier, dann schwenken wir stärker nach Süden, um das Quivira-Hochland mit der Chusuk-Ebene zu vermeiden. Etwa zehn Grad südlich des Äquators erreichen wir dann die Aztlan-Dunkelländer. Unser Ziel befindet sich ungefähr in der Mitte ihres westlichen Teils. Es ist der Schicksalsberg, genauer gesagt, die Sotra Patera. Der letzte Teil des Weges dürfte am interessantesten werden, weil wir dann den Mohini-Fluss überqueren müssen, ein System gefrorener Lavaflüsse.«

»Ist das in irgendeiner Weise gefährlich?«, fragt Geralt aus dem Hintergrund.

»Nein, nur lästig«, sagt Boris. »Aber Dünen sind anstrengender, da kommen noch die steilen Abbruchkanten auf der einen Seite dazu. Bei den Strömen geht es bloß dauernd rauf und wieder runter. Ich würde da nicht in der Kabine sitzen wollen, da schüttelt es euch bestimmt ganz schön durcheinander.«

»Na toll. Aber bevor jemand fragt, nein, ich will nicht aussteigen.«

»Das wäre auch schade, Geralt«, sagt Jenna. »Du bist schließlich unser Experte für alte Technik.«

»Wie lange werden wir brauchen?«, fragt Anna.

»Ich denke, mit einer Übernachtung sollten wir hinkommen. Eure Basis ist die, die den Koordinaten am nächsten liegt.«

»Also wurden wir aus Bequemlichkeit ausgewählt?«

»Nein, Boris, ihr seid die besten für diese Aufgabe. Oder besser gesagt, wir sind die besten. Gemeinsam bekommen wir das hin.«

»Danke, das klingt zu gut, um wahr zu sein.«

»Ach komm, Boris, du weißt doch selbst, dass du einer der Snarushi mit der größten Erfahrung im Außeneinsatz bist.«

Das stimmt allerdings. Er hat sich immer freiwillig gemeldet, so gefährlich sich ein Auftrag auch anhörte. Das Ergebnis ist dann natürlich eine gewisse Erfahrung, auf die er auch stolz ist.

»Und wo genau befindet sich das Schiff nun?«, fragt Anna.

»So ganz sicher sind wir da nicht. Wir hoffen, es an den Hängen des Schicksalsbergs zu finden.«

»Wir hoffen?«

»Das ist das Problem, Anna. Die Koordinaten sind nur auf ein paar Kilometer genau. Aus der Nähe finden wir das Schiff aber bestimmt, es besteht schließlich aus einer Menge Metall.«

»Und wo könnte es dann sonst sein, wenn nicht an den Berghängen?«, fragt Boris.

»In der Sotra Patera«, antwortet Jenna.

»Patera, das muss ein Vulkan sein«, sagt Geralt.

»Richtig. Es ist der Krater eines Kryovulkans, und er ist etwa 1700 Meter tief. Wenn wir richtig viel Pech haben, liegt das Schiff ganz unten am Grund. Womöglich hat es sich in den vergangenen Umläufen durch die Aktivität des Vulkans nach unten bewegt. Wir sehen an den Mohini-Flüssen, dass die Patera ziemlich aktiv gewesen sein muss.«

»Und wie bekommen wir das Raumschiff dann nach oben?«, fragt Boris.

»Erst einmal müssen wir es ausgraben. Es liegt vermutlich unter jeder Menge Eis. Aber damit habt ihr ja Erfahrung.«

Anna berührt sein Knie. Er versteht die Geste. Nicht aufregen, Boris, sie meint es nicht so. Und wenn doch?

»Keine Sorge, wir haben das schon eingeplant. In einer der Kisten liegt ein Methanbrenner, den wir bloß an unsere Sauerstoffversorgung anschließen müssen. Damit können wir das Eis wegschmelzen. Wenn das Schiff dann frei ist«, erklärt Jenna weiter, »brauchen wir nur noch ein einziges Problem zu lösen.«

Boris ahnt, worauf sie hinauswill.

»Wir müssen herausfinden, wie man es startet«, sagt sie.

Na klar, das wird ein Spaziergang. Sie brauchen ja bloß ein uraltes Schiff wieder in Gang zu bringen, das viele Umläufe lang am Grunde eines Vulkankraters gelegen hat. Ein kauziger Archäologe, eine überehrgeizige Jungforscherin, ein zynischer Versager und eine waghalsige Verrückte, das ist doch ein Traum-Kollektiv, um so eine Aufgabe zu lösen. Boris lacht, und Anna sieht ihn seltsam an.

»Sonst noch Fragen?«

Der Bildschirm verwandelt sich wieder in eine durchsichtige Scheibe, und Jennas Gesicht erscheint. Sie beißt sich auf die Lippen. In diesem Moment sieht sie richtig süß aus. Sie will es packen. Sie ist mit ganzer Kraft dabei, aber er ist trotzdem bloß ein Versager. Vielleicht kann sie wenigstens mit dem Rest der Crew etwas anfangen. Er wünscht es ihr.

»Ich habe keine Fragen mehr«, sagt Anna.

»Ich auch nicht«, sagt Geralt.

Boris überlegt. Wenn sie schon zum Schicksalsberg fahren, warum nicht? Er kann ja danach fragen. Jenna wird ihm nicht den Kopf abreißen.

»Wenn wir beim Schicksalsberg sind, würde ich gern von

einem seiner beiden Gipfel gleiten«, sagt er. »Meinst du, das geht?«

»Das wird sogar ganz hervorragend funktionieren«, antwortet Jenna. »Die Thermik soll dort ausgezeichnet sein.«

Sie fahren seit zwanzig Minuten. Große Flocken aus organischer Materie wirbeln in Bodennähe durch die Luft wie seine Gedanken durch seinen Kopf. Boris schaltet auf den privaten Kanal.

»Hast du das gehört, Anna? ›Gemeinsam bekommen wir das hin‹, hat sie gesagt. Jenna hat sich anscheinend von einem Psychologen in Gruppen-Motivation beraten lassen. Sie hat bestimmt lange gewartet, bis sie diesen Satz endlich losgeworden ist.«

»He, ich wusste gar nicht, dass du zum Zyniker geworden bist«, sagt seine Schwester. »Kannst du ihr nicht einfach mal eine Chance geben?«

Klatsch, das hat gesessen. Es tut zwar weh, aber er muss zugeben, dass sie nicht unrecht hat. Er sollte Jenna einen Vertrauens-Vorschuss geben. Schon aus eigenem Interesse. Denn wenn die Expeditionsleiterin unsicher ist, macht sie Fehler. Und wenn sie Fehler begeht, wird das auch ihn selbst betreffen, und vor allem Anna. Er darf sie nicht schon wieder in Gefahr bringen. Boris, du musst dich am Riemen reißen, alter Versager!

Sie müssen das Fensal-Gebiet erreicht haben. Boris hört es am Geräusch der Räder, obwohl er die Augen geschlossen hat. Seit einer halben Stunde steuert Anna das Gespann, und er döst ein bisschen. Er öffnet die Augen und betrachtet seine Schwester. Sie sieht konzentriert nach vorn. Früher hatte sie oft die Zunge im Mundwinkel, wenn sie sich auf eine Aufgabe konzentriert hat. Jetzt verhindert das ihre Außenhaut.

Der Rover fährt über eine schräge Kante. Seine Achsen krachen. Der Boden ist genauso uneben wie zuvor, aber sie fahren nun über Gestein, das die Geräusche weniger dämpft. Und es reflektiert deutlich schlechter als das Eis, das rund um die Basis dominiert. Es scheint fast, als würde der Boden das Licht des Scheinwerfers absichtlich aufsaugen. Objektiv ist es in den Dunkelländern nicht dunkler als anderswo auf Titan. Aber der dunkle Boden verstärkt noch den Eindruck ewiger Dämmerung. Das Hellbraun der Luft verwandelt sich in ein Rostbraun, und wo der Scheinwerfer nicht hinreicht, wird es zu Dunkelbraun. Die irdischen Sagen, die Boris als Kind in einer hervorragenden Übersetzung gelesen hat, könnten wirklich ihren Ursprung auf Titan haben.

Boris gähnt, und er verspürt Hunger.

»Hast du etwas dagegen, wenn ich mich ein bisschen in den Tank verziehe?«, fragt er.

»Überhaupt nicht. Wenn du es bei dem Geschaukel aushältst?«

»Da bin ich unempfindlich. Ich löse dich dann nachher ab. Vielleicht können wir die Nacht durchfahren.«

Wieso verwenden sie eigentlich immer noch den alten 24-Stunden-Rhythmus? Beim Kalender haben sie sich ja auch angepasst und rechnen in Umläufen statt in Erdjahren. Ist der menschliche Körper so an die Abfolge von Tag und Nacht gebunden? Die Sonne geht jedenfalls nur alle acht Tage auf und wieder unter. Aber auch Saturn, der permanent über dieser Hälfte des Mondes hängt, beleuchtet Titan mit reflektiertem Sonnenlicht, sodass kaum Unterschiede festzustellen sind.

»Kannst es ja Jenna vorschlagen«, sagt Anna.

»Mache ich dann.«

»Soll ich anhalten?«

»Nicht nötig.«

Boris klettert vom Sitz auf die Ladefläche, zieht sich auf

das Dach der Kabine und springt von deren Ende auf den hinten angehängten Tankwagen.

»Bin angekommen«, sagt er.

Das war aber auch nicht schwierig. Bei der geringen Schwerkraft hätte er sich auch nicht verletzt, wenn er auf den Boden gestürzt wäre. Er beugt sich vom Dach des Tanks mit dem Oberkörper nach unten zum Einstieg, zieht die Manschette auseinander und hangelt sich durch das Gelee ins Innere. Er ist wirklich noch ganz schön gelenkig.

»Schlaf gut, Boris«, meldet sich Annas Stimme in seinem Kopf.

»Schlaf gut, Boris«, sagt auch der Tank.

»Danke.«

»Licht an.«

»Gern, Boris.«

Der Tank schaltet die Beleuchtung an. Boris muss die Augen zusammenkneifen, weil es so hell ist, dass es schmerzt. Er fixiert eine Strebe an der Decke. Tatsächlich, sie wackelt hin und her, sein Gefühl hat ihn nicht getrogen. Der Konvoi muss den Übergang zum Aztlan-Dunkelland erreicht haben. Warum hat Anna ihn nicht geweckt? Weil sie glaubt, dich nicht zu brauchen, Dummkopf. Nein, weil sie dich nicht braucht, sie fährt mindestens so gut wie du.

Boris schließt die Augen wieder. Doch dann meldet sich sein Magen. Den Hunger hat die Nährlösung aus dem Tank gestillt. Jetzt ist ihm übel. Ihm wird doch von so ein bisschen Schaukelei nie übel! Aber es ist eindeutig. Er muss hier raus.

»Danke für deinen Besuch«, sagt der Tank, als er sich herauswindet.

Boris antwortet nicht. Er zieht sich nach oben auf das Dach des Tanks. Seine Ahnung war richtig. Sie überqueren immer wieder etwa zwei bis drei Meter hohe Querrillen. Es sieht aus, als hätte hier jemand die Haut des Mondes zusammengeschoben. Und wahrscheinlich war es auch so. Zwei

Gesteinsplatten müssen hier aneinanderstoßen. Die entstandenen Falten erodieren schon stark, es muss also vor Millionen Jahren passiert sein.

»Wenn du willst, kann ich dich ablösen«, sagt Boris.

Er klettert über das Dach der Kabine nach vorn. Wegen der vielen Huckel muss er sich diesmal mit beiden Armen festhalten, sonst würde ihn das Fahrzeug abwerfen wie ein launischer Stier.

»Ist nicht nötig. Ich fahre noch bis zur Pause.«

Boris schaltet auf den allgemeinen Kanal um.

»Sollen wir die Nacht durchfahren?«, fragt er. »Ich wäre fit genug, und wir würden acht Stunden sparen.«

»Ich mache kein Auge zu, wenn ich das Bett reiten muss, statt darin zu schlafen«, sagt Geralt.

»Ich wäre auch für eine Pause«, sagt Jenna. »So eilig ist es doch nicht. Seht ihr?«

Das Kabinenfenster verwandelt sich wieder in einen doppelseitigen Bildschirm. Die bereits gefahrene Route ist als grüner Strich sichtbar, was noch vor ihnen liegt, ist rot.

»Der weiße Fleck östlich von uns ist die Coats Facula«, erklärt Jenna. »Es handelt sich um eine ungewöhnlich helle Stelle, vielleicht einen Eisberg. Ob ihr es glaubt oder nicht, genauer untersucht hat sie noch niemand.«

»Ist das ein Vorschlag?«, fragt Boris. »Ich bin immer bereit für kleine Abstecher.«

»Nein, vielleicht auf dem Rückweg«, sagt Jenna. »Ich wollte nur ein bisschen die Reiseleiterin spielen, die euch die Sehenswürdigkeiten erklärt.«

»Danke, ich weiß das sehr zu schätzen«, sagt Anna.

»Also, sechs Stunden Pause für alle?«, fragt Boris.

»Gib uns sieben Stunden«, sagt Jenna. »Bei uns dauert das alles länger, Hygiene, Essen, bis wir im Bett liegen, vergeht eine halbe Stunde.«

»Ich schiebe uns schon mal etwas in die Mikrowelle«, sagt Geralt.

»Schade nur, dass es keine Dusche gibt«, sagt Jenna. »Ihr

glaubt gar nicht, wie sehr ich mich nach einer warmen Dusche sehne.«

»Komm doch mit in den Tank«, sagt Boris.

»Das könnte dir so passen«, meint Geralt.

»Es gibt leider keinen direkten Zugang, den ich ohne Raumanzug nutzen könnte, und mit Anzug ergibt das so gar keinen Sinn.«

»Stimmt, Jenna. Wieso gibt es eigentlich keine Tankzugänge für Wnutri? Wo bleibt denn da die Gleichberechtigung?«

»Wie willst du denn im Tank atmen, Geralt? Soviel ich weiß, gibt es aber in jeder Basis einen Universaltank, der zur medizinischen Behandlung von Wnutri eingesetzt werden kann«, erklärt Boris.

»Heute müsst ihr dann wohl auf unseren Besuch verzichten«, sagt Jenna.

»Schade«, sagt Anna. »Aber zu viert wäre es sowieso zu eng. Ich verabschiede mich hiermit. Kommst du gleich nach, Boris?«

»Ich bin gerade nicht müde. Vielleicht vertrete ich mir noch ein bisschen die Beine.«

Der Spaziergang war eine gute Idee. Er hat sich heute noch gar nicht richtig bewegt. Der Rover mit seinem Tankanhänger ist schnell aus seinem Blickfeld verschwunden, aber er kann ihn immer anpeilen, wenn er den Weg zurück sucht. Titan ist wirklich eine beeindruckende Welt, und er ist froh, dass sie seine Heimat ist. Gerade hat er das Gefühl, hier wunderbar ganz allein zurechtzukommen. Andere Menschen strengen ihn an. Anna nicht, das ist eine Ausnahme. Woran liegt das wohl? Vielleicht daran, dass er ihr nichts vormachen muss?

Vermutlich, denn bei Geralt ist es ähnlich. Den Archäologen kennt er noch aus der Zeit vor der Umwandlung. Sie sind etwa gleich alt und haben zusammen in den Katakomben der Basis Verstecken gespielt. Boris fühlt sich kaum älter und nicht gereifter als damals. Einmal haben sie einer erwachsenen Wnutri heimlich beim Duschen zugesehen. Die Frau hat sie erwischt, sie ist nackt aus der Dusche gestiegen und hat die beiden frechen Jungs einfach von oben bis unten nassgespritzt. Boris muss immer noch lächeln, wenn er daran denkt. Sie haben so eine Angst gehabt, dass die Wnutri sich bei ihren Eltern beschweren würde, aber sie hat es bei ihrer eigenen Strafe belassen.

Boris kniet sich hin und betastet den Boden. Er trägt natürlich Stiefel, wenn er draußen unterwegs ist. Aber er versteht, warum Anna das nicht mag. Wenn er wissen will, wo er unterwegs ist, muss er sich immer erst bücken und den Boden mit der Hand berühren. Dabei gehört es doch zum Kern des Lebens als Snarushi, dass man seine Umwelt direkt erfährt. Die Außenhaut ist eben kein schwerer Raumanzug, sondern ein Teil seines eigenen Körpers. Es heißt, die Gründer hätten sich überlegt, dass die Menschen im Raumanzug sich auf Titan nie heimisch fühlen würden, und deshalb die Außenhaut entwickelt. Aber was ist dann mit den Wnutri? Sie sind ja keine schlechteren Titanier.

Er steht wieder auf und schiebt die Brille vor die Augen. Er schaltet auf Radar. So erkennt er das Relief des Titan um ihn herum. Im Osten erhebt sich ein flacher Berg, der ihn an einen dicken Fladen erinnert. Das muss die Coats Facula sein. Ein dicker Fladen aus Eis mitten in einer dunklen Gesteinsebene. Wie mag er hierher gekommen sein? Hat ihn ein Eisriese ausgeschieden? Ist die Gesteinsplatte dort aufgerissen und hat Eis von unten an die Oberfläche quellen lassen?

Morgen erreichen sie den Schicksalsberg. Wer hat sich bloß diesen Namen ausgedacht? Ob Jenna ihre Ankündigung wahrmacht und mit ihm zusammen einen Gleitflug vom Gipfel des Berges startet? Das wäre lustig. Beim Fliegen in der Titan-Atmosphäre haben es Wnutri generell schwerer, weil der Raumanzug hinderlich ist und mehr wiegt als seine Außenhaut. Aber mit etwas Geschick und Übung sind das überwindbare Hindernisse. Boris freut sich. Er hat so eine Ahnung, dass sie zu ihrer Ankündigung stehen wird.

Langsam läuft er zu den anderen zurück. Die Stiefel knarren bei jedem Schritt. Es ist ein einschläferndes Geräusch. Tatsächlich kommt die Müdigkeit zurück, wie er es sich von dem Spaziergang erhofft hat. Ob die anderen schon schlafen? Er erreicht den Rover, stellt sich neben den Fahrersitz und kontrolliert die Steuerung. Sie haben genügend Energie für die Fahrt. Durch die Frontscheibe der Kabine erkennt er, dass innen schon das Licht gedimmt ist. Dann läuft er an dem Rover vorbei nach hinten zum Tank. Dabei passiert er das Seitenfenster. Sein Blick streift den dunklen Schemen einer eindeutig nackten Frau. War das Jenna? Er traut seinen Augen nicht und bleibt stehen. Er sollte das nicht tun, aber die Neugier siegt. Er geht einen Schritt zurück. Das Licht ist aus, in der Kabine ist es dunkel. Er muss sich getäuscht haben.

Vor dem Tank streift er die Stiefel ab. Möglichst leise zieht er sich mit den Armen voraus hinein. Innen ist es beinahe dunkel, aber nicht ganz. Anna hat wohl für ihn etwas Licht angelassen. Die Flüssigkeit dämpft alle Geräusche. Es wird still. Nur sein Herzschlag ist noch zu hören. Er gleitet neben seine Schwester. Der Tank pumpt automatisch die Menge Wasser ab, die sein Körper verdrängt. Anna scheint schon zu schlafen. Sie hat die Augen geschlossen und atmet ruhig. Er dreht sich zur Seite, immer darauf bedacht, sie nicht zu stören. Sie sind es gewöhnt, im selben Tank zu schlafen. Auf längeren Expeditionen wäre es ineffizient, zwei davon mitzunehmen. Er wünscht Anna in Gedanken eine gute Nacht und schließt die Augen.

4790.9

»Glaubst du wirklich, das ist eine gute Idee?«, fragt Anna.

Der kleine Konvoi hält an der Nordostflanke des Schicksalsbergs. Viel höher werden sie mit dem Fahrzeug nicht kommen, weil der Anstieg zu steil wird. Der Schicksalsberg besteht aus Eis, das über die Zeit teilweise brüchig geworden ist.

»Nun lass mir doch den Spaß«, sagt Boris.

»Lass uns den Spaß«, sagt Jenna.

»Bist du so weit?«, fragt er.

»Gleich«, sagt sie.

»Willst du nicht mitkommen?«, fragt er Anna auf dem privaten Kanal.

Sie schüttelt den Kopf.

»Mach du mal. Ich glaube, es tut dir gut, mal Zeit mit anderen Menschen zu verbringen. Ich mache mir allmählich Sorgen um meinen großen Bruder. Zyniker mag ich nicht. Vielleicht fasst du ja ein bisschen Vertrauen zu Jenna.«

Vertrauen, ein großes Wort. Vielleicht sollte er erst einmal Vertrauen zu sich selbst erlernen. Aber eigentlich findet er sich doch gar nicht so übel. Nein, Vertrauen ist kein Problem. Und wenn, dann liegt es an den anderen, die müssen doch erst einmal beweisen, dass sie sein Vertrauen verdienen.

»Na gut, wir werden auch ohne dich Spaß haben«, sagt er.

Quietschend öffnet sich die Schleuse. Eine Figur im Raumanzug tritt heraus. Ob Mann oder Frau ist nicht zu erkennen. Der Mensch kommt näher. »Tamarastir« steht auf dem Namensschild. Es ist Jenna. Jetzt sieht er auch ihr Gesicht hinter der Scheibe. Sie lächelt, und das berührt ihn.

»Dann mal los«, sagt sie. »Wer zuerst oben ist.«

Sie läuft los. Das ist frech. Er muss sich erst orientieren. Er klappt die Brille nach unten. Sie ist auf Infrarot eingestellt. Es sieht lustig aus, wie Jenna rennt. Ein roter Menschenkörper zappelt in einem orangefarbenen Gehäuse, das viel größer ist als er und einen weißen Rucksack trägt. Er schaltet auf die Navigation um. Der Schicksalsberg hat zwei Gipfel. Sie wollen vom Kamm starten, der zwischen beiden verläuft. Er speichert das Ziel ein. Jetzt führen ihn Leuchtpfeile auf seiner Handfläche. Boris holt die Flügel aus einer Ablage am Rover, winkt Anna zu und rennt dann Jenna hinterher. Nun ist er also schon im Rückstand, so schnell geht das.

Aber es bleibt nicht dabei. Jennas Raumanzug besitzt zwar wie seine Außenhaut Kraftverstärker, aber er wiegt schlichtweg weniger, also kommt er mit dem gleichen Energieeinsatz schneller voran. Nach zehn Minuten hat er sie eingeholt. Zum Spaß gibt er ihr von hinten einen kleinen Stoß und hält sie dann schnell an der Schulter fest, damit sie nicht fällt.

»Na … warte, wenn … ich … dich …«

»Spar dir den Atem für den Anstieg«, ruft er.

Er beschleunigt noch ein bisschen, aber das war keine gute Idee. Denn jetzt wird es noch steiler. Die Außenhaut kann nicht unbegrenzt Atemluft pro Zeiteinheit bereitstellen. Es ist kein Tank, den man einfach etwas weiter öffnen kann, sondern ein Organismus, der Zeit für die Anpassung braucht. Nun muss er selbst japsen, und Jenna überholt ihn wieder. Blöde Außenhaut. Aber das ist unfair. Jenna muss schließlich auch ihren schweren Raumanzug tragen, und die Flügel im Rucksack sind größer und damit schwerer.

Langsam passt sich die Außenhaut an den neuen Bedarf an, und er holt wieder auf. Er sieht durch die Brille nach oben. Dort ist der Kamm schon. Wahnsinn, so schnell ist er schon lange keinen Berg mehr hochgehetzt. Jenna ist noch zwei Meter vor ihm. Jetzt oder nie! Er sprintet die letzten Meter. Zehn, zwölf, zwanzig Schritte, das schafft er auch, ohne Atem zu holen.

Ha! Er hat den Kamm vor Jenna erreicht. Er kann gerade so bremsen, um nicht auf der anderen Seite nach unten zu stürzen. Geschafft legt er sich mit ausgestreckten Beinen auf die dünne, fleckige Schneedecke. Jenna wirft ihren Rucksack ab und verfehlt ihn dabei nur knapp. Dann setzt sie sich neben ihn und lehnt sich dabei an seine Beine, die er aufgestellt hat.

»Ich darf doch?«, fragt sie.

»Bitte.«

Allmählich schlägt sein Herz wieder normal. Es ist angenehm, so im Schnee zu liegen. Die Schicht ist zwar dünn, aber sie wirkt schon wie eine Decke. Dass Jenna sich an seine Beine lehnt, stört ihn wider Erwarten überhaupt nicht. Sollte sie auch zu den Menschen gehören, die er ohne Kraftanstrengung ertragen kann?

Mit einem Mal springt sie wieder auf. Sie klopft sich den Schnee vom Hinterteil und holt dann die Flügel aus dem Rucksack.

»Komm, es wird Zeit abzuheben«, sagt sie.

»AUF DREI!«, SAGT ER.

Der Kamm ist zu schmal, um nebeneinander Anlauf nehmen zu können, also dreht er Jenna den Rücken zu und breitet die Flügel aus.

»Fertig«, sagt sie.

Jetzt klingt sie doch ein bisschen aufgeregt. Aber vielleicht täuscht auch die Funkübertragung.

»Eins, zwei, drei.«

Er rennt mit ausgebreiteten Flügeln den Kamm entlang. Nach zehn Schritten dreht er nach rechts ab – und fliegt.

»Juchhu«, jubelt er.

Es ist großartig. Er sollte noch viel öfter zum Gleiten gehen.

»Wow-wow-wow«, hört er Jennas Stimme.

Er sieht nach rechts. Sie fliegt etwas unter ihm. Durch ihr höheres Gewicht muss sie auf den ersten Metern ein bisschen abgesackt sein, aber jetzt hält sie sich gut. Sie schlägt mit den Flügeln, um zu ihm aufzuschließen. Er bleibt im Gleitflug. Nebeneinander fliegen sie in den gelblichen Nebel hinein, der langsam die Bergwand hinaufkriecht.

Dann treffen sie auf die Thermik. Die aufsteigende Strömung trifft ihn in den Bauch und hebt ihn an, weiter und weiter. Jenna bleibt unter ihm zurück.

»Du darfst dich nicht gegen die Thermik wehren«, sagt er per Funk. »Am besten, du kreist auf der Stelle. Ich weiß nicht, wie weit die Thermik reicht.«

Sie fliegt eine Kurve, dann steigt sie ebenfalls.

»Ist das nicht großartig?«, ruft er.

»Es ist überwältigend«, antwortet sie.

Dann reißt der Aufwind plötzlich ab. Er überfliegt gerade den niedrigeren Gipfel des Schicksalsbergs. Boris zoomt auf das Plateau. Das ist spannend, denn der Berg besitzt hier gar keine feste Oberfläche. Vielmehr befindet sich hier eine Vertiefung, die mit flüssigem Helium gefüllt ist. Der kleine, aber tiefe See wirkt wie der Lavasee eines heißen Vulkans – nur ist er nicht wärmer als die Umgebung, sondern kälter. Boris merkt zu spät, was das für ihn bedeutet. Der Aufwind verwandelt sich in einen Abwind. Die kalte Luft über dem Methansee fließt nach unten ab, statt aufzusteigen. Der Gipfel saugt ihn förmlich an, da hilft es auch nicht, wie wild die Flügel zu bewegen.

»Alles okay bei dir?«, fragt Jenna.

»Ja. Du solltest aber besser Abstand halten. Hier ist ein starker Abwind, der mich runterzieht.«

Er dreht sich nach ihr um. Jenna hat die Flügel gedreht

und fliegt einen großen Bogen um ihn. Das ist schlau, so vermeidet sie den Sog. In seinem Kopf piepst es laut. Mist, er hat nicht nach unten gesehen. Das war die Höhenwarnung. Er ist nur noch fünf Meter über dem Gipfel und befindet sich fast im Sturzflug. Boris schlägt noch einmal kräftig mit den Flügeln. Er darf nicht in das eisige Methan fallen. Drei Meter, ein Meter, und er setzt auf dem aus Eis geformten Rand des Gipfelsees auf. Er rennt ein paar Meter, um seinen Impuls abzubauen. Das ist ja noch einmal gut gegangen. Er braucht bloß über den Kamm zum anderen Gipfel zu laufen und kann dann von dort neu starten.

»Alles gut«, ruft er. »Ich komme gleich wieder nach.«

Schon wieder piepst es in seinem Kopf. Was ist denn jetzt los? Er startet das Diagnoseprogramm. Auf seinem Handrücken blinkt ein rotes Symbol, das wie ein Fuß aussieht.

Oh nein. Das hatte er ja noch nie! Seine Außenhaut scheint an der linken Fußsohle eingerissen zu sein. Es gibt ein Sprühpflaster dagegen. Aber natürlich hat er es nicht eingepackt. Das ist großer Mist. Die Kälte wird in ihn eindringen. Sie wird die Außenhaut von innen töten und die Innenhaut von außen. Es ist, als hätte er sich geschnitten und würde dann Schwefelsäure auf den Riss gießen. Den Fuß kann er vergessen. Dann kann er auch gleich hier sitzenbleiben, bis seine Ressourcen aufgebraucht sind.

Boris spürt einen Druck auf seiner Schulter. Es ist Jennas Hand. Ihre Wärme dringt scheinbar durch den dicken Handschuh und seine Außenhaut hindurch. Sie kniet sich neben ihn und betrachtet seine Fußsohle. Er ist ihr jetzt schon dankbar, weil er nicht allein ist.

»Das ist ja Pech«, sagt sie.

»Das Pflaster ist unten beim Rover. Aber bevor wir dort sind, friert mir der halbe Fuß ab. Dann müsst ihr mit einem Invaliden das Schiff bergen.«

»Nun mal langsam. Ich habe Reparaturspray dabei.«

»Für deinen Anzug? Das ist anorganisch. Damit kann ich den Schnitt nicht versorgen.«

»Es wird den Riss verschließen, bis wir unten sind. Dort kannst du dann dein Heilspray verwenden.«

»Meinst du?«

Boris schöpft Hoffnung. Ja, das könnte funktionieren. Aber er darf damit nicht fest auftreten. Das Reparaturspray dichtet bloß ab. Wie soll er so den Berg nach unten kommen?

»Ja, keine Sorge. Du wirst zwar nicht auftreten können, aber wir können nach unten gleiten.«

»Und der Anlauf?«

Er kann ja nicht einfach in die Luft hüpfen und loslegen. So funktioniert das Gleiten nicht.

»Wir fliegen gemeinsam. Insgesamt haben wir drei funktionsfähige Beine. Wir fixieren dein beschädigtes linkes Bein an mein rechtes, und dann rennen wir gemeinsam los.«

»Und das soll funktionieren?«

Boris ist skeptisch.

»Ich habe das schon mal mit einem Freund ausprobiert. Da hatten wir sogar beide Raumanzüge an, und es hat geklappt.«

Jenna hat das Reparaturspray in der Hand und sprüht damit seine Sohle ein. Sein Fuß wird sofort wieder wärmer. Das überschüssige Material tropft an der Seite herunter. Aber es füllt den Schnitt nur, es stabilisiert ihn nicht. Jetzt wickelt Jenna eine Sicherheitsleine um sein linkes und ihr rechtes Bein.

»Kann ich dir helfen?«

»Lass mich mal machen.«

Sie scheint zu wissen, was sie tut. Sie zieht die Leine fest und verknotet sie. Dann zieht sie den linken Flügel von seinem Arm ab.

»So, auf drei. Eins, zwei, drei.«

Sie zieht ihn hoch, und er hilft mit seinem gesunden Bein nach. Es klappt! Sie schwanken zwar ein bisschen, aber sie stehen nebeneinander.

»Jetzt kommt der schwierigste Teil. Du musst mit rechts normal laufen, aber links möglichst lockerlassen. Wir bewegen uns im Passgang. Wenn ich das Signal gebe, geht unser gemeinsames mittleres Bein nach vorn. Danach machen wir einen Schritt mit den äußeren Beinen. So funktioniert das, glaub mir, aber du musst dich konzentrieren, sonst stolpern wir und rutschen den Berg hinunter, statt zu fliegen.«

»Verstehe. Kein Druck.«

»Kein Druck, natürlich.«

Boris lacht. Die Situation ist so widersinnig. Jenna stimmt in das Lachen ein.

»Also los. Ganz locker bleiben. Mittleres Bein zuerst. Auf drei.«

»Bin fertig.«

»Eins, zwei, drei.«

Sein linkes Bein bewegt sich von ganz allein nach vorn, bewegt von Jenna. Er kippt leicht nach links, als er das rechte Beine nach vorn wuchtet. Links lockerlassen. Rechts bewegen. Links locker. Rechts nach vorn. Sie werden schneller. Links lockerlassen. Rechts … er verliert den Boden unter den Füßen. Boris erschrickt. Aber nein, sie fliegen!

»He, es hat geklappt!«

Er wird doch nicht da oben sterben. Und er wird seinen Fuß behalten.

»Hattest du Zweifel?«

»Nein, hatte ich nicht«, sagt er.

Das ist zwar gelogen, aber er versteht es mehr als Versprechen für die Zukunft.

Er überlässt Jenna das Steuern. Sie landen punktgenau ein paar Meter hinter dem Konvoi. Jenna hat Anna bereits über ihr kleines Problem informiert. Sie wartet mit dem Heilspray. Boris streift den Flügel ab. Auf die beiden Frauen gestützt, humpelt er zum Fahrersitz. Anna wischt die Reste des Reparatursprays ab und appliziert dann das Heilspray.

»So, bis morgen ist das wieder völlig in Ordnung«, sagt sie dann.

»Ich hatte schon befürchtet, ich müsste euch die Bergung des Raumschiffs ganz allein überlassen.«

»Wir hätten das schon geschafft«, sagt Anna.

»Davon bin ich überzeugt«, meint Boris.

Und das ist nicht übertrieben.

»Was machst du denn auch für Sachen! Hast du mir nicht selbst gesagt, dass Stiefel Leben retten?«

»Ja, Anna, du hast ja recht. Beim Gleiten ist eben jedes zusätzliche Gewicht lästig.«

»Ist ja noch einmal gut gegangen«, sagt Jenna.

»Es war übrigens ein köstliches Bild, wie ihr wie eine riesige Hummel aus dem Himmel getorkelt seid«, sagt Geralt aus der Kabine. »Ich habe euch dabei gefilmt. Willst du das Video mal sehen, bevor ich es weiterleite?«

»Wehe, mein Freund.«

»Am besten, du verschwindest jetzt im Tank«, sagt Anna. »Dort kann der Fuß am besten ausheilen.«

»Jawohl, Frau Doktor. Aber ihr weckt mich, bevor wir das Schiff ausgraben, versprochen?«

»Versprochen«, sagt Jenna. »Schön, dass alles so glimpflich ausgegangen ist.«

»Danke, Jenna, für alles.«

Boris weiß selbst nicht so genau, was er damit meint. Er merkt nur, dass er ganz schön verwirrt ist. Das muss die Wirkung des Heilsprays sein.

4790.10

»Ja, Geraldine«, sagt Boris.

»Und keine Abstecher mehr.«

»Ich … nein, natürlich nicht.«

»Kann ich mich darauf verlassen?«

»Ja, Geraldine.«

»Gut, wir sprechen uns wieder, wenn ihr das Schiff gefunden habt. Ich will über jeden Schritt informiert werden.«

»Natürlich.«

Die Verbindung ist beendet. Ob Jenna ihm die Standpauke eingebrockt hat? Nicht, dass er sie nicht verdient hätte. Aber nach dem gemeinsamen Flug gestern hätte er ihr Verhältnis anders eingeschätzt. Was für ein unpassendes Wort. Ihre Beziehung, meint er natürlich. Aber nein, es ist doch keine Beziehung. Die Art und Weise ihrer Zusammenarbeit, darum geht es.

»Und, flirtest du gerade wieder mit der Kommandantin?«

Boris sieht sich überrascht um. Eigentlich schlafen doch alle noch. Es ist Anna. Vielleicht hat er sie beim Aussteigen aus dem Tank geweckt. Sie setzt sich auf den zweiten Fahrersitz neben ihn.

»Hast du etwa zugehört?«

»Nur was du laut gesagt hast. Dieses ›Ja, Geraldine‹, ›Natürlich, Geraldine‹, ›Klar, Geraldine‹ war ja grässlich.«

»Sie hat mir gedroht, mich sofort hier abzuberufen.«

»Verdient hättest du es. Aber sie will das Schiff, das ist doch klar. Dich erst heimzuholen, würde zu viel Zeit kosten.«

»Hat Jenna mir das eingebrockt?«

»Die Standpauke? Die hast du dir selbst zuzuschreiben. Aber die Kommandantin, die habe ich informiert.«

»Wie bitte? Meine eigene Schwester verpfeift mich bei der Kommandantin?«

»Jenna ist ja offenbar deine Komplizin geworden. Da musste ich schon eine Ebene höher ansetzen, um euch ein bisschen auf den Boden der Tatsachen zurückzubringen.«

»Euch? Jenna kann ja nun nichts dafür.«

»Ich gehe davon aus, dass ihr Geraldine auch gerade eine Predigt hält. Ist ja süß, wie du sie verteidigst. Aber sie leitet die Expedition, sie hätte dich bremsen müssen. Stattdessen hat sie dich noch ermutigt.«

»Sie wollte doch bloß …«

Boris stockt. Ja, was wollte sie denn? Die Distanz zu einem Untergebenen verringern? Mit ihm einen tollen Flug erleben? Wenn er das bloß wüsste! Aber ist es nicht vollkommen egal? Es ist egal, beschließt er.

»Guten Morgen, ihr beiden!«

Boris lächelt unwillkürlich. Aber Jennas Gruß hat er nicht per Funk, sondern über die Luft gehört. Sie muss also draußen sein. Er dreht sich um. Tatsächlich beugt sich gerade eine Person im Raumanzug über eine Klappe am Hinterteil des Rovers und scheint dort etwas zu verstauen.

»Guten Morgen«, sagt Anna. »Ich dachte, in der Kabine schlafen noch alle.«

»Geraldine hat mich mit einer Standpauke geweckt.«

»Mich auch«, sagt Boris. »Das haben wir der hier zu verdanken.«

Er zeigt auf Anna.

»Das dachte ich mir schon«, sagt Jenna. »Hast du richtig gemacht, Anna. Ich habe meiner Verantwortung als Leiterin dieser Expedition nicht genügt. Deshalb habe ich Geraldine auch angeboten, mir die Funktion zu entziehen.«

»Oh«, sagt Boris, »das tut mir leid.«

Es tut ihm wirklich leid – obwohl doch alles viel einfacher wäre, wenn er diese Expedition anführen würde.

»Sie hat sich geweigert. Ihr müsst mich also weiter ertragen.«

»Du machst das doch gut«, sagt Boris.

Ihm wird heiß im Gesicht. Bestimmt ist er gerade rot geworden. Zum Glück kann das unter der Außenhaut niemand sehen.

»Danke, das ist nett«, sagt Jenna. »Ich weiß, dass ich noch ziemlich unerfahren bin. Ich hatte sonst immer nur mit anderen Wissenschaftlern zu tun.«

»Wie sieht denn der Plan für heute aus?«, fragt Anna.

»Sollten wir das nicht mit Geralt besprechen?«, sagt Boris.

»Ich habe Geralt schon in der Kabine informiert«, erklärt Anna. »Wir fahren vorsichtig so dicht wie möglich heran. Dann seilt ihr euch mit dem Spürgerät ab, und wenn ihr das Schiff ausfindig gemacht habt, befreien wir es vom Eis. Danach sehen wir weiter. Wir wissen ja noch nicht, in welchem Zustand es ist.«

Mit knirschendem Geräusch rollt der Rover über das Eis. Es ist ein seltsames Knirschen, nicht so satt, als würden sie über Sand fahren, sondern eine Oktave höher. Die sechs Räder kratzen feinen Eisstaub vom Untergrund, den Boris mit Hilfe der Brille sehen kann, indem er den Laserscanner aktiviert. Die nur langsam zu Boden sinkenden Krümel aus Wassereis reflektieren Licht viel besser als die aus organischen Verbindungen geformten Flocken, die für den typischen Titan-Nebel verantwortlich sind.

Sie nähern sich der Patera von Norden. Dort zeigt die Karte eine Art Zugang, eine flache, grabenförmige Mulde, die den Mauerring aus Eis durchbricht. Man könnte meinen, irgendein Zauberer aus dem Märchen hätte einen eisigen Wall um seine Zuflucht errichtet, den vor vielen tausend Jahren hier ein Angreifer niedergerissen hat. Aber in Wirklichkeit waren stets nur die Kräfte des Titan und seines Mutterplaneten Saturn am Werk.

Der Untergrund wird jetzt zunehmend abschüssig. Boris ist immer wieder drauf und dran, seine Schwester auf Hindernisse aufmerksam zu machen, aber er kann sich dann doch zurückhalten. Er hat wirklich keinen Grund, an ihrem Fahrstil herumzumäkeln. Sie muss einen guten Lehrer gehabt haben. Er ist so verdammt stolz auf sie.

Wie weit werden sie mit dem Rover vordringen können? Auf der Karte hatte das Gelände gefährlicher ausgesehen als es nun wirkt, sicher auch deshalb, weil der Höhenmaßstab in der Karte übertrieben dargestellt worden war. Sie haben kein unergründliches Loch vor sich, keinen Eingang zur höllischen Unterwelt, sondern eher ein besonders tiefes Tal, das nur wegen seiner fast kreisrunden Form außergewöhnlich ist. Auf der Hälfte des Weges hinunter wird das Gefälle jedoch die Fähigkeiten des Rovers übersteigen. Sie müssen das Gefährt stoppen, bevor sie diesen Punkt erreicht haben – aber auch nicht zu früh, denn sonst müssen sie alle Gerätschaften zu weit schleppen und haben schwerer Zugang zur Kabine beziehungsweise zum Tank.

Der warme Fleck am Himmel verschwindet. Das heißt, sie müssen sich jetzt so tief im Kessel befinden, dass die Sonne für sie gerade untergegangen ist.

»Habt ihr das auch gemerkt?«, fragt Boris per Funk. »Die Sonne ist weg.«

»Ja, das muss dann ungefähr die 300-Meter-Marke gewesen sein«, antwortet Jenna.

»Woher weißt du das so genau?«

»Ich habe es vorher ausgerechnet. Ungefährer Sonnenstand, Durchmesser der Patera, Gefälle des Wegs hinein, das ist simple Trigonometrie.«

»Ah, stimmt, da hätte ich auch selbst draufkommen können«, sagt er.

»Ja, hättest du auch selbst draufkommen können«, sagt Anna.

ZWANZIG MINUTEN LANG SPRICHT NIEMAND. ES WIRD zunehmend dunkel hier unten. Der Grund der Vertiefung ist nicht zu sehen. Vor allen dadurch scheint eine Gefahr von ihr auszugehen. Wäre das die Patera eines Erd- oder Venus-Vulkans, müssten sie wohl ständig mit Gasausbrüchen oder hervorquellender Lava rechnen. Aber Kryovulkane sind nicht so gewalttätig. Das Eis dringt langsam, über tausende Jahre hinweg, aus ihnen hervor. Eigentlich könnten sie ganz entspannt sein. Aber das sind sie nicht. Das allgemeine Schweigen ist das deutlichste Symptom dafür.

Anna reduziert die Geschwindigkeit des Gespanns. Aber sie macht keine Anstalten anzuhalten. Das Gefälle liegt bereits bei 12 Grad, schätzt Boris. Wann wird der Rover zu rutschen beginnen? Vor allem der hinten noch angehängte Wagen mit dem Tank macht ihm Sorgen. Durch seinen Inhalt ist er viel schwerer als die Kabine.

»Vielleicht sollten wir den Rest des Weges laufen«, schlägt Geralt vor.

»Ich habe hier alles unter Kontrolle«, sagt Anna. »Beim Bremsen gerade habe ich gemerkt, dass der Tank noch keine Probleme bereitet.«

»Ich vertraue dir, Anna«, sagt Jenna. »Du kannst das am besten einschätzen.«

»Wenn du willst, kann ich dich am Steuer ablösen«, sagt Boris.

Mist, das war dumm. Das muss Anna ja so verstehen, als traue er ihr die Fahrt nach unten nicht zu.

»Ich meine nur, wenn du dich mal ausruhen willst.«

»Hab dich schon verstanden, Brüderchen.«

»20 Grad Gefälle«, sagt Boris.

»Ich sehe es. Was willst du damit sagen?«, fragt Anna.

»Nichts, ich informiere dich nur.«

»Das ist sehr freundlich. Aber sag mir lieber, wie weit es noch nach unten ist.«

»Acht Kilometer, wenn die Daten stimmen.«

»Das bedeutet, dass wir erst auf halber Höhe sind. Wenn wir alle Geräte so weit tragen müssen, werden wir ja nie fertig.«

»Da kann ich dir nicht widersprechen. Aber das Wichtigste ist, dass wir heil unten ankommen.«

»Das musst du gerade sagen, Brüderchen.«

Boris betrachtet seine Fußsohle. Wo der Riss war, ist nur noch eine weiße Linie zu sehen. Sie ist etwas wärmer als die Umgebung. Das Heilspray hat geholfen. Aber hätte Jenna nicht geistesgegenwärtig das Reparaturspray benutzt, hätte man ihm vielleicht den Fuß amputieren müssen. Er hat wirklich allen Grund, sich bei Jenna zu bedanken. Am besten, er lädt sie nach der Rückkehr in die Basis zum Essen ein. Der Gedanke gefällt ihm, auch wenn es nur eine Idee bleiben wird. Denn wo sollten eine Wnutri und ein Snarushi gemeinsam etwas essen, ohne dass einer von ihnen dabei erstickt oder erfriert?

»So, ich denke, das ist das Maximum, weiter kommen wir nicht«, sagt Anna.

Boris atmet tief durch. Er hat seine Angst die ganze Zeit unterdrückt, um seine Schwester nicht nervös zu machen. Dabei geht es höchstens mit 30 Grad Gefälle nach unten. Das dürfte ihn eigentlich nicht weiter berühren. Liegt es daran, dass nicht er die Kontrolle hatte?

Das Gespann wird langsamer. Anna hält das Steuer und sieht angestrengt nach vorn. Boris spürt förmlich, wie sie das Fahrzeug zum Stehen bringt. Sie wirkt gerade enorm konzentriert. Gleich kann er abspringen. Sie müssen die Kisten zusammenpacken, die sie unten brauchen werden. Er bereitet sich gedanklich darauf vor. Wo hatte er das Schmelzgerät unterbracht? Der Spürer ist hinten links in der Kiste.

Er sieht nach unten. Langsam schiebt sich der Rover über das Eis. Er steht fast. Doch jetzt wird er wieder schneller, kaum merklich, aber er spürt es auch an der Beschleunigung, die ihre Richtung wechselt.

»Mist«, sagt Anna. »Der Tank schiebt uns vorwärts.«

Sie sind so langsam, dass er absteigen und den Tankwagen kontrollieren könnte.

»Soll ich nachsehen?«, fragt er. »Ich könnte die Wegrollbremse einschalten.«

Das ist eine mechanische Vorrichtung, die den Tank sichert, wenn er abgestellt ist. Sie funktioniert, als würde man einen Stein vor alle vier Räder gleichzeitig legen. Wenn selbst das nicht reicht, dann ist der Wagen nicht mehr zum Stehen zu bekommen.

»Warte. Wenn dein Gewicht fehlt, hat es der Tank noch leichter, uns wegzudrücken.«

Sie stecken in einem klassischen Dilemma. Steigt er ab, rutschen sie schneller. Bleibt er im Rover sitzen, kann er die Feststellbremse an den Rädern des Tankwagens nicht betätigen.

»Ich mache es trotzdem«, sagt er. »Weiter unten wird es noch steiler, da haben wir gar keine Chance mehr.«

»Warte«, sagt Anna.

Er steigt ab. Je länger er wartet, umso mehr sinken ihre Chancen. Der Rover rutscht an ihm vorbei. Wie Anna es vorhergesagt hat, wird er immer schneller. Er muss gar nicht nach hinten laufen, der Tank kommt ihm von ganz allein entgegen. Und er sieht wuchtig aus. Er darf auf keinen Fall versuchen, ihn mit Körpereinsatz zum Stehen zu bringen. Wo ist die Feststellbremse? Er greift nach einer Stange, die seitlich an dem zylinderförmigen Tank befestigt ist, und hält sich fest. Das Gespann zerrt ihn mit sich, als würde er gar nichts wiegen.

Die Bremse! Er hangelt sich nach vorn. Der Hebel

befindet sich in der Mitte der Vorderseite des Tanks. Zwischen dem Behälter und der Kabine des Rovers sind nur 30 Zentimeter Platz. Ungefähr. Mal sind es 20, dann wieder 40. Wenn er Pech hat und der Rover gerade von irgendetwas gebremst wird, zerquetscht ihn der Tank an der Rückseite der Kabine. Wenn Jenna das nächste Mal aus der Schleuse tritt, wird sein plattgedrückter Körper an der Tür kleben. Er muss aufpassen.

»Bitte jetzt nicht bremsen, Anna«, sagt er per Funk.

»Ok.«

Er schwingt sich in die Lücke. Da ist der Hebel. Er muss ihn nach unten drücken, dann schiebt eine Mechanik vor jedes der vier Räder einen Klotz. Und jetzt! Er drückt mit aller Kraft. In voller Fahrt hat das vermutlich noch niemand probiert. Hoffentlich gibt es keine Sicherung, die so etwas Verrücktes verhindert. Wenn der Tank nun dadurch bockt wie ein Pferd, nach vorn kippt und ihn unter sich begräbt? Es ist sowieso zu spät. Der Hebel reagiert. Er bewegt sich nach unten, und im selben Moment hört er ein infernalisches Schleifgeräusch, das von den Rädern kommt. Die Bremsklötze bestehen aus plastikummanteltem Metall. Das Plastik wird sofort abgerieben. Das Schleifen verwandelt sich in ein Kreischen.

Mit einem Mal steht der Tank. Er hat es geschafft! Der Rover ruckelt noch kurz an der Kupplung, dann bleibt auch er stehen. Boris kriecht schnell aus der Lücke heraus – falls es sich der Tank noch einmal anders überlegen sollte. Dann geht er zu Anna nach vorn, setzt sich aber nicht auf seinen Platz. Niemand sagt etwas.

»Ähm, da wären wir also«, meldet sich schließlich Jenna. »Danke, Boris.«

Er dreht sich in die Richtung, aus der sie gekommen sind. Auf den letzten Metern haben sie tiefe Spuren im Eis hinterlassen.

»Ich weiß noch nicht, ob es Grund gibt, mir zu danken«, sagt er. »Seht euch mal den Rückweg an. Ich glaube nicht, dass wir mit dem Tankwagen da hochkommen.«

»Dann muss er eben hier bleiben«, sagt Anna. »Der Rover schafft das.«

»Aber wir beide schaffen es mit dem Rover nicht zurück in die Basis, bevor uns die Luft ausgeht.«

»Keine Sorge, Boris, ich kann ja Verbindung zu Geraldine aufnehmen«, sagt Jenna. »Sie wird uns einen anderen Tank schicken, der dann am Eingang der Sotra Patera auf uns wartet. Und bis der Ersatz da ist, kann euch hier nichts passieren.«

»Bist du sicher?«

»Dass die anderen uns helfen? Natürlich.«

»Nein, dass du eine Verbindung bekommst. Wir stecken über einen Kilometer im tiefsten Loch des Titan. Auch wenn der Himmel noch zu sehen ist, dürfte eine Funkverbindung schwierig sein.«

»Warte, ich versuche es.«

Boris sieht Anna an. Sie hebt ihren Daumen und dreht ihn dann so, dass er nach unten zeigt.

»Du hast recht, Boris. Ich komme nicht durch. Es tut mir leid. Aber wenn wir uns nicht melden, werden sie Hilfe schicken. Sicher rechnen sie damit, dass in der Patera der Kontakt abreißt, aber spätestens ab morgen machen sie sich Sorgen.«

»Das denke ich auch«, sagt Geralt. »Deshalb sollten wir jetzt einfach den Job erledigen, für den wir hergekommen sind. Umso schneller vergeht dann die Zeit, bis die Hilfe da ist.«

Sein Freund Geralt meldet sich nicht oft zu Wort, aber wenn, dann immer, wenn er etwas Wichtiges zu sagen hat.

»Also los« , sagt Boris. »Es sind nur noch drei Kilometer. Wir lassen den Tank hier und nehmen den Rover mit nach unten. Laut Radar liegt das Gefälle bei höchstens 30 Grad. Das schafft er doch?«

»Ja, das ist ein Kinderspiel«, sagt Anna.

»Also los«, sagt Jenna. »Das Schiff wartet doch nur auf uns.«

»Wer hat gesagt, das Schiff würde hier auf uns warten?«, fragt Geralt.

Boris bleibt stehen und leuchtet mit dem Scheinwerfer in einen etwa einen halben Meter breiten Riss im Boden. Sie haben sich aufgeteilt. Jenna und Anna durchsuchen den westlichen Teil der Patera, er und Geralt den östlichen. Hier unten sieht es ganz anders aus, als sie es sich vorgestellt haben. Die Patera endet nicht einfach in einem Loch. Am Boden der Vertiefung haben Eisströme über Millionen von Jahren eine riesige Halle gegraben. Ihre Wände bestehen aus schmutzigem Eis.

»Ziemlich hart«, sagt Geralt.

Er steht vor einer Eiswand und kratzt mit einem Werkzeug auf ihr herum.

»Was machst du?«

»Ich untersuche das Material.«

»Warum?«

»Weil Forscher das eben tun. Wer weiß schon, wozu es gut ist.«

»Und woraus besteht das Eis?«

»Das ist interessant. Das meiste ist Kohlendioxid-Eis.«

»Und das ist verwunderlich?«

»Ja und nein, Boris. Die Sotra Patera ist ein Kryovulkan. Durch sie tritt Wassereis aus der Schale des Planeten. Vermutlich reichen die Kanäle hier bis in den Ozean in 50 Kilometern Tiefe. Der Eisvulkan hilft dem Ozean gewissermaßen beim Druckausgleich.«

»Also müsste hier überall Wassereis sein.«

»Genau. Schmutziges Wassereis, genau genommen, also mit Zusätzen wie Ammoniak verunreinigt. So bleibt das Wasser länger flüssig. Aber die Wände dieser Halle bestehen aus Kohlendioxid-Eis.«

»Das es hier gar nicht geben dürfte.«

»Das ist das Problem. Aber ich habe eine Erklärung.«

»Natürlich, Geralt, du bist ein Genie.«

»Verarsch mich nicht, sonst erkläre ich dir gar nichts mehr.«

»Entschuldige.«

»Gut. Nun besteht die Atmosphäre des Titan ja zum größten Teil aus Stickstoff, mit einem gewissen Anteil von Kohlendioxid. Das Eis hier könnte ein ausgefrorener Teil der Atmosphäre sein.«

»Aber das Kohlendioxid friert ja nicht aus.«

»Im Moment nicht. Aber früher gab es hier vielleicht Kaltzeiten, in denen es ausgefroren ist. Was wir hier gefunden haben, sind dann Überbleibsel einer lange zurückliegenden Vergangenheit. Ich bin wirklich ein Glücksvogel.«

»Glückspilz.«

»Glücksvogel. Ich bin doch kein Pilz, Boris.«

»Im Gegensatz zu mir, oder was? Soll das eine Anspielung sein? Aber das Wort heißt nun mal Glückspilz. Es ist schon uralt.«

»Na gut.«

»Und wieso bist du ein Glückspilz?«

»Ich … von Kaltzeiten auf Titan war in der Forschung bisher nichts bekannt. Ich bin der Erstentdecker. Diese Schicht Kohlendioxid-Eis ist in der so genannten Jumilasson-Kaltzeit entstanden.«

»Jumilasson-Eiszeit? Du spinnst.«

»Kaltzeit. Wissenschaftlich heißt es so. Eis gibt es hier ja immer. Und Kaltzeiten werden oft nach ihrem Entdecker benannt.«

»Aber hilft uns das nun irgendwie?«

»Ich fürchte nicht, Boris.«

Geralt dreht sich zu ihm und leuchtet ihm dabei mit der Lampe direkt ins Gesicht. Boris hält abwehrend die Hände hoch.

»Entschuldige«, sagt Geralt.

Er dreht sich nach links und prüft irgendetwas. Die kleine Gestalt im Raumanzug nimmt ein Werkzeug aus der Tasche und peilt damit irgendetwas an. Dann dreht Geralt sich nach rechts und wiederholt den Vorgang.

»Du erklärst mir bestimmt gleich, was du da tust?«

»Ja. Aber erst versprichst du mir, dass du die Jumilasson-Kaltzeit in deinem Bericht erwähnst.«

»Wenn es dir wichtig ist.«

»Danke. Also, solange wir hier sind, hat es noch keine Kaltzeit gegeben.«

»Nein, es war nie besonders kalt.«

»Du verstehst mich schon. Das Schiff, das wir suchen, ist vor über 5000 Umläufen hier angekommen. Die letzte Kaltzeit ist aber eher 5 Millionen Umläufe her. Wo muss sich das Schiff also befinden?«

»Oberhalb dieser Schicht hier.«

»Na, hilft uns das? In diese Richtung hier geht es weiter nach unten.«

Geralt zeigt grob nach links.

»Und in diese Richtung führt der Boden aufwärts. Da müssen wir also lang. Das Schiff kann nicht tiefer als diese Schicht liegen.«

Der Archäologe zeigt nach rechts.

»In diese Richtung sind ja auch Anna und Jenna gegangen«, sagt Boris.

Seltsamerweise freut er sich, obwohl sich so für ihn die Chance halbiert, das Schiff selbst zu finden.

»Schade. Dann sind sie dem Schiff auf jeden Fall näher als wir. Dabei wollte ich es doch entdecken.«

»Nun komm, Geralt, du hast nun schon die Eiszeit für dich.«

»Kaltzeit.«

»Ja, die auch. Und über das Schiff musst du Stillschweigen bewahren, du könntest also deine Entdeckung gar nicht bekanntgeben.«

»Das stimmt. Du hast recht.«

Boris legt Geralt die Hand auf die Schulter. Es ist seltsam, den Freund so zu sehen, der sich in ein seltsames Schneckenhaus namens Raumanzug zurückgezogen hat. Aber für Geralt ist es vermutlich genauso seltsam, ihn hier draußen ganz ohne Anzug zu sehen, scheinbar ungeschützt.

Schon nach zehn Minuten kommen ihnen die beiden Frauen entgegen.

»Was ist los? Keine Lust mehr?«, fragt Jenna.

»Wir hatten Angst, so ganz allein«, sagt Boris.

»Oh, dann werden wir euch beschützen. Haben euch die bösen Schatten Angst gemacht?«, sagt Anna.

»Nein, wir haben festgestellt, also ich habe festgestellt, dass das Schiff sich weiter oben befinden muss.«

»Weiter oben?«, fragt Jenna.

»Entschuldige meine Ungenauigkeit. Oberhalb der Schicht Kohlendioxid-Eis, die sich in den Eiswänden nachweisen lässt.«

»Wir wollten gerade das Spürgerät aus dem Rover holen«, sagt Anna.

»Habt ihr denn Spuren des Schiffes gefunden?«, fragt Boris.

»Eben nicht, deshalb wollten wir mit dem Spürer genauer nachsehen.«

»Das ist sinnvoll, Schwesterherz. Habt ihr etwas dagegen, wenn wir euch begleiten?«

»Im Gegenteil, Boris«, sagt Jenna.

Sie teilen die Komponenten des Spürgeräts unter sich auf. Dann marschieren sie in die Richtung, aus der die Frauen gerade gekommen sind. Ab und zu bleibt Geralt stehen, kniet sich hin und nimmt eine Probe vom Boden. Jedes Mal schüttelt er danach den Kopf.

»Kommt, wir nehmen den Spürer in Betrieb«, sagt Boris.

Vielleicht hat Geralt sich ja doch geirrt mit seiner Kaltzeit-Theorie.

»Wir sind immer noch in der Schicht mit dem Kohlendioxid-Eis«, sagt Geralt. »Hier hat es keinen Sinn.«

»Wir können den Umgang mit dem Spürgerät ja schon einmal trainieren«, sagt Anna.

Seine Schwester hat ihn verstanden. Aber statt Geralt zu widersprechen, verkauft sie ihm ihr Misstrauen geschickt als Training. Vermutlich merkt der Archäologe sogar, welches Spiel Anna da spielt, aber er verliert wenigstens nicht das Gesicht.

Sie setzen das Gerät unter Jennas Anleitung zusammen. Boris ist überrascht, wie gut sich die Wissenschaftlerin mit der Technik auskennt.

»Hast du so etwas schon mal gemacht?«, fragt Anna.

»Ja, wir haben einmal einen verunglückten Kollegen aus einer Höhle gerettet. Sein Anzug enthielt so viel Metall, dass wir ihn damit ausspüren konnten, nachdem ich die Empfindlichkeit der Hardware um das Zehnfache erhöht hatte.«

»Du hast einen Spürer modifiziert?«

Nicht schlecht. Sie ist keine reine Theoretikerin. Er mag Menschen, die anpacken können.

»Ja, das war aber nicht kompliziert. Das einzige Problem waren der Zeitdruck und die begrenzten Ressourcen. Ich habe das dann mit zwei Stecknadeln und Panzertape gelöst.«

»Du machst Witze, oder? Stecknadeln und Panzertape?«

»Die Nadeln sind aus fast reinem Eisen, ferromagnetisch, damit habe ich die Antenne erweitert, und das Tape brauchte ich zum Fixieren.«

»Zu dumm, dass wir hier keine Nadeln haben«, sagt Geralt.

»Ich habe seitdem immer ein Nadelset im Werkzeuggürtel. Aber das Schiff ist ein so massiver Metallbrocken, dass wir es auch ohne den Trick finden sollten.«

Aber diesmal behält Jenna nicht recht. Sie erreichen die gegenüberliegende Wand. Von hier aus geht es nach allen Seiten abwärts. Und sie befinden sich noch immer im Bereich der Kohlendioxid-Eisschicht.

»Mist«, sagt Boris. »Das war es dann wohl.«

»Wie sicher ist es denn, dass das Schiff sich hier befindet?«, fragt Anna.

»Sehr sicher.« Jenna dreht sich einmal um ihre Achse. »Aber ich verstehe, dass ihr skeptisch seid.«

»Könnte es nicht in einer der Höhlen stecken, die wir weiter unten gesehen haben?«, fragt Boris.

Dort hatten dunkle Löcher in den Wänden gezeigt, woher sich der Kryovulkan wohl speist.

»Das Schiff ist doch viel zu groß. Du hast vielleicht keine Vorstellung davon, aber es soll mindestens 150 Meter hoch sein und etwa 30 Meter breit.«

»Vielleicht ist das ja eine Legende, Jenna.«

»Nein, das gilt in der Geschichtswissenschaft als ausgemacht«, widerspricht Geralt. »Anders hätten die Gründer all das Material nicht hierherbringen können, das sie zum Aufbau unserer Gesellschaft gebraucht haben. Jemand hat mal das dazu nötige Transportvolumen ausgerechnet.«

»Wissenschaft, na ja. Ihr habt ja auch geglaubt, dass das Schiff zerstört worden sei«, sagt Boris.

»Es gab immer einige Forscher, die der offiziellen Linie widersprochen haben – aber ich gebe zu, nicht laut genug.«

»Dann muss deine Theorie von der Eiszeit falsch sein.«

»Kaltzeit. Wir können ja nochmal mit dem Spürer den ganzen Boden abgehen. Wenn wir das Schiff dann nicht finden, dann ist es wohl nicht da.«

Schade, denkt Boris, dann müssen sie bloß noch warten, bis Hilfe kommt, und ihr gemeinsames Abenteuer ist zu Ende.

Auf seinem Handrücken meldet sich eine Warnanzeige. Die Außenhaut kann ihn noch etwa zwei Stunden beschützen. Er sollte sich also langsam auf den Rückweg zum Tank machen.

»Ich schlage vor, dass wir eine Pause einlegen«, sagt Boris.

»Einverstanden«, sagt Jenna.

Das ging schnell. Die anderen sind wohl genauso enttäuscht wie er. Boris lässt sich auf dem Handrücken die Richtung zum Rover anzeigen. Die rote Zahl verschwindet, dafür erscheint ein Pfeil.

»Darf ich?«, fragt Geralt. »Ich bin schon lange nicht mehr Rover gefahren.«

»Von mir aus«, sagt Anna, klettert auf das Dach der Kabine und lässt die Beine hinunterhängen. Boris nimmt neben ihr Platz.

»Jenna? Kommst du zu uns?«, fragt er.

»Nein, danke, ich laufe lieber nach oben. Muss ein bisschen nachdenken.«

»Wie du willst«, sagt Boris und ist enttäuscht, auch wenn er es sich nicht eingestehen will. »Wir treffen uns am Tank. Aber du kannst ja zumindest das Spürgerät auf den Rover laden.«

»Es ist nicht so schwer«, antwortet Jenna per Funk. »Vielleicht fällt mir ein, was wir falsch gemacht haben. Es muss an uns liegen. Die Dokumente sind ganz eindeutig. Das Schiff ist hier. Vielleicht ist der Spürer ja doch nicht empfindlich genug.«

»Wäre es möglich, dass seine Außenhaut gar nicht aus Metall besteht, sondern zum Beispiel aus Kohlefasern?«, fragt Geralt.

»Das war der ursprüngliche Plan der Gründer gewesen. Aber es wäre zu teuer geworden und hätte zu lange gedauert«, sagt Jenna. »Es muss einen anderen Grund geben, dass wir das Schiff nicht finden können.«

»Dann wünsche ich dir einen genialen Einfall«, sagt Boris. »Die Stecknadeln hast du ja dabei.«

»Danke und bis dann.«

Der Rover setzt sich in Bewegung. Boris muss sich festhalten. Seine Schwester lehnt sich seitlich an ihn. Er legt den

Arm um ihre Schulter. Manchmal erscheint sie ihm erwachsener, als er sich selbst fühlt. Und dann ist sie wieder das kleine Mädchen für ihn, das gerade seine Mutter verloren hat und auf das er nun ganz allein aufpassen muss. Mit zwölf.

Geralt fährt zügig. Jenna wird Schwierigkeiten haben, Schritt zu halten. Boris ist drauf und dran, den Archäologen zu bitten, es etwas langsamer anzugehen, aber er weiß schon, was Geralt dann daraus ableiten wird. Dabei macht er sich doch bloß um ein Mitglied ihres Kollektivs Sorgen, wie es den Titaniern schon in der Schule beigebracht wird.

»Da sind wir«, sagt Geralt.

Die Scheinwerfer des Rovers beleuchten den Tank, auf dem sich eine dünne, glitzernde Reifschicht gebildet hat. Hier müssen sie nun also auf die unvermeidliche Suchexpedition aus der Basis warten. Boris begutachtet den Anstieg. Zu Fuß müssten sie eigentlich ganz gut nach oben steigen können. Zur Basis ist es zwar zu weit, aber in etwa zwanzig Kilometern Luftlinie Abstand wartet der Doppelgipfel des Schicksalsbergs auf mutige Gleitflieger. Bis dahin sind es vielleicht fünf Stunden Fußmarsch, oder sechs. Für den Rückweg durch die Luft dürften sie nicht mehr als dreißig Minuten brauchen. Es wäre zwar eine körperliche Herausforderung, in einem Stück mal eben gut 3000 Meter Anstieg zu bewältigen, aber immer noch besser, als hier sinnlos herumzuhängen.

»Ahhhhhh.«

Das war Jennas Stimme. Ihr Schrei fährt ihm durch Mark und Bein. Boris springt auf. Was ist passiert? Ist sie in eine Spalte gestürzt? Er denkt an den Riss, den er vorhin am Boden der Patera entdeckt hat. Warum musste sie denn unbedingt allein gehen?

»Jenna, wo bist du?«, ruft Boris.

»Was ist los?«, ruft Anna und klettert von der Kabine herunter.

Geralt startet den Motor des Rovers, dann schaltet er ihn

wieder ab. Sie wissen ja gar nicht, wo Jenna ist. Boris schiebt sich die Brille vor die Augen. Vielleicht kann er Jenna im Infrarot entdecken. Er sieht sich um, aber da sind nur Geralt, Anna, der noch warme Motor des Rovers und der Umriss des Tanks. Jennas Anzug isoliert sie zu gut. Sekunden vergehen, die ihm wie Stunden vorkommen.

»Aiaiaiaiai!«

Das klingt gar nicht nach einem Angstschrei, sondern eher nach Jubel. Ist das eine Überreaktion?

»Jenna!«, ruft Boris.

»Ich bin hier«, antwortet sie. »Ihr müsst unbedingt herkommen. Ich habe es gefunden! Yippie-yeah! Ich habe es doch gewusst!«

»Was gefunden, und wo bist du?«, fragt Boris.

»Von euch aus gesehen Nordnordost, etwa 150 Meter unterhalb der Stelle, wo sich der Tank festgefahren hat.«

150 Meter? Dann ist sie ja quasi hier. Boris sieht in die angegebene Richtung, aber eine Bodenwelle versperrt den Blick. Jetzt fällt es ihm auf. Der Tank ist auf einer Art Absatz zu stehen gekommen, der sich mitten im ansonsten so gleichmäßigen Gefälle befindet. Hat das etwas zu bedeuten? Er sieht, wie Anna in Richtung Nordnordost läuft, und folgt ihr.

Jenna steht mit hoch erhobenen Armen im Eis und begrüßt Anna, Geralt und Boris überschwänglich. Das Spürgerät liegt zu ihren Füßen.

»Also, was macht dich so glücklich?«, fragt Geralt.

»Du hast mir einen ordentlichen Schreck eingejagt«, sagt Boris.

Jenna nimmt den Spürer auf und fährt damit über den ansteigenden Boden.

»Seht ihr? Hier!«

Sie zeigt auf das Display. Tatsächlich ist dort ein deutlicher Ausschlag zu sehen. Boris dreht sich um und sieht nach oben. Nicht einmal 150 Meter entfernt stehen Rover und

Tank. Beide sind aus Metall, und das Spürgerät ist empfindlich genug, darauf zu reagieren. Wie bringt er Jenna das schonend bei? Er will nicht der Spielverderber sein, denn dann wird sie ihn hassen.

»Nun ja«, sagt Geralt leise, »dir ist schon klar, dass der Rover und der Tank da oben deine Messung verfälschen?«

»Ach, was du nicht sagst.«

Jenna lässt den Spürer fallen. Das Gerät schlägt krachend auf den Boden auf. Dann stemmt sie beide Arme in die Seiten. Boris muss unwillkürlich lächeln. In ihrem Druckanzug sieht sie jetzt aus wie eine Dose mit je einem Henkel links und rechts. Sie streckt einen Arm in Richtung Geralt aus, als wolle sie ihn schlagen. Der Archäologe weicht auch prompt zurück.

»Nun bleib doch stehen, ich will dir nur etwas zeigen.«

Geralt beugt sich nach vorn. Sie hält ihm den Handrücken hin. Der Archäologe bewegt langsam den Kopf hin und her.

»Siehst du es?«, fragt Jenna. »Das sind Polarkoordinaten. Ich habe ein winkelabhängiges Profil der Messwerte aufgestellt. Wenn Rover und Tank der Hauptauslöser wären, müsste der Schwerpunkt der Darstellung bei ihnen liegen. Aber es ist nicht so. Der Schwerpunkt liegt ein Stück weiter unten. Und was haben wir da? Eine Stufe in der Böschung.«

Boris dreht sich um. Ja, Rover und Tank stehen auf einem Absatz, das ist ihm vorhin auch schon aufgefallen. Wäre es möglich, dass diese Stufe nicht natürlichen Ursprungs ist, sondern künstlich hergestellt wurde, um das Schiff zu verbergen? Dann hätten sie, ohne es zu merken, die ganze Zeit auf dem Ziel ihrer Suche gestanden. Welch Ironie des Schicksals! Aber verhält sich das Schicksal denn wirklich so? Andererseits ist Jenna absolut systematisch vorgegangen. Er wüsste nicht, was an ihrer Methodik auszusetzen wäre. Sie hat offenbar wirklich etwas gefunden, das aus Metall besteht und nicht mit Rover und Tank identisch ist. Also gibt es nur eine Schlussfolgerung.

»Was immer du da gefunden hast«, sagt Boris, »wir sollten es auf jeden Fall ausgraben.«

»Ja, lass uns das Schmelzgerät holen«, sagt Geralt.

»Glückwunsch zu deinem Fund«, sagt Anna.

Es dauert dann doch noch zwei Stunden, bis sie mit dem Freilegen des Schiffs beginnen können. Denn wenn Jennas Berechnungen stimmen, wovon alle überzeugt sind, befinden sich der Rover und der Tank genau über der Spitze des Raumschiffs. Würden sie versuchen, es von oben aus freizulegen, würden sie den Ast absägen, auf dem sie sitzen. Deshalb haben sie beschlossen, schrittweise vorzugehen. Sie haben in den Abhang, der nach unten führt, horizontale Stufen geschlagen, auf denen die beiden Fahrzeuge Platz finden.

Den Rover brauchen sie für das Freilegen unbedingt. Der Methanbrenner wird aus den Sauerstoff-Vorräten des Fahrzeugs versorgt. Boris hält ihn auf die Eis-Wand vor sich gerichtet. Zwei Schläuche führen nach hinten. Durch sie fließen Methan und Sauerstoff. Beides kann der Rover aus der Luft beziehungsweise aus dem Eis gewinnen, wenn die Vorräte in den Behältern aufgebraucht sind. Der Brenner verbrennt das Methan mit Hilfe des Sauerstoffs zu Kohlendioxid und Wasser.

»Sauerstoff läuft«, sagt Geralt per Funk.

»Methan ist offen«, sagt Anna.

Aus dem Brennkopf tritt eine Rauchfahne aus. Boris betätigt den elektrischen Zünder. Ein Funke fährt in die Methan-Sauerstoff-Mischung. Der Brennkopf faucht laut und verwandelt sich in einen feuerspeienden Drachen. Boris hält die bis zu 3150 Grad heiße Flamme seitlich auf den gefrorenen Abhang vor ihm, und zwar so, dass das geschmolzene Wasser nach unten abfließen kann. Die Flamme frisst sich überraschend schnell in das Eis. Wenn sie Ruß spuckt, gibt er Geralt ein Zeichen, dann fehlt Sauerstoff. Er arbeitet sich dorthin vor, wo Jennas Messung den Hauptteil der metallischen Masse festgestellt hat.

Die erste, etwa zehn Meter hohe Schicht schmilzt er weg, ohne etwas zu finden.

»Es ist da«, sagt Jenna, »ich weiß es.«

Boris wünscht es ihr sehr.

»Je später wir es finden, desto größer muss es sein, sonst hätte das Spürgerät nicht reagiert«, sagt sie.

Boris wechselt auf die nächstniedrigere Stufe. Während die anderen die beiden Fahrzeuge auf die vorbereiteten Stufen umparken, muss er eine Pause einlegen.

»Es kann weitergehen«, kündigt Geralt an. »Oder soll ich dich am Brenner ablösen?«

»Nein, danke, geht schon.«

»Sauerstoff läuft«, sagt Anna.

Wo ist Jenna eigentlich? Es wäre ein Alptraum, liefe sie ihm aus Versehen in die Flamme. Über 3000 Grad, das halten weder eine Außenhaut noch ein Raumanzug aus.

»Jenna?«

»Ja?«

Er wird rot. Dabei hat sie überhaupt nichts gesagt, das ihn in Verlegenheit bringen könnte.

»Ich … ich wollte nur sichergehen, dass du nicht im Arbeitsbereich herumkletterst.«

»Nein, ich bin ziemlich weit unten und versuche, das Schiff zu kartieren. Kannst du dir vorstellen, dass es mindestens 130 Meter hoch sein muss?«

»130 Meter, das würde ja reichen, um von der Spitze aus einen Gleitflug zu starten.«

»Das würde es. Müssen wir mal ausprobieren. Danke, dass du dich um mich sorgst.«

»Ich … das ist doch klar.«

Plötzlich schwitzt er am ganzen Körper, obwohl er eigentlich gar nicht schwitzen kann. Vielleicht sollte er jetzt sagen, dass sie ihm viel bedeutet. Denn das wäre wohl die Wahrheit, so verrückt und geradezu unmöglich es auch ist.

»Ich muss ja aufpassen, dass ich niemanden verletze«, sagt er stattdessen.

»Natürlich.«

Jenna lacht kurz. Was meint sie damit? Er versteht sie nicht. Aber er versteht ja nicht einmal sich selbst. Warum hat er nicht einfach gesagt, was er denkt? Das ist ihm doch bisher noch nie schwergefallen. Im Gegenteil, er hat seine Gedanken viel zu oft ausgesprochen. Was ist denn jetzt bitteschön anders?

»Boris? Wenn du das noch lange laufen lässt, sprengst du uns noch alle in die Luft«, sagt Anna.

»Oh.«

Er betätigt den Zünder. Anna hat recht, wenn sich zu viel von dem zündfähigen Gasgemisch an einem Ort konzentriert, könnte es eine Explosion geben. Methan ist schwerer als die Titan-Atmosphäre, und vor ihm befindet sich eine Mulde.

Der Zünder macht »klack«, aber nichts passiert. Er probiert es noch einmal. Jetzt röhrt der Drache wieder. Die Explosion bleibt aus. Er muss sich besser konzentrieren. Mit Feuer spielt man nicht.

Auch die zweite Schicht enthält nur Eis – und einen Gesteinsbrocken. Geralt hat ihn zuerst gesehen und untersucht ihn nun.

»Das ist ein Eisenmeteorit«, sagt er.

Geralt rollt den Brocken zum Rand der Stufe. Er durchmisst bestimmt einen halben Meter.

»Eisen?«, fragt Boris.

»Nein, keine Sorge, er ist zu klein, um das Spürgerät abgelenkt zu haben. Ich wundere mich nur, wie er herkommt.«

»Wieso?«, fragt Anna.

»In der dichten Titan-Atomsphäre muss ein großer Teil

von ihm verglüht sein. Aber dann kullert das Ding hier nicht einfach harmlos in die Patera. Es muss mit hoher Energie eingeschlagen sein und einen Krater verursacht haben. Davon ist aber nichts zu sehen.«

»Vielleicht ist das ja Milliarden Jahre her, und in der Zwischenzeit hat der Kryovulkan den Brocken hierher transportiert«, sagt Jenna.

»Ja, das ist die einzige Lösung, die mir einfällt«, sagt Geralt. »Ich würde ihn aber gern mit nach Hause nehmen und sein Alter bestimmen.«

»Dann roll ihn doch zum Rover«, sagt Boris. »Und dann lasst uns die nächste Ebene in Angriff nehmen.«

»Wir haben noch Methan für eine halbe Stunde«, sagt Geralt.

»Und Sauerstoff für zwei Stunden«, ergänzt Anna.

»Ich bin hier gleich fertig«, sagt Boris.

Auch die dritte Ebene hat keine Überraschung gebracht. Er atmet tief durch. Es ist zu früh, um irgendwelche Schlussfolgerungen zu ziehen. Was sind schon 30 Meter, wenn der potenzielle Fundort etwa 200 Meter umfasst?

Er richtet die Flamme wieder auf das Eis. Die Wände hat er schon so weit wie möglich eingeschmolzen. Nur in der Mitte der Stufe ist noch ein großer Eisberg zu sehen, dem es jetzt an den Kragen geht. Das Wasser fließt in Strömen und trifft dabei auch seine Füße. Wie weit wird es kommen, bis es wieder gefriert? Der Eisberg in der Mitte färbt sich dunkel.

»Anna, mehr Sauerstoff.«

Das muss der Ruß sein. Aber er verschwindet nicht.

»Anna, was ist los? Ist der Sauerstoff doch schon alle?«

»Nein, du bekommst mehr als je zuvor.«

Oh. Dann handelt es sich nicht um Ruß.

»Geralt, Anna, bitte das Gas abdrehen.«

Die Flamme erstirbt. Er legt den Brenner auf den Boden und nähert sich dem dunklen, spitzen Hügel auf dem Boden.

Boris watet durch eine flache Pfütze, auf der sich schon wieder Eis bildet. Er erreicht das dunkle Objekt, bückt sich und berührt es.

Es ist heiß.

Seine Hand zuckt zurück. Das Objekt besitzt eine hohe Wärmekapazität.

»Boris, was ist los? Machen wir Pause?«, fragt Geralt.

»Ich glaube, ich habe etwas gefunden.«

»Wie sieht es aus?«, fragt Jenna.

Hinter sich hört Boris Schritte, aber er dreht sich nicht um.

»Es ist spitz und dünn und besteht aus Metall«, sagt er.

Die Schritte kommen näher. Er steht auf und dreht sich um. Eine Tonne mit zwei Armen kommt angerannt. Es ist Jenna. Sie wirft sich in seine Arme.

»Das muss die Spitze des Raumschiffs sein«, ruft sie.

Es ist eindeutig: Sie haben das Schiff gefunden. Gerade ist der letzte Rest Methan verbrannt. Jenna hat es sich nicht nehmen lassen, die Arbeit selbst zu übernehmen. Der Bug des Raumschiffs ragt jetzt etwa zwei Meter hoch aus dem Eis. Nur der erste halbe Meter hat eine spitze Form. Vermutlich handelt es sich um eine Antenne. Darunter nimmt das Schiff eine sehr gedrungene Gestalt an. Am Boden durchmisst es jetzt schon 15 Meter, und sie haben die volle Größe des Rumpfes offensichtlich noch nicht erreicht.

Aber dazu werden sie erst morgen kommen. Geralt ist schon in der Kabine und konfiguriert von dort aus den Rover um, damit er Methan und Sauerstoff produziert. Über Nacht wächst der Vorrat hoffentlich wieder so weit, dass sie auch den Rest des Schiffes aus dem Eis befreien können. Sie müssen ja nicht mehr die komplette Eisrampe abschmelzen, sondern nur genug, damit das Raumschiff mit Hilfe seines eigenen Triebwerks in die Höhe steigen kann.

Jenna kniet vor dem bereits ausgegrabenen Teil des Schiffes. Sie legt beide Hände darauf. Es sieht aus, als würde sie das Metall streicheln. Boris' Magen zieht sich zusammen. Ist das etwa Eifersucht? Er kennt das Gefühl nicht. Jetzt legt Jenna ihren Kopf an die stählerne Halbkugel, seitlich, als würde sie das Schiff abhorchen. Er geht zu ihr.

»Hörst du etwas?«, fragt er.

Sie richtet sich auf.

»Probier es doch selbst«, sagt sie. »Setz dich so davor wie ich und leg das Ohr an die Außenwand. Du müsstest es sogar besser hören als ich, bei mir ist ja noch der Helm im Weg.«

»Oh, unterschätze den Helm nicht. Die Mikrofone sollen ziemlich gut sein«, sagt Boris. »Die Außenhaut hingegen dämpft den Schall.«

»Aber du hörst doch sonst gut?«

»Ja, unser Hörvermögen ist genetisch gesteigert, um die Dämpfung durch die Außenhaut abzuschwächen.«

»Interessant. Ich hatte noch nicht viel mit Snarushi zu tun. Es ist komisch, wir sind ja vor dem Gesetz alle gleich, aber dann verbringen wir doch viel mehr Zeit mit unseresgleichen.«

»Es ist wahrscheinlich … praktischer«, sagt Boris. »Aber wenn du mal Zeit mit einem Snarushi verbringen willst, melde dich doch bei mir.«

Er spricht es ganz beiläufig aus, obwohl sein Herz so laut pocht, dass es überall in der Patera zu hören sein müsste.

»Danke, die Einladung nehme ich gern an«, sagt Jenna, »wenn wir hier raus sind.«

Ha! Sie hat zugesagt! Es ist zwar kein förmliches Date und nicht einmal eine Verabredung, aber sie hat auch nicht rundheraus abgelehnt und ihre Arbeit vorgeschützt, wie er es eigentlich erwartet hätte. Sein Gesicht glüht. Er setzt sich neben den Bug des Schiffes und legt den Kopf daran. Es ist richtig angenehm, die Wange gegen das eiskalte Metall zu pressen.

Er lauscht. Zuerst hört er nur das laute Trommeln seines Herzens. Aber es beruhigt sich wieder. Dann kommen die Zwischentöne. Ein tiefes Brummen ist zu hören. Das könnte ein Generator sein. Darüber scheint ein feines Rauschen zu liegen. Er muss genau hinhören, um es vom Rauschen seines eigenen Blutes trennen zu können. Nein, es ist keine Einbildung.

Boris richtet sich wieder auf.

»Und, was hörst du?«, fragt Jenna und sieht ihm dabei direkt ins Gesicht. Sofort wird ihm wieder heiß.

»Brummen und Rauschen. Ich würde an einen Generator und eine Lebenserhaltungs-Anlage denken.«

»Danke, Boris. Das beweist mir, dass ich mir nichts einbilde. Ist das nicht verrückt? Das Schiff wartet seit über 5000 Umläufen im ewigen Eis, und dabei funktionieren sogar die Anlagen und Maschinen noch. Dabei konnte sich all die Zeit niemand um Reparaturen kümmern.«

»Vermutlich ist alles mehrfach vorhanden. Und wie es wirklich aussieht, wissen wir ja noch nicht. Das ist eine Zeitkapsel, die seit 5000 Umläufen geschlossen ist. Wer weiß, was wir darin finden.«

»Das ist ein faszinierender Gedanke«, sagt Jenna. »Kennst du das Märchen von Dornröschen? Vielleicht hatten die Gründer ja Zimmerpflanzen, die in der Zwischenzeit das gesamte Schiff in einen riesigen Garten verwandelt haben.«

»Ja, niemand hat es geschafft, durch die Dornenhecke zu Dornröschen vorzudringen. Ich hoffe, uns geht es nicht auch so.«

»Wir haben die bessere Technik. Gegen eine Motorsäge ist das ärgste Gestrüpp chancenlos.«

»Auch wieder wahr«, sagt Boris. »Ich weiß gar nicht, ob wir uns das wünschen sollten, so einen seit 5000 Umläufen ungestörten Garten. Das Innere des Schiffes muss dann voller abgestorbener organischer Materie sein. Bis wir das sauber bekommen, brauchen wir Wochen.«

Er kann es gar nicht fassen. Mit Menschen, die er nicht gut kennt, kann er normalerweise keine längeren Gespräche führen. Mit Jenna gelingt ihm das problemlos.

»Wir könnten vielleicht die Hälfte des Schiffes als Garten belassen. Zu viert brauchen wir doch nur wenige Räume. Mit einem fliegenden Garten unterwegs zu sein, das würde mir gefallen.«

»Das glaube ich gern«, sagt Boris.

Dann fragt er sich, wo sein Platz in so einem Garten wäre. Ein Klima, das den Pflanzen gefällt, würde er nur für kurze Zeit ertragen. Danach müsste er aussteigen und die Reise auf der Außenhülle des Raumschiffs fortsetzen. Nachts würde er sich dann einsam in seinem Tank erholen. Er schüttelt den Kopf. Mit einem Mal ist er traurig. Er ist anders als Jenna. Sie können Gedanken austauschen und Gespräche führen, mehr aber auch nicht.

»Lass uns das Schiff erst einmal freilegen«, sagt er. »Dann sehen wir weiter.«

4790.11

Er ist ein Zwerg, wirklich und wahrhaftig ein Zwerg. Vor dem Schiff der Gründer kommt sich Boris geradezu winzig vor. Es ragt höher auf als die größten Dünen, und es gebietet mehr Respekt als die höchsten Gipfel des Titan. Es schießt in den Himmel, während die von der Erosion geformten Berge vergleichsweise sanft ansteigen. Gegen dieses Wunderwerk hingegen hat die Verwitterung keine Chance. Es hat mehr als 5000 Umläufe unter dem Eis überstanden und glänzt jetzt noch mehr als vermutlich am Tag seiner Indienststellung, denn der aufsteigende Wasserdampf ist an dem kalten Metall in der Höhe kondensiert und hat dort unzählige Eiskristalle gebildet.

Das Schiff zeigt, wozu der Mensch fähig ist. Das Bewusstsein dafür ist auf Titan verlorengegangen, glaubt Boris. Dieser Gedanke enthält für ihn aber keinerlei Bedauern. Es ist eben so. Wer um sein Überleben kämpft, wirkt selten großartig, dafür eher verbissen. Sie sind alle ein bisschen verbissen auf Titan, und er ganz besonders, sonst hätte er mit Jenna längst ein echtes Date ausgemacht.

»Genug gesehen?«, fragt Geralt per Funk. »Ich bräuchte dich mal hier unten.«

Boris reißt sich von der gewaltigen Rakete los. Wie mag es

wohl drinnen aussehen? Sie werden es heute noch erfahren. Wo ist Geralt?

»Wo bist du und was kann ich für dich tun?«, fragt er.

»Ich bin der mit dem Brenner. Schalte auf Infrarot um, dann siehst du mich. Der Sauerstoff-Schlauch ist zu kurz. Du müsstest kurz den Rover umparken, damit ich auch die restlichen Finnen freilegen kann.«

»Die Finnen?«

»Ja, wir waren alle überrascht. Die Rakete besitzt am Heck vier davon. Sie sollen wohl die Fluglage stabilisieren, wenn sie landet. Anna hat sie entdeckt. Die beiden Frauen entfernen mit der Hand das Eis von der ersten Finne. Ich bereite hier die nächste vor. Sie sind so dünn und besitzen mechanisch-hydraulische Gelenke, deshalb wollen wir ihnen mit dem Methanbrenner nicht zu nah kommen.«

»Aber Anna hat nicht durchgearbeitet, oder? Ihre Außenhaut macht sonst dicht.«

»Nein, sie ist nur eine halbe Stunde vor dir aufgestanden. So wie wir alle.«

»Gut.«

Am Nachmittag war der Methanvorrat schon wieder aufgebraucht gewesen, darum hatten sich alle, auch Anna und er, eine Pause gegönnt, während der Rover neues Methan aus der Atmosphäre entnommen und verflüssigt hatte.

»Wenn du den Rover näher zu mir bringen könntest …«

»Bin unterwegs.«

Boris rennt. Er will Geralt nicht noch länger warten lassen. Er hat sowieso schon eine halbe Stunde länger geschlafen. Aber warum haben sie ihn nicht geweckt? Er erreicht den Rover, steigt auf und orientiert sich. Der Methanschlauch liegt noch locker auf dem Boden, aber der Sauerstoffschlauch ist straff gespannt. Er startet das Fahrzeug und fährt in die Richtung, in die der Schlauch verläuft. Dann sieht er Geralt mit dem Brenner hantieren.

»Das reicht«, sagt sein Freund.

»Okay. Soll ich dich ablösen?«

»Nein. Aber ich bin hier gleich fertig. Dann kannst du dich um die restliche Arbeit kümmern. In der Werkzeugkiste müsste sich noch eine Axt befinden. Ich bereite dann schon mal die letzte Finne vor.«

»Reicht der Schlauch?«

Geralt sieht sich um und zieht an beiden Schläuchen.

»Ja, ich denke schon.«

»Wenn nicht, weißt du ja, wo du mich findest.«

Geralt verschwindet mit dem Brenner hinter der Finne. Nur die beiden Schläuche bewegen sich noch wie zwei Schlangen, die um die Wette zum gleichen Ziel unterwegs sind. Lass dich nicht fressen, Geralt.

Boris steigt ab und öffnet die Werkzeugkiste an der Seite des Rovers. Ja, da liegt eine Axt. Ihre Schneide glänzt silbern. Er nimmt sie heraus und wiegt sie in der Hand. Sie ist perfekt, als wäre sie für ihn gemacht. Geralt hat die Finne schon so weit freigelegt, dass ihre Form zu erahnen ist. Boris holt kräftig aus und lässt die stählerne Schneide auf das Eis krachen, das zur Seite splittert. Ein Teil trifft ihn, aber es verursacht keine Schmerzen. Er hackt erneut auf das Eis ein. Langsam findet er seinen Takt, und die metallene Finne gewinnt zunehmend an Form. Es ist eine befriedigende Arbeit, bei der er alles andere vergisst. Er wird nicht an schlauen Antworten gemessen oder an seiner Freundlichkeit, sondern nur daran, wie sauber er der Finne ihre ursprüngliche Gestalt zurückgibt, die sich ein ihm unbekannter Mensch vor vielen tausend Umläufen auf einem fernen Planeten ausgedacht hat. Plötzlich fühlt er sich der Erde unglaublich verbunden. Nach der Eifersucht gestern schon wieder ein Gefühl, das er bisher nicht kannte. Diese kleine Expedition scheint sich allmählich in die Reise seines Lebens zu verwandeln.

»Hier müssen sie damals heruntergeklettert sein«,

sagt Anna und zeigt auf die lange Leiter. »Einer nach dem anderen.«

»Genau genommen waren es höchstens noch zwei«, korrigiert Geralt. »Sie haben das Schiff ja erst hier abgestellt, nachdem sie es komplett entladen hatten. Da werden wohl kaum alle 98 Gründer mitgeflogen sein.«

Typisch Geralt. Und wenn sich die anderen nun von dem Schiff verabschieden wollten?

»Vielleicht wollten sich die anderen auch von ihrem Schiff verabschieden«, sagt Jenna.

Boris sieht sie an, und ihm wird ganz warm. Sie haben sogar dieselben Gedanken! Allerdings weiß Jenna nichts davon, denn er spricht seine ja selten aus.

»Na gut«, sagt Geralt. »Dann stelle ich mir jetzt 98 Menschen in Raumanzügen vor, die diese Leiter herunterklettern und dann zu Fuß in ihre Basis zurückmarschieren. Aber bestimmt haben sie auch noch zehn Kabinenrover mitgebracht, um auf dem langen Weg nicht zu ersticken.«

Anna dreht sich zu Geralt und straft ihn mit dem bösen Blick, den Boris so gut kennt. Natürlich hat Geralt recht. Aber das Bild, wie 98 identisch aussehende Gründer in Raumanzügen sich von ihrem Schiff verabschieden, hat schon eine gewisse Größe.

»Du Schlaumeier kannst uns doch bestimmt sagen, warum es 98 und nicht genau 100 Gründer waren«, sagt Jenna.

»Dafür gibt es in den Archiven keine Erklärung«, sagt Geralt.

»Sollen wir uns das Raumschiff dann mal von innen ansehen?«, fragt Boris.

»Klar, klettere doch voraus«, sagt Jenna.

»Nein, das gebührt der Expeditionsleiterin«, sagt Boris.

»Geht ihr nur. Mir ist das nicht so wichtig.«

Anna und Geralt schütteln fast synchron dem Kopf und verschränken wie Boris die Arme vor dem Bauch.

»Na gut«, sagt Jenna, »wenn ihr unbedingt wollt.«

Jenna greift nach der untersten Sprosse, erreicht sie aber

nicht. Vermutlich hatten die Gründer eine Treppe am Ende der Leiter. Boris springt nach vorn, damit ihm niemand zuvorkommt, und hebt Jenna hoch. Trotz Raumanzug fühlt sie sich ganz leicht an.

»Danke, Boris«, sagt sie.

Ihm wird schon wieder heiß. Verdammte Hormone! Durch die Außenhaut ist das wirklich lästig. Sie reagiert beim Abtransport überschüssiger Wärme immer mit Verzögerung.

Bedächtig klettert Jenna nach oben. Die Leiter führt etwa 80 Meter in die Höhe bis zu einer großen, oben halbrunden Tür. Dahinter befindet sich vermutlich eine Schleuse. Nachdem Jenna etwa zehn Meter geschafft hat, folgt ihr Anna, die als Snarushi deutlich größer als Jenna ist.

Geralt sieht ihn an.

»Ich bilde die Nachhut«, sagt Boris.

Der Archäologe nickt und zeigt auf die Leiter. Natürlich, er ist auch nicht viel größer als Jenna. Boris hebt ihn hoch. Er wartet, bis Geralt ein paar Meter über ihm ist, dann klettert er selbst nach oben.

»Ich öffne jetzt die äußere Tür«, sagt Jenna per Funk.

Boris stellt das Klettern ein und sieht nach oben, erkennt aber nichts. Vielleicht hätte einer von ihnen zur Überwachung unten bleiben sollen? Soll er wieder hinabsteigen? Er ist etwa vierzig Meter über dem Boden.

»Bin drin«, sagt Jenna.

Das ging ja schnell. Die Schleuse war wohl nicht verriegelt. Aber warum sollten die Gründer auch hinter sich abschließen. Ungebetene Gäste waren auf Titan ja auszuschließen.

»Was siehst du? Gibt es Atemluft?«, fragt Anna.

»Ich bin in der Schleuse und versuche herauszufinden, wie man sie verlässt. Ich fürchte aber, hier muss Geralt ran. Die Schleuse ist groß genug für uns alle.«

»Bin unterwegs«, sagt Geralt.

Boris beeilt sich. Es wäre zwar vielleicht klüger, nicht alle auf unbekanntes Terrain vorauszuschicken, aber wenn er nicht bei Jenna ist, kann er sie auch nicht beschützen. Komisch, er denkt gar nicht mehr an Anna. Ihr traut er auf einmal zu, gut auf sich selbst aufpassen zu können.

Die Schleuse ist überraschend geräumig. Vermutlich handelt es sich um den Hauptausgang für die menschliche Besatzung. Es muss aber auch noch eine Lastenschleuse geben. Für die von den Gründern mitgebrachten Gerätschaften ist die Außentür viel zu schmal.

Geralt kniet neben der Innentür auf dem Boden. Er tippt immer wieder auf seinen Handrücken. Vermutlich versucht er, die Bedeutung der Symbole herauszufinden. Es wäre ja nett von den Gründern gewesen, wenn sie eine Anleitung zurückgelassen hätten. Die neue Sprache, die sie damals auf Titan eingeführt haben, um alles Irdische zurückzulassen, basiert zwar auf Einflüssen aus Alt-Englisch, Alt-Russisch, Alt-Norwegisch, Alt-Spanisch und Alt-Deutsch. Aber die alten Texte versteht niemand, und aus irgendeinem Grund haben die Gründer auch keinerlei Wörterbücher zurückgelassen.

»Kommst du voran?«, fragt Boris.

»Es geht schneller, wenn du nicht dauernd nachfragst.«

Sein Freund Geralt ist ein typischer Forscher. Er ist vor allem gründlich und vorsichtig. So muss man wohl in der Wissenschaft vorgehen, aber wenn es um das Öffnen von Schleusentüren geht, schadet es doch nicht, mit der Methode Versuch und Irrtum vorzugehen. Was soll denn schon passieren?

Boris geht zu Geralt nach vorn. Er legt Anna die Hand auf die Schulter, und seine Schwester macht ihm Platz. Das Schaltpult für die Innentür ist erstaunlich niedrig angebracht. Die Gründer waren wohl noch deutlich kleiner als die modernen Titanier. Es gibt einen schmalen Bildschirm, neben dem sich drei winzige Tasten befinden, sowie zwei große, runde Knöpfe. Einer ist grün, der andere rot. Die Signalfarben werden doch wohl ihre Bedeutung nicht umgekehrt haben? Wenn nicht, ist es wohl ganz klar: Der grüne Knopf lässt sie nach drinnen, der rote ist für den Weg nach draußen zuständig. Und was macht Geralt? Er versucht wohl, die Wörter auf dem Display zu entschlüsseln.

»Könnte es sein, dass du dich gerade verzettelst, Geralt?«, fragt Boris.

»Wir müssen das System verstehen, damit wir es sicher nutzen können.«

»Grundsätzlich hast du ja recht, aber hier gibt es genau zwei Optionen, rein oder raus. Wir kommen von draußen und sind gegen alles geschützt, was da kommen mag. Was soll also passieren, wenn ich einfach den grünen Knopf drücke?«

Boris drückt den Knopf.

»Boris, warte, ich …«, sagt Geralt, aber es ist zu spät.

In der Schleuse blinkt eine rote Lampe in schnellem Rhythmus. Ihr Blinken wird langsamer, und schließlich erlischt sie. Der grün lackierte Knopf leuchtet nun auch aus sich heraus knallgrün. Boris sieht auf seinen Handrücken. Über 260 Grad. Es ist unangenehm warm geworden. Mehr als 280 Grad erträgt er nur für kurze Zeit.

»Also?«, fragt Boris und zeigt auf die Innentür.

Jenna nickt. Er drückt gegen die Tür, und sie schwingt auf. Weißer Dampf quillt aus der Schleuse. Im Inneren des Schiffes scheint es deutlich kälter als in der Schleuse zu sein. Er muss die Tür festhalten, anscheinend gibt es einen automatischen Schließmechanismus. Bei einer Schleuse ist das sicher eine gute Idee. Boris hält die Tür auf, bis alle das Innere des Schiffes betreten haben.

»Es ist saukalt«, sagt Geralt, während er Werte von seinem Handrücken abliest, »aber die Luft ist atembar. Der Sauerstoffgehalt liegt bei 15 Prozent. Die Luft ist ungewöhnlich trocken, Luftfeuchtigkeit nahe Null.«

Boris berührt eine der weißen Wände. Sie ist mit Eis bedeckt. Darum ist die Luft so trocken.

»Wie das glitzert«, sagt Jenna und leuchtet mit dem Scheinwerfer Wände, Decken und Boden an.

»Das sind die Eiskristalle, die alles bedecken«, erklärt Geralt.

Das weiß Jenna natürlich, denkt Boris. Sie findet es einfach nur schön.

»Das weiß ich, Geralt«, sagt sie. »Aber ist es nicht schön?«

Wahnsinn, er kann ihre Gedanken lesen. Und schon wieder wird ihm warm. Wenn er nicht aufpasst, wird er noch das ganze Schiff aufheizen.

»Für Anna und mich wäre es gut, wenn wir es noch bei der aktuellen Innentemperatur belassen könnten«, sagt er. »Ihr könnt es euch ja später gemütlich machen.«

»Solange wir das System hier nicht beherrschen, müssen wir unsere Anzüge sowieso noch anbehalten«, sagt Jenna.

»Und jetzt?«, fragt Geralt.

Sie stehen in einem langen, gebogenen Gang, der in zwei Richtungen verläuft.

»Wir müssen die Zentrale finden«, sagt Jenna.

»Aber wo ist sie?«, fragt Anna.

»Sicher oben.«

»Das ist klar, Geralt, aber wo geht es nach oben?«, fragt Anna.

Der Gang verläuft in beide Richtungen ohne merkliche Steigung.

»Wir teilen uns auf«, sagt Geralt. »Ich gehe nach links.«

»Ich begleite dich«, sagt Anna.

Sie dreht sich um, sieht dabei Boris kurz an und zwinkert ihm blitzschnell zu.

»Okay, dann laufen wir nach rechts«, sagt Jenna und setzt sich in Bewegung.

Boris folgt ihr. Aber schon nach kurzer Zeit ist klar, dass ihr Gang abwärts verläuft. Soll er etwas sagen? Dann kehren sie um und treffen die anderen wieder. Nein, es ist doch gerade schön so. Der Gang verbreitert sich etwas, sodass sie nebeneinander gehen können. Ab und zu berühren sich ihre Arme ganz zufällig. Vermutlich windet sich der Gang spiralförmig an der Außenwand des Schiffes entlang nach unten. Mit dem aktuellen Gefälle kann es eine halbe Stunde dauern, bis sie die vielleicht 60 Meter zurückgelegt haben.

Nach drei Minuten finden sie in der linken Wand des Ganges eine Tür. Sie besitzt einen Knauf als Griff. Boris rüttelt daran, aber die Tür ist verschlossen. Links neben ihr ist eine Bedieneinheit angebracht, die große Ähnlichkeit mit dem Panel in der Schleuse hat. Allerdings ist darunter nur ein Knopf zu sehen.

»Fällt dir etwas auf?«, fragt Jenna.

Ja, dass ich unglaublich gern mit dir zusammen bin, denkt Boris.

»Was denn?«, fragt er.

»Die Bedieneinheit ist eisfrei.«

»Oh, stimmt. Sie besitzt wohl eine eigene Heizung.«

»Das heißt aber, dass die Gründer damit gerechnet haben müssen, das Schiff für lange Zeit abstellen zu müssen.«

»Vermutlich, aber hilft uns das irgendwie?«

»Wenn sie es bewusst konserviert haben, dann gehörte auch zum Plan, dass es irgendwann noch mal jemand benutzt«, erklärt Jenna. »Dann haben sie vielleicht Hinweise für uns hinterlassen, wie wir mit der Technik umzugehen haben.«

Das klingt logisch und sinnvoll. Aber ob man all das aus der Tatsache ableiten kann, dass das Panel nicht eisbedeckt ist? Vielleicht sollte die definitiv vorhandene Heizung es bloß vor eindringender Luftfeuchtigkeit schützen. Aber er will ihr nicht widersprechen.

»Schön wäre es ja«, sagt er.

Dann drückt er den Knopf – und springt zurück, weil sich die Tür öffnet. Aus einem purem Reflex heraus zieht er Jenna mit sich. Sie prallt gegen seine Brust und gerät ins Taumeln. Er hält sie an der Schulter fest.

»Oh, entschuldige, ich war so erschrocken«, sagt er.

»Sehr ritterlich von dir.«

Jenna lacht, aber es ist ein verhaltenes Lachen, das er von ihr gar nicht kennt. Sie hat wohl auch einen Schreck bekommen. Dann geht sie auf die Türöffnung zu.

»Komm«, sagt sie, »sehen wir nach.«

Vor ihnen befindet sich ein dunkles, rechteckiges Loch, das ihm Respekt einflößt. Doch als Jenna durch den Türrahmen tritt, aktiviert das die Beleuchtung. Sie betreten einen großen Raum, eher eine Halle. Sie hat einen rechteckigen Grundriss. Nur die Wand, durch die sie eingetreten sind, ist gekrümmt. Die Halle ist bestimmt fünf Meter hoch, zehn Meter breit und zwanzig tief. Sie ist bis zur Decke mit Regalen gefüllt, in denen sich unzählige Kisten befinden. Es gibt nur wenige Lücken.

Jenna versucht, eine der Kisten herauszuziehen. Das gelingt ihr erst, nachdem sie sie zufällig erst einmal nach hinten gedrückt hat. Die Kisten sind wohl auf diese Weise davor gesichert, sich in der Schwerelosigkeit auf und davon zu machen. Jenna stellt die Kiste auf dem Boden ab. Sie besitzt keinen Deckel und gibt so ihren Inhalt preis.

»Tüten, lauter Tüten«, sagt Jenna.

Sie nimmt eine heraus und hält sie gegen das Licht. Das Material der Tüten ist durchsichtig. Sie enthalten eine flockige, braune Masse.

»Was das wohl ist?«, fragt Jenna.

Vorsichtig schüttelt sie die Tüte, sodass ihr Inhalt sich unten konzentriert, und reißt sie dann oben auf. Sie fährt mit dem behandschuhten Finger hinein und holt ein paar Flocken heraus.

»Sieht seltsam aus«, sagt Boris. »Vielleicht Nahrung? Probier doch mal.«

Jenna zeigt auf ihren Helm. Natürlich, wie unaufmerksam von ihm.

»Darf ich?«, fragt er, und sie nickt.

Er nimmt ihre Hand, streift die Flocken von ihrem Daumen an der Außenhaut seiner Lippen ab und saugt das Material dann durch die semipermeable Membran in den

Mund. Seine Zunge berührt die Flocken. Sie schmecken leicht süßlich und lösen sich im Speichel auf.

»Scheint Nahrung …«, sagt er, bricht mitten im Satz ab, greift sich ans Herz und lässt sich theatralisch zu Boden fallen. Er stöhnt kurz, dann bewegt er sich nicht mehr.

»Boris, Boris, was machst du denn?«, ruft Jenna.

Als er nicht reagiert, kniet sie sich hin und fühlt seinen Puls. Das scheint sie zu beruhigen. Dann holt sie etwas aus dem Werkzeuggürtel. Es sieht aus wie eine riesige Spritze. Sie dreht ihn seelenruhig auf den Rücken, nimmt die Spritze in die rechte Hand, holt aus … Sie will ihm doch wohl nicht dieses Ding da in die Brust rammen? Er ist doch kein Vampir, den man pfählen müsste! Schnell dreht er sich weg.

Jenna lacht laut.

»Jetzt hast du es wohl mit der Angst bekommen, was?«

Er stimmt in ihr Lachen ein. Sie hat ihn durchschaut und mitgespielt.

»Aber mach das bitte nicht noch mal«, sagt sie. »Es war ein ganz schöner Schock, bis ich gemerkt habe, dass du simulierst.«

Ein Schock, wie schön! Sie wollte ihn nicht sterben sehen. Aber er bildet sich besser nichts darauf ein. Wer sieht seine Kameraden schon gern tot umfallen? Ihre Reaktion war ganz normal. Sie legt ihre Hand auf seine Schulter. Die Stelle brennt lichterloh. Nicht wegnehmen, denkt er.

»Nun komm«, sagt sie, »wir setzen unsere Expedition fort.«

Immerhin hat sie nicht vorgeschlagen, nach oben zu den anderen zu gehen, was logisch wäre, wenn die Zentrale das wichtigste Ziel ist.

Er steht wieder auf. Sie untersuchen stichprobenartig noch weitere Kisten, aber alle scheinen Nahrung zu enthalten, oder die Grundstoffe dafür. Allein von dem, was in diesem Raum gelagert ist, können sie sich bestimmt 50 Umläufe lang ernähren. Es wird nur nicht besonders gut schmecken. Bei ihren zwölf Stichproben haben sie nur drei verschiedene Grundstoffe entdeckt. Entweder, die Gründer hatten keinen Geschmack, oder es gibt irgendwo eine Maschine, die das Zeug in den Tüten auf magische Weise in essbare Nahrung verwandelt.

Sie bewegen sich weiter abwärts. Die nächste Tür führt in einen weiteren Lagerraum, der Ersatzteile enthält. Hier zeigen die Regale jedoch sehr viele Lücken. Anscheinend hat man alles, was nicht nur für das Schiff verwendbar war, auf Titan abgeladen. Warum ist ihm dann bisher nie eine solche Kiste aufgefallen? Vermutlich ist das Metall, aus denen die Kisten bestehen, ja längst recycelt worden.

Der dritte Lagerraum scheint medizinischen Vorräten vorbehalten. Die wenigen verbliebenen Kisten zeigen jedenfalls ein rotes Kreuz auf weißem Grund. Sie inspizieren nur eine einzige und finden Verbandmaterial darin. Ob man diese Räume wohl vom Rest des Schiffes isolieren kann? Wenn ja, könnten sich Anna und er hier eine Unterkunft einrichten.

Gemeinsam erreichen sie die nächste Tür. Jenna drückt den Knopf, aber sie öffnet sich nicht. Boris untersucht das Bedienpanel, versteht aber die Beschriftung nicht.

»Vielleicht ist dahinter ein Vakuum«, sagt er.

»Das glaube ich nicht«, sagt Jenna. »Dann hätte man hier keine Tür, sondern eine Schleuse eingebaut.«

Das stimmt. Es muss einen anderen Grund geben, dass die Tür verschlossen bleibt. Vermutlich ist dahinter etwas gelagert, das nicht jeden Besucher etwas angeht.

»Ich denke an Waffen«, sagt Jenna.

Sie hat die gleiche Vermutung wie er. Boris freut sich. Sie setzen ihre Wanderung fort. Die nächste Tür lässt auf sich warten. Etwa 20 Meter tiefer treffen sie tatsächlich auf eine Schleuse in der Innenwand.

»Siehst du«, sagt Jenna.

Die Schleuse funktioniert genau wie die, durch die sie das Schiff betreten haben. Der grüne Knopf lässt sie eintreten. Jenna schließt die Außentür, und Boris drückt den grünen Knopf innen. Die rote Lampe blinkt; die Atemluft wird abgepumpt. Danach lässt sich die Tür auf der gegenüberliegenden Seite öffnen. Diesmal lässt ihm Jenna den Vortritt.

Kaum hat er den Raum betreten, schalten sich nacheinander mehrere Deckenleuchten an. Das hier ist wirklich eine Halle.

»Wow«, sagt Boris, »nicht schlecht.«

Die Halle ist knapp 20 Meter hoch und scheint sich über die gesamte Grundfläche des Schiffes zu erstrecken. In ihrem Zentrum verläuft ein etwa zwei Meter dicker Pfeiler vom Boden bis zur Decke. Das muss die Verbindung zu den Triebwerken im Heck sein. Die Halle ist völlig leer. Die Wände sind auch nicht von Eis bedeckt. Hier hat es nie eine atembare Atmosphäre gegeben. Vermutlich lässt sich eine der Seitenwände öffnen. Was immer hier gelagert wurde, es kann nicht durch die enge Schleuse nach draußen geschafft worden sein.

Jenna läuft quer durch die Halle. Ihre Stiefel wirbeln Staub auf, der sich nur langsam wieder legt. Boris sieht die Spuren, die sie hinterlässt. Aber er hört ihre Schritte kaum. Der niedrige Luftdruck hier drin dämpft sie.

»Hier drin haben sie bestimmt die Rover transportiert«, sagt er über Funk.

»Und hier haben sie sie ausgeladen«, sagt Jenna.

Er geht zu ihr. Sie steht vor einem beeindruckenden Hebel, der Teil eines mächtigen Gestänges ist.

»Dort drüben ist noch einer«, sagt sie.

Er geht auf die andere Seite des Gestänges. Die Wand ist hier kaum gebogen. Sie müssen etwa in der Mitte des Bauches des Raumschiffs sein.

»Auf mein Zeichen«, sagt sie.

Boris greift nach dem Hebel.

»Eins – zwei – drei.«

Er drückt den Hebel mit aller Kraft nach unten. Jenna stöhnt vor Anstrengung. Da setzt sich das Gestänge in Bewegung, und die Wand vor ihnen klappt nach außen. Sie müssten direkt auf die Patera sehen. Aber vor ihnen liegt nur grauer Nebel. Das helle Licht der Hallenbeleuchtung strahlt die dichte Titan-Atmosphäre an und verhindert damit, dass sie irgendetwas erkennen können.

»Das müsste die Seite sein, wo der Weg nach oben führt«, sagt Boris.

Die heruntergeklappte Wand liegt vor ihnen wie eine Art Terrasse. Jenna klettert darauf und geht langsam nach vorn bis zum Rand. Die metallene Wand schwingt unter ihren Schritten leicht nach.

»Sei vorsichtig«, sagt Boris. »Wer weiß, was die Wand aushält.«

Jenna geht in die Knie und steht schnell wieder auf. Das dünne Metall, auf dem sie steht, bewegt sich fast gar nicht.

»Ist sicher«, sagt sie, »komm doch her!«

Boris ringt mit sich. Er traut der Terrasse nicht. Es wäre vernünftig, wenn sie sich nicht beide in Gefahr begeben würden. Beinahe hätte er Anna schon verloren, weil er nicht vorsichtig genug war. Aber er kann Jenna auch nicht allein dort vorn stehen lassen. Sie muss ihn ja für einen Angsthasen halten. Also klettert er auch über die etwa hüfthohe Brüstung, an der eine Art Scharnier die Terrasse hält, die eben noch eine solide Wand war und als solche einen kompletten Raumflug von der Erde bis zum Saturn überstanden hat. Er geht zwei Schritte nach vorn und federt in den Knien. Das Scharnier hält. Wenn nicht, fallen sie noch mindestens 20 Meter in die Tiefe. Das könnte auch bei der niedrigen Titan-Schwerkraft schmerzhaft werden.

Jennas Silhouette ist als grauer Schatten auf dunkelgrauem Hintergrund zu erkennen. Er geht zu ihr und bleibt rechts neben ihr stehen, aber einen halben Schritt weiter vom Ende der Plattform entfernt als sie. Jenna greift nach hinten, findet seine linke Hand und zieht ihn nach vorn. Hand in Hand stehen sie am Rand des Abgrunds, und Boris hat keine Ahnung, warum sein Herz so schnell schlägt. Der Blick in die Tiefe hat ihm eigentlich noch nie etwas ausgemacht, und jetzt ist wegen der dicken Luft hier draußen sowieso von echter Tiefe nichts zu spüren.

»Ich glaube, ich erkenne da unten den Rover«, sagt Jenna. »Und gleich daneben steht der Tank.«

»Ich sehe überhaupt nichts.«

»Du musst die Brille benutzen. Im Infrarot geht es.«

Natürlich. Er stellt sich ja an wie der erste Mensch. Mit der freien rechten Hand schiebt er die Brille vor die Augen und sucht nach dem Rover. Der verwaschene Fleck da unten, mit viel Fantasie könnte er das sein. Dann ist die leichte Temperaturerhöhung daneben der Tank. Er sieht auf seinen Handrücken. In ein paar Stunden wird er wieder darin verschwinden müssen.

»Wir sollten die anderen suchen«, sagt er.

Jenna dreht sich zu ihm. Er sieht ihr Gesicht hinter der Helmscheibe. Sie sieht fast ein bisschen enttäuscht aus. Aber er traut sich nicht zu fragen.

»Erst erforschen wir den Gang bis zum Ende«, sagt sie. »Es sei denn, du hast keine Lust mehr.«

Ob er keine Lust mehr hat, mit ihr den Unterbauch des Raumschiffs zu inspizieren? Nichts lieber als das.

»Doch, unbedingt, wenn wir nicht wissen, was das Schiff bietet, können wir es nicht effizient einsetzen«, sagt er.

»Genau die Antwort hatte ich mir erhofft«, sagt Jenna, und aus ihren Worten klingt eine leichte Ironie, deren Quelle ihm nicht klar ist. Anna redet auch manchmal so mit ihm, Geralt hingegen nie.

»Eins – zwei – drei!«

Auf Jennas Signal drücken sie gleichzeitig den Hebel nach oben. Das Gestänge reagiert, und die Wand schließt sich wieder. Boris ist erleichtert. Er hatte schon befürchtet, sie hätten mit dem Betreten der umgeklappten Wand vielleicht das Scharnier dejustiert.

»Es schließt wieder komplett«, sagt er. »Das ist gut. Sonst hätten wir nicht mehr starten können.«

»Ich habe nichts anderes erwartet. Hast du die Kratzspuren auf dem Metall gesehen? Hier zum Beispiel«, sie leuchtet mit ihrem Helmscheinwerfer auf die wieder geschlossene Wand, »das ist ein ziemlich tiefer Kratzer. Es könnte natürlich sein, dass hier jahrelang Tiere mit mächtigen Krallen über die Wände gekrochen sind. Ich glaube aber eher, dass die Kratzer beim Ausladen der Fahrzeuge aus dieser Halle entstanden sind.«

»Du meinst, sie haben sie über das Loch in der Wand nach draußen gebracht?«

»Wie sonst?«

»Und die Höhe? Wir sind immer noch mindestens 20 Meter über dem Boden.«

»Sie haben eine Art Kran genutzt, oder einen Flaschenzug.«

»Meinst du, Jenna, das Hilfsmittel befindet sich hier noch irgendwo?«

»Vermutlich.«

»Dann habe ich eine Idee. Wir könnten den Kran benutzen, um den Tank hier nach oben zu bringen, in diese Halle. Dann haben Anna und ich etwas zum Regenerieren, während wir uns im Schiff aufhalten.«

»Stimmt. Du … ihr braucht ja den Tank regelmäßig.«

Wie Jenna das sagt – als hätte sie gerade erst bemerkt, dass er ein Snarushi ist. Er muss wirklich achtgeben, dass er sich keine falschen Hoffnungen macht.

Auf dem Weg weiter nach unten finden sie keine Tür mehr, erst am Ende des Ganges. Dort versperrt eine Doppeltür den Durchgang. Die Tür ist verschlossen. Boris rüttelt daran, aber hier kommen sie nicht weiter.

»Vielleicht kann man die Tür von der Zentrale aus öffnen«, sagt er.

In die Tür sind auf beiden Seiten je zwei kreisförmige Scheiben eingearbeitet, die mit einer Eisschicht bedeckt sind. Jenna kratzt bei einer das Eis ab.

»Das bringt vermutlich nichts, da ist doch bestimmt Eis auf der anderen Seite«, sagt er.

»Oh, doch, es bringt was, sieh mal!«

Jenna tritt von der Scheibe zurück. Er nimmt ihren Platz ein – und zuckt zurück. Es ist ein Farbüberfall in Grün. So viele verschiedene Schattierungen! So ein üppiges Leben! In ihren Gewächshäusern wachsen auch Pflanzen, aber sie sind wohlgeordnet und aufgereiht. Hier verrät schon der erste Blick das Chaos.

»Großartig«, sagt er, »so etwas habe ich noch nie gesehen.«

»Ich will da unbedingt rein«, sagt Jenna.

Plötzlich stößt etwas an seine Füße. Es ist die Tür, die sich geöffnet hat. Jenna tritt einen Schritt zurück. Besitzt die Tür etwa eine Sprachsteuerung? Vor ihnen liegt ein kleiner, gläserner Raum, aus dem warme Luft dringt. Die enthaltene Feuchtigkeit kondensiert sofort, sodass weißer Rauch über den Boden wabert.

»Was war das?«, fragt Boris.

Jenna zuckt mit den Schultern.

»Ich war das«, meldet sich Anna. »Ich habe euch die Tür geöffnet.«

»Aber woher …«

»Ich beobachte euch schon eine Weile, Brüderchen. Aber ich wollte euch nicht stören. Wir haben die Zentrale gefunden und auch schon einiges gelernt darüber, wie man dieses Schiff so bedient. Türen öffnen kann ich jedenfalls.«

»Das sehe ich.«

»Seht euch ruhig an, was hinter der Tür liegt. Danach könnt ihr ja zu uns kommen. Ihr könnt die Zentrale nicht verfehlen, immer bergauf.«

»Okay, wir sehen uns. Und hör gefälligst auf, uns zu beobachten.«

»Klar, Brüderchen. Bis nachher!«

Brüderchen. Ein bisschen mehr Respekt könnte seine Schwester ihrem älteren Bruder schon erweisen.

»Ich mag das, wie du mit deiner Schwester umgehst«, sagt Jenna. »Sie muss sich immer behütet gefühlt haben, obwohl eure Mutter nicht mehr für euch da sein konnte.«

Okay, Anna, du darfst mich weiterhin Brüderchen nennen.

Der Glaskasten dient als eine Art Übergangsbereich. Er ist nicht luftdicht abgeschlossen. Boris bemerkt sofort die Hitze, die in dem Bereich dahinter herrschen muss. Hier darf er sich nur wenige Minuten aufhalten. In der Ecke der Glaskammer stehen vier Paar hohe, gelbe Stiefel, offensichtlich für Wnutri. Für Snarushi-Füße sind sie viel zu klein. Darüber hängen mehrere weiße Umhänge. Wahrscheinlich haben sich die Gründer hier umgezogen, und die Umhänge dienten als Arbeitskleidung. Er nimmt einen vom Haken. Das Material ist ein bisschen steif und an manchen Stellen etwas dünner. Das gute Stück ist wohl oft gewaschen worden. Boris drapiert es sich locker um die Schultern.

»Sieht gut aus«, sagt Jenna.

Sie lügt. Er betrachtet sein Spiegelbild in der Glasscheibe. Es sieht höchstens lustig aus, weil der Umhang viel zu klein ist, als hätte er ihn einem Zwerg gestohlen.

»Du … kannst nicht lange hierbleiben, oder?«

Jenna berührt ihn am Oberarm. Er zwingt sich, nicht zurückzuzucken. Ihre Hand ist heiß wie glühende Lava, dabei steckt sie doch im Handschuh des Raumanzugs. Er schüttelt den Kopf.

»Gut, dann lohnt es sich nicht, dass ich den Raumanzug ablege. Draußen brauche ich ihn ja wieder. Wir gehen einmal kurz durch den Raum, und dann ab in die Zentrale, okay?«

»Guter Vorschlag.«

Er nimmt den weißen Umhang wieder ab.

»Lass doch«, sagt Jenna.

Sie nimmt sich ebenfalls eines dieser Kleidungsstücke und hängt es um ihren Raumanzug. Dann hakt sie sich bei ihm ein.

»Komm, wir machen einen Spaziergang im Garten.«

Das Gewächshaus ist wild und frei. So müssen die Urwälder auf der Erde ausgesehen haben. Die Pflanzen hatten 5000 Umläufe Zeit, sich auszubreiten. Das Schiff hat sie offenbar mit Nährstoffen und Wasser versorgt und die Temperatur konstant gehalten, aber ansonsten nicht eingegriffen. Die Artenvielfalt ist beeindruckend. Die Landwirtschaft Titans wird davon sicher profitieren. Bei manchen Arten braucht Boris allerdings ein paar Sekunden, um sie zu identifizieren. Das liegt daran, dass er sie einfach noch nie voll ausgewachsen gesehen hat. In den Titan-Gewächshäusern werden sie ja geerntet, wenn es an der Zeit ist. Und Unkraut erreicht dort nie seine wahre, beeindruckende Größe. Wenn die Pflanzen ausreichend Zeit haben, sich zu entwickeln, sehen sie gleich viel weniger fragil aus.

Jenna bleibt stehen und hält ihn fest.

»Sieh mal, da!«

Sie zeigt auf die langen, fein gefiederten Blätter einer Möhre. Darauf sitzt ein zartes Wesen mit gelben Flügeln, die sich zitternd ein wenig bewegen.

»Das muss ein Schmetterling sein«, sagt sie. »Ich habe von diesen Tieren gelesen.«

»Ah, deshalb auch der Glaskasten am Eingang. So entkommt die Insektenpopulation nicht so leicht«, sagt er.

»Ist er nicht wunderschön?«

Jenna spricht ganz leise und offenkundig verzückt.

»Ja, er ist so … gelb.«

»Gelb?«

Sie sieht ihn mit einem skeptischen Blick an.

»Ja, gelb, oder nicht?«

Hat er etwas Falsches gesagt?

»Doch, er ist gelb«, sagt Jenna, lacht und winkt ab. »Komm, wir gehen weiter.«

Als sie an dem Schmetterling vorübergehen, hebt er ab und fliegt über ihre Köpfe hinweg davon. Boris sieht ihm mit gezoomter Brille hinterher. Ein zartes, gelbes Pulver rieselt vom dunkelbraunen Körper des Insekts und trifft Jennas Helm. Sie bemerkt es nicht. Er atmet tief ein und aus.

»DAS WAR WIRKLICH BEEINDRUCKEND«, SAGT JENNA.

Boris schließt die Doppeltür des Gartens. Die Fenster sind von dieser Seite schon wieder komplett vereist. Aber seine Außenhaut genießt die Kälte. Die künstlichen Muskeln darin entspannen sich, und der Pilz, der die biologische Grundlage bildet, erwacht aus seinem Wärmeschlaf und erneuert alle Zellen, die in der kurzen Zeit abgestorben sind.

»Ich hoffe, wir können den Garten so erhalten, wie er ist«, sagt Jenna.

»Auch wenn wir uns dann von Trockenpulver ernähren müssen?«

»Ja, dann könnten wir jeden Tag dort spazieren gehen, wäre das nicht schön?«

Sie strahlt ihn an, und das macht ihn traurig. In den drei oder vier Minuten hat er eine kurze Ahnung von dem Leben bekommen, das er als Wnutri leben könnte. Aber er wird das Grün, die Wärme und die Luftfeuchtigkeit nie so erleben können wie Jenna. Seine Welt ist kalt und unwirtlich, und es ist wohl am besten, wenn er seine Gedanken daran anpasst.

»Ja, das wäre schön«, sagt er.

Er lauscht seinen eigenen Worten. Sie klingen trotzig. Einfach aufzugeben war noch nie seine Art.

WIE ANNA ES VERSPROCHEN HAT, TREFFEN SIE AM OBEREN Ende des Ganges auf eine weitere Doppeltür. Auch sie enthält vier vereiste Glasscheiben. Boris stößt sie auf. In einem hellen, aber fensterlosen Raum mit etwa zehn mal zehn Metern Grundfläche sieht er zwei sehr unterschiedliche Figuren, die sich über ein technisches Gerät beugen. Es steht auf einem hüfthohen Regal.

Anna dreht sich um. Sie muss das Geräusch der sich öffnenden Tür gehört haben.

»Ah, da seid ihr ja, ihr Turteltäubchen.«

Boris wird heiß, obwohl es hier genauso kalt ist wie im Gang. Er übergeht Annas Bemerkung, statt ihr die Meinung zu geigen.

»Was untersucht ihr denn da?«, fragt er.

»Das wissen wir auch nicht so recht«, antwortet Anna.

»Den Glasbehälter kann man herausnehmen«, sagt Geralt.

»Habt ihr mal die Klappen da oben geöffnet?«, fragt Boris.

Über dem Regal hängen Schränke an der Wand. Er öffnet einen und nimmt heraus, was er findet.

»Schaut mal, das sind Kekse«, sagt er. »Sie sind in ein durchsichtiges Material verpackt. Sieht organisch aus. Und hier, das ist Zucker.«

Er stellt eine Dose aus Metall auf das Regal.

»Dieser Bereich hier dient eindeutig der Ernährung«, sagt er, »also muss die schwarze Maschine auch etwas damit zu tun haben. Immer auf den Kontext achten.«

»Ich bin hier der Klugscheißer vom Dienst«, sagt Geralt. »Ich hatte das auch schon vermutet, wollte euch aber nicht mit einer unreifen Hypothese belästigen. Aber wenn euch das lieber ist, dann behaupte ich mal, dass man mit diesem Gerät Trinkwasser recyceln kann. Seht ihr, hier gibt es einen Tank, vermutlich für das ungefilterte Wasser, da ist eine Pumpe und da der Filter.«

»Und wozu dient dann die Heizung?«, fragt Boris und zeigt auf eine Heizspirale hinter einem Gehäuseteil, das er abgenommen hat.

»Vielleicht haben sie ja gern warmes Wasser getrunken«, sagt Geralt. »Die Gründer waren normale Menschen. Sie kamen von einer Erde nach der großen Klimakatastrophe. Sie müssen Hitze geliebt haben.«

»Männer, könnten wir uns dann auf die wichtigen Sachen konzentrieren?«, mischt sich Jenna ein. »Ernährung ist gerade nicht unser Problem, wir brauchen Kommunikation. Anna, du hast doch schon die schiffsinterne Kommunikation gefunden, oder?«

»Ja, hier drüben.«

Anna zeigt auf einen Bereich weiter vorn. Dort befinden sich drei bequem anmutende Sitze, vor denen jeweils eine Konsole samt Bildschirm platziert ist. Anna setzt sich auf den Platz ganz rechts und zieht die Konsole zu sich heran.

»Ich denke, hier hat der Sicherheitsoffizier gesessen«, sagt sie. »Der Bildschirm hat sich angeschaltet, als ich eine Taste gedrückt habe, und hat sofort euch beide gezeigt. Ich vermute, unsere Anwesenheit hat das Sicherheitssystem ausgelöst.«

»Zum Glück war es nicht darauf programmiert, Eindringlinge auszuschalten«, sagt Boris.

»Meinst du, das ist möglich?«, fragt Jenna.

»Die Gründer kamen aus einer Welt, in der Gewalt an der Tagesordnung war«, sagt Geralt. »Sie mussten sich dagegen wappnen.«

»Ich habe noch keine Anzeichen dafür gefunden«, sagt Anna, »aber ich verstehe auch noch nicht, wie das System genau funktioniert.«

»Wir haben einen verschlossenen Raum gefunden und vermuten, dass dort Waffen lagern«, sagt Jenna.

»Dafür, dass du das System nicht verstehst, hast du uns aber ausgiebig beobachtet, Anna«, sagt Boris.

»Das war ich nicht. Die Kameras sind euch ganz automatisch gefolgt. Und als ihr dann vor der Tür standet und sie öffnen wolltet, erschien plötzlich eine Abfrage mit einem grünen Plus und einem roten Minus. Ich habe das grüne Plus gedrückt, weil ich befürchtet habe, dass sonst irgendein Abwehrmechanismus gestartet wird.«

»Das kam im perfekten Moment«, sagt Jenna. »Ihr müsst euch den Garten unbedingt ansehen. Es gibt da sogar Schmetterlinge! Dass sie das Ökosystem so stabil bekommen haben, ist eine echte Leistung.«

»Dürfte etwas zu warm für mich sein«, sagt Anna.

»Also wissen wir im Grunde nichts über das Sicherheitssystem«, sagt Boris.

»Nur, dass es in der Lage ist, die Anwesenheit von Menschen im Schiff zu bemerken«, sagt Anna.

»Das ist doch ein Anfang«, sagt Jenna. »Wichtiger sind aber im Moment Kommunikation und Steuerung.«

Geralt zeigt auf die zwei anderen Plätze.

»Die Steuerung wurde auf der Erde als wichtigste Funktion betrachtet«, erklärt er. »Deshalb saß der Kommandant sicher in der Mitte. Dann wird der linke Platz wahrscheinlich der Kommunikation vorbehalten gewesen sein.«

»Bist du sicher?«, fragt Jenna. »Haben sie denn Kommunikation nicht als Hauptaufgabe des Kommandanten betrachtet? Das Schiff zu steuern ist doch eine untergeordnete Tätigkeit.«

»Ja, da bin ich ziemlich sicher. Das zeigt bisher jede irdische Literatur, die wir in modernes Titanisch übersetzt haben. Handeln war ihnen wichtiger als Denken.«

»Verstehe«, sagt Jenna, »vielleicht ist das evolutionstheoretisch erklärbar. Am Anfang der menschlichen Geschichte wird es wichtiger gewesen sein, vor einem Räuber schnell zu flüchten als erst über die Natur der Bedrohung nachzudenken oder ihn davon zu überzeugen, den Angriff abzubrechen. Den Menschen auf der Erde ist es dann wohl nicht gelungen, dieses evolutionäre Erbe abzuwerfen.«

Mir gelingt das auch nicht immer, denkt Boris.

»Probier doch mal, Geralt, ob du mit der Kommunikation zurechtkommst«, sagt Jenna.

»Ich?«

»Ja, du kennst dich von uns mit alter Technik am besten aus.«

Boris geht um den linken Sitz herum und setzt sich. Das bekommt er doch bestimmt schneller hin als sein manchmal etwas zögerlicher Freund. Er zieht die Konsole näher zu sich, wie es Anna vorgeführt hat. Dann tippt er eine der Tasten darunter an. Automatisch aktiviert sich der Bildschirm, und ein paar verschwommene Symbole erscheinen. Er wischt mit der Hand darüber und entfernt so die dünne Schmutzschicht. Schon besser.

Der Bildschirm ist in sechs gleich große Bereiche eingeteilt, die jeweils ein Symbol tragen und zusätzlich beschriftet sind. Der Text hilft ihnen nicht weiter, aber eines der Symbole erinnert an eine Parabol-Antenne. Treffer! Er tippt darauf. Es erscheint eine mit vielen kurzen und einigen langen Strichen versehene Skala. Das müssen Frequenzen sein. Auf welcher sendet die Basis? Über der Skala gibt es ein Lupensymbol. Er tippt darauf. Der Bildschirm leert sich. Zu sehen ist nun eine analoge Uhr mit einem einzigen Zeiger, der sich langsam dreht.

»Du machst das gut«, sagt Jenna und legt ihm die Hand auf die Schulter.

Es ist bestimmt ermutigend gemeint. Säße Geralt hier, hätte sie es sicher nicht anders gemacht.

Die Uhr verschwindet. Dafür zeigt der Schirm eine Liste an. Die oberste Zeile ist grün unterlegt, und die Ziffern sind hier besonders dick. Das muss die Trägerfrequenz der KK-Basis sein. Alle anderen Einträge sind weitaus schwächer erkennbar. Vielleicht handelt es sich um andere Basen, oder aber es sind Funkfrequenzen von der Erde, zu denen er besser jeglichen Kontakt vermeidet.

»Das da oben ist die Basis«, sagt Geralt. »Ich erkenne die Ziffern.«

»Aber wieso haben wir hier unten Empfang?«, fragt Anna. »Vom Rover aus hat es doch nicht funktioniert?«

»Es gibt sicher durch die Reflexion an verschiedenen Atmosphärenschichten eine gewisse Einstreuung. Dafür ist das Funkmodul des Rovers wohl nicht empfindlich genug, aber das Schiff hat eine deutlich leistungsfähigere Funkanlage und kann auch diese Einstreuung auswerten«, sagt Boris.

»Dann versuch doch mal, die Basis zu erreichen«, sagt Jenna.

Boris tippt auf den obersten Eintrag in der Liste. Die Anzeige wird schwarz. Dann erscheint sein eigenes Bild in einem kleinen Fenster. Er sieht sich um, findet aber keine

Kamera. Aber sie haben ja auch in den Gängen keine Kameras entdeckt. Die Objektive müssen gut versteckt sein.

Sonst passiert nichts.

»Vielleicht musst du etwas sagen«, meint Jenna.

»Jenna, bist du das?«

»Oh, das ist Elisabeth«, sagt Jenna. »Sie hat wohl gerade in der Basis Dienst.«

»Ja, ich bin es. Es ist drei Minuten vor Mitternacht. Die anderen schlafen. Habt ihr es geschafft? Habt ihr die Sonde ausgegraben? Ich erkenne die Funksignatur nicht, deshalb habe ich mich auch nicht gemeldet.«

»Ja, wir sind im … also in dem Gebiet, wo sich die Sonde befindet«, sagt Jenna. »Komisch, dass die Signatur nicht gespeichert ist, muss ein Hardwarefehler sein. Tut mir leid, aber du wirst Geraldine wecken müssen. Holst du sie? Wir melden uns dann in zehn Minuten wieder.«

Elisabeth ist in die Pläne der Kommandantin offenbar nicht eingeweiht. Jenna hat sich gerade noch einmal herausgeredet.

»Mache ich. Bis dann, Jenna.«

»Und wie beendet man die Verbindung?«, fragt Boris.

»Keine Ahnung«, sagt Geralt.

Plötzlich verschwindet sein Bild. Anscheinend hat Elisabeth die Verbindung abgebrochen.

»So geht es natürlich auch«, sagt Boris.

Seit diese Elisabeth erwähnt hat, dass Mitternacht kurz bevorsteht, hat ihn eine bleierne Müdigkeit befallen.

4790.12

»Danke, dass ihr mit Elisabeth so vorsichtig wart«, sagt Geraldine. »Die Signatur gehört nicht dem Rover, also habt ihr euer Ziel erreicht?«

»Das haben wir«, sagt Jenna.

Jetzt sitzt sie im linken Sessel. Boris hat sich auf den Fußboden gesetzt, lehnt an der Wand und beobachtet sie. Sie hat es geschafft, binnen zehn Minuten ihren Raumanzug abzulegen, und trägt jetzt warme Kleidung. In der Zentrale ist es noch immer unter 270 Grad kalt, aber die Thermoschicht des Anzugs schützt sie vor zu großer Abkühlung. Nur ihre Hände sind weitgehend frei. Sie reibt sie immer wieder aneinander. Was für zarte Finger sie hat! Boris würde sie gern wärmen, doch seine Außenhaut gibt fast gar keine Wärme ab. Nicht einmal das kann er!

»Beherrscht ihr die Technik?«, fragt Geraldine.

»Bisher nur Funk und interne Sicherheit, ein bisschen. Aber wir sind dran. Vorräte gibt es genug. Wir wollen noch den Rover und den Tank an Bord nehmen, dann sind wir autark.«

»Fahrzeuge sind keine mehr an Bord?«

»Nein, die haben die Gründer wohl komplett ausgeladen. Aber es gibt einen verschlossenen Lagerraum, dessen Inhalt wir nicht kennen.«

»Ein Waffenarsenal?«

»Das vermuten wir auch. Alle anderen Lagerräume lassen sich öffnen.«

»Egal, das hat jetzt keine Priorität. Wichtig ist, dass ihr auch die Steuerung erlernt. Es wäre großartig, wenn ihr morgen starten könntet, spätestens übermorgen.«

»Mit welchem Ziel?«

»Der Asteroid, der sich in Richtung Erde bewegt. So, wie wir es besprochen hatten. Wenn der Asteroid dort einschlägt und der Anschein entsteht, wir hätten damit zu tun, wird sich die Erde furchtbar an uns rächen.«

»Verstanden. Wir tun, was wir können.«

»Danke, Jenna. Gute Arbeit! Meldet euch, wenn ihr startbereit seid. Aber wenn möglich, nicht mit dieser unbekannten Signatur. Ich will nicht, dass sich hier irgendwelche Gerüchte breitmachen.«

»Wir werden einen anderen Weg finden.«

»Danke, Jenna, und viel Glück!«

Ein dumpfes Pochen weckt ihn. Boris ist desorientiert. Um ihn herum ist nichts als Dunkelheit. Dann fällt es ihm wieder ein: Er hat sich zur Regeneration in den Tank begeben. Vorsichtig greift er zur Seite, aber Anna ist nicht mehr da. Er drückt auf sein Ohr und schaltet damit das Funkmodul wieder ein.

»Bin ja schon wach«, sagt er.

»Das ist schön«, sagt Jenna, und sein Herz hüpft.

»Das ist gut«, sagt Geralt. »Ich stehe draußen und wollte gern den Tank am Flaschenzug befestigen.«

»Ich komme«, sagt Boris.

Er fädelt sich durch die geleeartige Masse nach draußen. Dort klopft er seinen Körper ab. Er fühlt sich gut, bis auf das bisschen Restmüdigkeit.

»Dann los, was ist zu tun?«, fragt er.

Geralt hebt einen überdimensionalen Karabinerhaken hoch.

»Der Tank besitzt doch Ösen dafür?«, fragt er.

»Allerdings. Ist für Reparaturen ganz praktisch, wenn man das Fahrgestell wechseln muss.«

Boris hockt sich hin und zeigt auf eine Stelle am Boden des Tanks, direkt unter dem Ausstieg.

»Hier. Wir müssen ihn mit dem Ausstieg nach oben hochziehen, sonst läuft er uns vielleicht aus. Ich weiß nicht, ob der Ausstieg den Druck der Flüssigkeit aushält, wenn wir den Tank am anderen Ende hochziehen.«

Geralt reicht ihm den Karabiner. Er nimmt ihn in beide Hände und hakt ihn ein. Das Seil, das daran hängt, ist überraschend dünn.

»Bist du sicher, dass das genügt?«

Er zeigt auf das dünne Seil.

»Der Tank ist ziemlich schwer. Sollen wir lieber mit dem Rover anfangen?«

»Nein, Boris, so herum ist es besser. Jenna schwört, dass das Seil das Gewicht trägt.«

»Du bist auch skeptisch?«

»Jetzt nicht mehr. Wenn Jenna es sagt, ist es okay.«

Geralt glaubt ihr, dann sollte er ihr wohl erst recht vertrauen.

»Alles klar. Anna, Jenna, hört ihr uns?«

»Klar und deutlich.«

»Der Tank hängt an der Angel.«

»Gut. Wir ziehen ihn hoch.«

Boris sieht am Raumschiff nach oben. In etwa 20 Metern Höhe muss sich die Terrasse befinden. Dort stehen die beiden Frauen gerade und kurbeln den Tank nach oben. Nein, er verkneift sich jetzt besser jeden Ratschlag. Die beiden schaffen es schon. Der Tank rutscht ein Stück nach vorn, hin zum Schiff. Dann hebt sich seine Nase. Das Heck rutscht weiter nach vorn. Der Tank steht, und schließlich schwebt er. Anna und Jenna ziehen absolut gleichmäßig, sodass das Seil fast gar nicht ins Pendeln gerät. Das wäre die einzige Gefahr – würde der Tank hin- und herschwingen, könnte er das Schiff demolieren. Ansonsten gibt es hier unten zum Glück nichts, das im Weg herumsteht.

»Komm, wir machen schon mal den Rover fertig«, sagt Geralt.

Boris läuft um das Gefährt herum und kontrolliert alle Klappen und Kisten. Wozu brauchen sie den Rover eigentlich an Bord? Rechnen sie damit, auf dem Asteroiden herumfahren zu müssen? Wenn er sich recht erinnert, ist der Brocken nur 30 Kilometer groß. Damit besitzt er gar nicht genug Gravitation, um den Betrieb eines rollenden Rovers zu ermöglichen. Sie bräuchten ein Fahrzeug mit Düsen. Da werden sie sich noch etwas einfallen lassen müssen.

»Alles dicht?«, fragt Geralt.

»Ja, alle Klappen fest verschlossen.«

»Danke.«

Geralt fährt den Rover ein Stück näher an das Schiff heran. Den Platz direkt unter dem frei hängenden Tank lässt er aber frei. Er macht sogar einen kleinen Bogen um die Fläche, als er zu Boris gelaufen kommt.

»So ganz vertraust du dem Seil aber doch nicht, oder warum der Umweg?«

»Ich … ach, es könnte sich ja ein kleiner Stein aus dem Fahrwerk lösen und aus zwanzig Metern Höhe meinen Helm zertrümmern.«

Eine schlaue Ausrede! Kein Wunder, Geralt ist ja auch Wissenschaftler. Und als Archäologe kennt er sich mit Steinen aus. Boris blickt nach oben. Es sieht so aus, als würde sich der Tank selbst an einem Seil nach oben hangeln. Die Frauen machen ihren Job wirklich gut.

Er erreicht den Lagerraum mit den Fahrzeugen, als Anna und Jenna gerade die große Luke schließen. Der Flaschenzug liegt in der Nähe des Eingangs. Mit dem Seil zurrt er zuerst den Tank, dann den Rover fest. Die Konstrukteure haben an alles gedacht; im Fußboden gibt es flache Ösen, durch die er das Seil ziehen kann. Geralt hilft ihm, das Seil straff zu ziehen.

Danach treffen sie sich in der Zentrale. Jenna sitzt ohne Raumanzug auf dem mittleren Sessel, den sie für den Platz des Kommandanten halten. Sie hat die zugehörige Konsole bereits an sich herangezogen.

»Jetzt müsst ihr mir helfen«, sagt sie.

»Angenommen, es funktioniert sofort und wir könnten starten – sind wir denn bereit?«, fragt Geralt.

»Der Tank ist online. Wir haben Nahrung, Wasser und Sauerstoff. Wir kennen die Koordinaten des Ziels. Was brauchen wir mehr?«, fragt Anna.

»Mir fällt nichts ein. Die Luke und der Einstieg sind geschlossen«, sagt Boris.

»Die einzige offene Frage ist die nach dem Treibstoff, aber ich denke, nur die Steuerkonsole kann sie uns beantworten«, meint Jenna.

»Dann gibt es keinen Grund zu warten«, sagt Geralt.

»Was soll ich tun?«, fragt Jenna.

»Eine Taste drücken«, antworten Boris und Geralt im Chor.

Respektvoll betätigt Jenna eine der Tasten am Rand des Keyboards. Wie erwartet, leuchtet der Bildschirm auf. Er zeigt wie die Kommunikationskonsole sechs Felder, die mit Symbolen versehen sind. Drei davon sind gut verständlich. Sie sehen in der oberen Reihe von links nach rechts ein Schema des Sonnensystems, ein auf einem Abgasstrahl reitendes Schiff und eines, das gerade in einen Orbit um einen Planeten schwenkt. Die Symbole in der unteren Reihe ergeben weniger Sinn. Vermutlich stellen sie Teilsysteme des Schiffes dar. Nur wissen sie ja nicht, wie das Raumschiff konstruiert ist und können deshalb keine Parallelen ziehen.

»Ich würde sagen, wir ignorieren das hier unten«, sagt Geralt, »dient bestimmt der Diagnose von Untersystemen.«

»Hoffentlich brauchen wir das nie«, sagt Boris.

»Oben haben wir die Zieleingabe, Start und Landung und das Einbremsen in einen Orbit, oder was meint ihr?«

»Sehe ich auch so«, sagt Anna.

»Nun ist natürlich die Frage, ob es eine vorgeschriebene Reihenfolge gibt. Erst starten, dann Ziel eingeben? Oder andersherum?«

»Die Gründer können wir nicht mehr fragen, Geralt, also sag du es uns«, meint Boris.

»Der sicherere Weg dürfte darin bestehen, zuerst das Ziel einzugeben. Und die meisten Menschen haben damals von links nach rechts gelesen. Also tipp doch mal das linke Symbol an, Jenna.«

Jenna folgt Geralts Aufforderung, aber es ertönt nur ein ärgerliches Brummen, und das Symbol wackelt auf dem Schirm hin und her.

»Dann ist es wohl doch andersherum«, sagt Geralt. »Also das mittlere Symbol.«

Sie sitzen so ahnungslos vor der Technik ihrer Urväter wie eine Gruppe Urmenschen vor einem modernen Rover. Ist das nicht traurig? Warum haben die Gründer diesen Teil ihres Wissens nicht weitergegeben? Wahrscheinlich sieht ein professioneller Start ganz anders aus: Man kontrolliert erst einmal alle Systeme, sucht und beseitigt alle Fehler und gibt erst dann den Startbefehl. Aber sie müssen zwangsläufig die Kurzversion wählen. Hoffentlich wird das nicht zu ihrem Verhängnis.

Jenna scheint etwas Ähnliches zu denken, denn ihre Hand nähert sich nur sehr zögerlich der mittleren Schaltfläche. Schließlich trifft ihr zarter, nackter Finger den Schirm. Sie zieht ihn sofort zurück und schiebt die Hände unter die Oberschenkel. Für sie muss es hier verdammt kalt sein.

Die Darstellung auf dem Bildschirm verändert sich. Ein Abbild des Raumschiffs ist nun zu sehen, stark vereinfacht und seltsam gestaucht. Die einzelnen Bereiche sind mit unterschiedlichen Farbtönen unterlegt. Das meiste ist grün, darunter auch die Triebwerke im Heck und die Tanks. Im unteren Teil des Schiffs gibt es aber auch ein paar gelbe und orangefarbene Flächen.

»Schon die Gründer haben das Farbspektrum Grün bis Rot verwendet«, erklärt Geralt, »um Gefahren darzustellen. Orange dürfte dann ›geht gerade noch so in Ordnung‹ bedeuten.«

»Und wenn orangefarbene Flächen nun Systeme sind, die kurz vor dem endgültigen Versagen stehen?«, fragt Anna.

»Da unten waren wir, Boris und ich.«

Jenna zeigt auf die orange eingefärbte Fläche.

»Das ist ganz eindeutig der Garten. Seht ihr? Es betrifft die unterste Ebene. Er ist ziemlich verwildert und vermutlich aus technischer Sicht fragwürdig. Aber das dürfte dem Start nicht entgegenstehen.«

»Gelb, das könnte dann der verschlossene Lagerraum sein«, sagt Boris. »Vielleicht fehlen dem System ja die Informationen darüber.«

»Aber hier oben haben wir auch eine gelbe Fläche«, sagt Anna.

»Das ist wohl die Zentrale«, sagt Geralt. »Wir haben die Lebenserhaltung nicht komplett in Betrieb genommen, damit es für euch nicht zu warm wird. Das System hat das wohl mit einbezogen.«

»Das sind alles gute Erklärungen«, meint Jenna. »Unter diesen Umständen sollten wir den Start versuchen. Worum wetten wir, dass das grüne Plus hier die Triebwerke startet?«

»Warte mal, erst sollten wir uns Plätze suchen«, sagt Anna.

»Natürlich. Ich würde mir wünschen, dass Boris links von mir sitzt.«

Ha! Sie will, dass er neben ihr sitzt!

»… Und Geralt rechts. Nur für den Fall, dass ich Hilfe mit der Technik brauche. Ich hoffe, du bist nicht böse, Anna.«

»Natürlich nicht. Ich hätte mein Brüderchen an deiner Stelle auch neben mich gesetzt. Ich suche mir einen Platz, wo ich mich ausreichend sichern kann.«

»Fertig?«, fragt Jenna.

»Einigermaßen bequem und sicher«, ruft Anna von hinten.

»Angeschnallt«, sagt Geralt.

»Bereit«, antwortet Boris.

Sein Blick folgt Jennas Finger, der sich dem grünen Plus nähert. Als er es erreicht, verschwindet das Symbol. Neben dem Schema des Schiffs tauchen Zahlen auf. Gleichzeitig geht ein tiefes Vibrieren durch seine Hülle. Er spürt es bis ins Innerste. Die Triebwerke scheinen tief Luft zu holen. Sie atmen ein – und dann atmen sie aus. Auf ihrem heißen Atem steigt das Schiff in die Höhe. Die Verbrennungsgase schmelzen das Eis und hinterlassen einen brodelnden See, und das Schiff reckt seine Nase aus der Patera des Kryovulkans, in der es seit über 5000 Umläufen auf seine Wiedererweckung gewartet hat.

4790.13

Schwerelos gleitet Boris durch die Zentrale. Seine ersten Versuche nach dem Eintritt in den Orbit waren unbeholfen gewesen – zu seiner eigenen Überraschung und zur Belustigung der anderen. Bei der Bewegung in der Schwerelosigkeit hilft ihm seine Erfahrung beim Gleiten in der Titan-Atmosphäre nicht. Der wichtigste Unterschied liegt darin, dass er oben und unten nicht mehr spürt. Seine Augen müssen die Funktion des Gleichgewichts-Organs übernehmen, und daran musste er sich erst gewöhnen.

Aber jetzt kommt er mit den neuen Bedingungen gut zurecht. Während die anderen noch die Schiffssteuerung zu verstehen versuchen, erforscht er die Zentrale. Leider gibt es nirgends ein Bullauge. Er würde so gern einen Blick auf Saturn und Titan werfen! Die Zentrale hat eine deutlich kleinere Grundfläche als das Schiff selbst. Sie endet ungefähr dort, wo im Lagerraum der Kabelschacht durchbricht, der wohl von den Triebwerken bis zum Bug des Schiffes verläuft.

Boris hält sich an dem Handgriff fest, der dort angebracht ist, und sieht sich um. Rund um die drei Sitze links bilden seine drei Freunde ein kleines Knäuel. Geralt schwebt im Raumanzug oben. Jenna trotzt tapfer der Kälte, trägt inzwischen aber eine Atemmaske und ihre dicken Raum-Handschuhe. Anna sitzt breitbeinig auf dem Kommandosessel und beugt sich über den Hauptschirm. Wie mag es hier wohl ausgesehen haben, als die Gründer noch an Bord waren? War die Zentrale überfüllt? Aber wo sind dann die ganzen Sessel geblieben, auf denen die Menschen Platz genommen haben? Ihm scheint, als hätten die Gründer geahnt, dass ihr Schiff noch einmal gebraucht würde, und als hätten sie es deshalb vor dem Verstecken auf eine kleine Crew vorbereitet.

Er betrachtet die Decke der Zentrale in seiner Nähe. Sie glänzt, wenn das Licht eines Scheinwerfers darauf fällt. Das müssen Eiskristalle sein. Kurz vor ihm ist ein dünner Kreis zu erkennen, der ihn an eine Furche erinnert. Eine Dekoration scheint es nicht zu sein. Er schiebt sich mit einem kleinen Impuls unter den Kreis, dreht sich auf den Rücken und tippt gegen die Fläche. Der Rückstoß lässt ihn nach unten segeln. Er stößt sich noch einmal ab. Diesmal verhakt er seinen rechten Fuß in einem Handgriff an der Wand. Erneut drückt er auf die Fläche. Nichts passiert. Dann versucht er, sie zur Seite zu schieben. Mit einem Mal erscheint ein schmaler, dunkler Halbmond. Es hat geklappt! Er hat eine Luke entdeckt. Er schiebt die Fläche weiter zur Seite, bis sie spürbar einrastet.

Über ihm liegt ein runder Gang, der nach oben führt. Er streckt die Hand hinein, und der Gang wird von Helligkeit durchflutet. Boris sieht zu den anderen. Sie diskutieren noch. An einer Seite des Gangs gibt es eine Art Leiter. Ihr unteres Ende ist deutlich breiter. Vermutlich kann man sie dort nach unten ziehen. Aber in der Schwerelosigkeit braucht er sie nicht. Er zieht sich am Rand des Einstiegs nach oben.

Die Röhre ist viele Meter lang und scheint sich nach oben hin zu verjüngen. Er hat bestimmt schon zehn Meter darin zurückgelegt, doch noch immer ist kein Ende abzusehen. Er gibt sich mehr Schwung und segelt noch weiter nach oben. Eine weiße Fläche kommt ihm entgegen – eine weitere Luke? Er stoppt kurz vor ihr und sieht nach unten. Es sind mindestens dreißig Meter. Er muss die Spitze der Rakete erreicht haben.

Vorsichtig schiebt er die Luke zur Seite. Was erwartet ihn dahinter? Er sieht nicht als Dunkelheit. Auch, als er die Hand probehalber nach oben streckt, wird es nicht hell. Im Gegenteil, plötzlich schaltet sich das Licht in der Röhre ebenfalls aus. Wenn das kein Zeichen ist! Er zieht sich nach oben – und erstarrt. Um ihn herum ist das Weltall. Tausende Sterne funkeln. Er hält unwillkürlich den Atem an, obwohl ihn seine Außenhaut vor dem Vakuum schützt. Ganz ruhig, Boris. In regelmäßigen Abständen durchziehen dunkle Linien das Sternenmeer.

Er schwebt in einer Glaskonstruktion, einer Kuppel, die aus Metall und einem durchsichtigen Stoff konstruiert sein muss. Langsam lässt er sich nach oben treiben, bis seine Hände auf die – gläserne? – Außenwand treffen. Das Material ist glatt, hart und kalt, aber nicht weltraum-kalt; es hat mindestens 250 Grad. Er dreht sich nach rechts und zuckt so stark zurück, dass er sich den Kopf an der Scheibe stößt. Da ist Saturn. Der Planet, den er noch nie in all seiner Schönheit mit eigenen Augen gesehen hat, dominiert diese Hälfte des Ausblicks. Saturn ist umwerfend. Boris presst das Gesicht an die Scheibe. Wolken treiben so schnell über die Oberfläche, dass er ihnen zusehen kann. Der Planet scheint lebendig, ein riesiger Organismus, ein Wesen aus Gas, Flüssigkeit und Stein, in dem noch unbekannte Naturgesetze gelten.

Wo sind die Ringe? Er sucht den Äquator, der sich in der Mitte der Wolkenbänder befinden muss. Dort glitzert etwas. Es ist nur ein dünner Strich. Sie sind Titan noch viel zu nah, sodass er nur auf die Kante des inneren Ringsystems sieht. Apropos Titan. Wo ist die Welt, die sie auf der Suche nach dem Asteroiden verlassen wollen, seine Heimat? Er dreht sich einmal um seine Achse.

Titan liegt unter ihm. Aus der Kuppel kann er den Mond nur zur Hälfte sehen. Braune Wolken ohne erkennbare Strukturen verhüllen ihn. Die Gründer müssen enorme Fantasie besessen haben, denn sie haben sein Potenzial erahnt, obwohl er von hier unnahbar und lebensfeindlich wirkt. Hat man sie vielleicht verfolgt? Das ist jedenfalls nicht Teil der offiziellen Geschichte.

Mit den Fingern an der Scheibe zeichnet Boris die Umrisse des Mondes nach, soweit er sie erkennen kann. Im Vergleich zu Saturn ist Titan ein Winzling. Aber die Nachfahren der Gründer haben sich dort ihre eigene Welt aufgebaut. Boris findet keinen Grund, Titan für immer verlassen zu wollen, aber trotzdem spürt er einen Drang in die Ferne. Saturn ist ja nur der erste Schritt. Der Asteroid, den es einzuholen gilt, bewegt sich jenseits der Jupiterbahn durch das Vakuum. Das ist weit weg. Wie schnell wird das Schiff der Gründer sein? Sie werden es herausfinden. Dass die Erde damit erreichbar ist, haben die Gründer bereits vor vielen tausend Umläufen bewiesen.

»ACH, HIER BIST DU!«

Träumt er? Boris erschrickt, stößt sich falsch ab und treibt frontal auf eine schwarze, unförmige Masse zu. Das muss Jenna sein. Ihre Stimme hat er gehört. Es war also kein Traum. Sie breitet die Arme aus. Sie wirken im Licht der Sterne wie die dunklen Schwingen einer Fledermaus. Dann fängt sie ihn damit auf.

»Ich, äh, entschuldige, ich …«

Warum muss er immer gleich stammeln, wenn sie ihm näher als auf einen Meter Abstand kommt?

»Hier ist es ja großartig«, sagt sie. »Ich wollte dich nicht erschrecken.«

Ihre Stimme hat so einen warmen Klang. Oder kommt es ihm bloß so vor? Ihm scheint, als ginge ein konstanter Wärmestrom von ihr aus, der ihn dazu zwingt, Abstand zu halten. Das wird ihre genetisch unveränderte Physiologie sein, erklärt er sich das Phänomen. Sie muss ja jede Menge Wärme abgeben, wenn ihr Körper 310 Grad heiß ist und sie keinen Raumanzug trägt.

»Ist dir nicht kalt?«, fragt er.

»Doch, mir ist kalt, aber es ist auszuhalten.«

Im Glanz der Sterne betrachtet er ihr Gesicht. Jenna wirkt ganz ruhig und entspannt. Und sie trägt ihre Atemmaske nicht mehr.

»Du könntest deinen Raumanzug tragen«, schlägt er vor.

»Du könntest mich auch wärmen«, sagt sie.

»Ich …«

Ich kann dich nicht wärmen, müsste er antworten, denn meine Außenhaut isoliert mich fast vollständig, sodass du meine Körperwärme nicht spüren wirst. Ich werde dir vorkommen wie ein kalter, glatter Fisch. Aber das ist Unsinn, deshalb verkneift er sich die Belehrung. Auch wenn er selbst keine Wärme abstrahlt, kann er ihren Körper doch wie eine Bettdecke gegen die Außenwelt isolieren und sie so wärmen.

Jennas Umriss wird kleiner. Er hat zu lange nachgedacht, und sie hat seine fehlende Reaktion als »Nein« interpretiert. Warum passiert ihm das bloß immer? Boris schließt die Augen, reißt sie aber gleich wieder auf. Nein, er darf sie jetzt nicht gehen lassen. Er gibt sich einen Stoß, treibt auf sie zu und legt die Arme um sie. Jenna lässt es geschehen. Ihre Glieder scheinen ganz locker, sie gibt sich vollkommen seiner Umarmung hin, und er hält sie fest.

»Eine gute Idee«, sagt er, »ja, ich kann dich wärmen.«

»Na endlich«, sagt Geralt und rollt die Augen. »Geraldine versucht seit zwanzig Minuten, uns zu erreichen.«

»Warum redet ihr dann nicht mit ihr?«, fragt Jenna.

»Sie will uns alle gleichzeitig in der Leitung haben.«

»Dann hättet ihr uns doch Bescheid sagen können?«

»Anna hat …«

Geralt zuckt mit der Schulter. Hat Anna, die hinter ihm steht, ihn etwa gerade gezwickt?

»Es ging nicht«, setzt Geralt seinen Satz fort.

Anna zwinkert ihm verschwörerisch zu. Was will sie damit sagen?

»Na gut, dann können wir ja jetzt …«, sagt Jenna, bis ein Licht an der linken Konsole aufleuchtet.

»Das wird Geraldine sein.«

Geralt zieht sich schwungvoll in den Sitz und bestätigt die Verbindung.

»Das wurde ja auch Zeit«, klingt die Stimme der Kommandantin durch die Zentrale.

»Entschuldigung, Geraldine«, sagt Jenna. »Wir sind noch dabei, das Schiff zu erforschen. Boris hat im Bug eine gläserne Kanzel entdeckt. Da vergisst man sehr schnell die Zeit. Man sieht von dort den Saturn, und er ist einfach faszinierend.«

»Ich beneide euch. Wir werden ihn nie zu sehen bekommen.«

»Wenn wir zurück sind, könnten wir mit dem Schiff doch Orbitalflüge für alle organisieren«, sagt Boris.

»Falls ihr zurückkommt, ja. Deshalb möchte ich euch alle noch einmal sprechen«, sagt Geraldine.

»Was willst du damit sagen? Was ist passiert?«

»Im Grunde nichts, Jenna. Wir haben lediglich einen Moment besonders guten Wetters genutzt und mit einem Radioteleskop den Asteroidenring abgetastet. Dort gibt es jede Menge menschliche Aktivität. Ich hätte nicht gedacht, dass sich die Menschen schon wieder so weit ins All vorwagen. Seit dem großen Krieg sind nicht einmal 15 Generationen vergangen. Ihr solltet euch also darauf einstellen, angegriffen zu werden, falls man euch entdeckt. Die Menschen schießen erst und fragen dann.«

»Dann sollen sie doch selbst mit dem Asteroiden fertigwerden«, sagt Geralt.

Geraldine seufzt. »Einige hier sagen das, ja. Aber wenn der Eindruck entsteht, wir hätten etwas damit zu tun, werden sie sich rächen wollen. Deshalb sollten wir das Problem beseitigen. Ein Asteroid verlässt seinen Orbit nicht so einfach. Es muss eine Ursache geben.«

»Wenn sie uns angreifen, werden wir uns schon zu wehren wissen«, sagt Geralt.

»Ich traue dir ja zu, dass du herausfindest, wie die Waffen an Bord funktionieren. Aber sie sind vermutlich technisch völlig veraltet und allem unterlegen, was die Erdlinge heute aufbieten können. 250 Erdenjahre, das ist der Unterschied zwischen Feudalismus und Industriezeitalter.«

»Dann dürfen sie uns eben nicht entdecken«, sagt Jenna.

»Das dürfte gar nicht so kompliziert sein«, sagt Boris. »Die Abstände im Asteroidengürtel sind ja riesig, und wir dürfen uns eben nicht bemerkbar machen.«

»Weder aktiv noch passiv«, sagt Jenna. »Das bedeutet auch, dass wir die Triebwerke vorsichtig einsetzen müssen.«

»Ihr habt eine Menge Zeit, euch darauf vorzubereiten«, sagt die Kommandantin. »Allein bis zur Jupiterbahn werdet ihr elf Umläufe brauchen. Aber vorher muss ich jeden einzelnen von euch fragen, ob ihr das wirklich wollt. Das ist eine Mission, auf die ich nur Freiwillige schicken will. Ich bin überhaupt nicht böse, wenn ihr diese Reise ins Ungewisse ablehnt. Braucht ihr Bedenkzeit?«

»Ich nicht«, sagt Boris. »Ich bin dabei. Das ist eine riesige Chance, die ich nicht noch einmal bekommen werde.«

»Ich muss ja meinen Bruder begleiten«, sagt Anna, »sonst macht er Dummheiten.«

»Ein Zusammentreffen mit den Menschen würde die Titan-Archäologie enorm voranbringen«, sagt Geralt, »das kann ich mir nicht entgehen lassen.«

»Ich …«, sagt Jenna und zögert.

Boris' Herz schlägt wild. Wenn sie nicht dabei ist, kann er sich auch sofort in einen Methansee stürzen. Und er hat schon zugesagt! Kann man Zusagen wieder zurücknehmen? Warum überlegt sie so lange? Liegt es an ihm? Bestimmt liegt es an ihm. Er hätte sie nicht umarmen dürfen. Es ging alles viel zu schnell. Sie will Abstand. Auf dem Schiff sind sie sich viel zu nahe, und das über so lange Zeit.

»Ich bin dabei«, sagt Jenna. »Ich habe nur überlegt, ob ich wirklich die richtige Besetzung für diese Aufgabe bin, aber ich glaube, ich habe meine Funktion bisher ganz gut ausgefüllt.«

Sie kommt mit! Boris würde am liebsten in lauten Jubel ausbrechen, aber das verkneift er sich besser.

»Gut, dann wünsche ich euch viel Erfolg. Wann immer wir neue Daten hereinbekommen, werden wir sie euch übermitteln. Aber ich fürchte, spätestens ab der Jupiterbahn werdet ihr auf euch allein gestellt sein.«

4794.6

Er ist enttäuscht. In der langen Röhre nach unten nimmt Boris immer zwei Stufen auf einmal. Er hat es ja eigentlich gewusst. Während sie die Jupiterbahn kreuzen, ist Jupiter gerade auf der anderen Seite des Sonnensystems. Trotzdem hat er gehofft, in der Kuppel irgendetwas Besonderes sehen zu können. Doch da war nichts – nichts außer zehntausenden Sternen, die mit bloßem Auge erkennbar waren, und der kaum noch sichtbaren Scheibe des Saturn. Titan hat er schon vor ein paar Umläufen aus den Augen verloren.

Das Einzige, was ihn am Sternhimmel momentan noch fasziniert, ist die Sonne. Er kannte sie bisher nur als hellen Fleck, am hellsten im Infrarot. Sie hat sich in einen weißen Ball verwandelt, der seine Finger nach ihnen ausstreckt. Wenn er die Wange an die Scheibe legt, glaubt er, ihre Wärme spüren zu können. Geralt meint zwar, das sei unmöglich, weil die Kuppel gut abschirme, aber schließlich sieht er die Sonne ja, also muss auch ein Teil ihres infraroten Spektrums bei ihm ankommen.

Im unteren Bereich des Ganges steigt die Temperatur. Wenn er gleich die Luke öffnet, wird er die Zentrale schnell verlassen müssen. Sie haben sich darauf geeinigt, hier während des Großteils der Zeit des Fluges für Wnutri geeignete Bedingungen zu schaffen. Geralt hatte das vorgeschlagen. Boris war erst dagegen gewesen, bis sein Freund ihm verraten hatte, dass Jenna sich bereits leichte Erfrierungen an den Zehen zugezogen hatte. Er hatte daraufhin sofort darauf bestanden, die Lebenserhaltung komplett zu aktivieren.

Seitdem verbringt er die meiste Zeit im Lagerraum oder gleich in seinem Tank. Jenna sieht er kaum. Ob sie gerade Dienst hat? Er schiebt die Luke zur Seite und lässt sich nach unten herab. Das Schiff bremst, deshalb gibt es oben und unten. Jenna sitzt auf dem Platz des Kommandanten und scheint in ein Buch vertieft. Aber sie hat wohl gehört, wie er gelandet ist. Sie dreht sich zu ihm und lächelt ihn an. Boris schwitzt innerhalb von Sekunden. Das ist diese tropische Wärme in der Zentrale. Er winkt Jenna kurz zu, rennt zur Schleuse und schließt die Schleusentür, indem er den großen Knopf drückt.

Die Luft wird aus der Schleuse gesaugt. Er hört erst ein lautes Dröhnen, das immer leiser wird und schließlich verstummt. In einer Ecke des kleinen Raumes liegt Jennas Raumanzug. Gestern hat sie ihn darin eingepackt im Lagerraum besucht. Nun hat sie den Anzug wohl gleich hier deponiert. Es war ein seltsamer Besuch gewesen. Sie waren umeinander herumgeschlichen wie zwei Katzen, die sich noch nie gesehen haben. Im Raumanzug kam sie ihm vor wie ein anderer Mensch. Aber er ist doch eigentlich derselbe geblieben. Hat sie sich verändert? Haben sie etwas falsch gemacht? Das Leben ist so kompliziert.

Das grüne Licht an der gegenüberliegenden Tür blinkt auf. Er kann die Schleuse verlassen. Boris duckt sich und streichelt den Helm. Wenn ihn jemand so sieht! Er muss völlig verrückt geworden sein. Aber er hat eine Idee. Er steht wieder auf, verlässt die Schleuse und rennt den ganzen langen Gang hinunter bis zum Garten. Er betritt ihn durch den Glaskasten, sucht sich die erstbeste Blüte und pflückt sie. Dann kehrt er um, rennt nach oben und erreicht außer Atem wieder den Raumanzug. Er legt die Blüte auf dem Helm ab, vorsichtig, denn in der Kälte ist sie sofort durchgefroren und dadurch brüchig. Aber so sieht es nicht gut aus. Er hebt den Helm hoch und platziert die Blüte darunter. Jetzt kann man sie durch das durchsichtige Visier sehen. Boris ist zufrieden.

Am Nachmittag stehen plötzlich Geralt und Jenna im Lagerraum. Boris säubert gerade mit Anna den Tank von außen und bemerkt sie erst, als Anna ihn an der Schulter packt und umdreht. Er atmet tief durch, aber es gelingt ihm nicht, die Unsicherheit abzuschütteln. Sie klammert sich an seinen Schultern fest. Anscheinend sieht man das sogar von außen, denn Anna massiert plötzlich seinen Rücken. Ihre kräftigen Berührungen sind schmerzhaft, aber das ist jetzt genau richtig.

»Wir wollten mit euch Halbzeit feiern«, sagt Geralt.

»Das ist ja nett«, sagt Anna. »Anzubieten haben wir leider nur ein paar Portionen Trockennahrung.«

»So im Anzug müssten wir sowieso ablehnen«, sagt Geralt.

Boris beteiligt sich nicht am Gespräch, und Jenna bleibt auch still. Er sucht ihren Blick, aber immer, wenn er kurz davor zu sein glaubt, ihn zu erhaschen, sieht er dann doch schnell in eine andere Richtung.

»Sollen wir ein paar Spiele spielen?«, fragt Anna und zeigt mit ausgestreckten Armen in die Runde. »Wir haben hier wirklich viel Platz.«

»Baseball, wie wäre es damit?«, fragt Geralt. »Ich habe es vor ewigen Zeiten mal gelernt.«

»Ich fürchte, dafür fehlt uns die Ausrüstung«, sagt Anna. »Ich dachte eher an etwas Einfaches wie Fangen.«

»Fangen?« Geralt lacht. »Das haben wir als Kinder immer gespielt, im Labor meines Vaters. Einmal habe ich dabei einen Reaktionsofen umgeworfen.«

»Aber es war lustig, oder?«

»Ja, das war es. Also gut, spielen wir Fangen.«

Geralt tippt Anna an.

»Hab dich.«

Dann rennt er schnell davon, um den Tank herum. Aber Boris reagiert zu langsam. Anna hat ihn bereits angetippt und Reißaus genommen. Er will an Jenna weitergeben, aber die läuft schneller als er und hat nun schon zwei Meter Vorsprung.

»Na warte«, ruft er und stürmt ihr hinterher.

»Kriegst mich nicht«, antwortet sie.

Das ist das Problem in einem Satz, denkt er. Dann wischt er sich nicht vorhandenen Schweiß von der Stirn und verfolgt sie weiter. Jenna läuft überraschend schnell. Die Kraftverstärker im Anzug können es mit denen in seiner Außenhaut offenbar aufnehmen. Aber sie muss auch gut in Form sein, denn wo es nichts zu verstärken gibt, versagt jede Technik. Auf gerader Strecke holt er auf, weil er größere Schritte machen kann, aber sie schlägt geschickt immer wieder Haken. Zweimal schafft er es beinahe, sie am Raumanzug zu berühren, doch beide Male weicht sie in letzter Sekunde aus. Das kann doch wohl nicht wahr sein! Geralt kommt in Reichweite, aber der ist ihm ein zu leichtes Opfer. Es muss Jenna sein. Er hechelt schon. Wie hält sie das nur durch?

Er bleibt stehen, beugt den Oberkörper vor und stützt die Arme auf die Oberschenkel, um wieder Luft zu bekommen. Dann geht er langsam weiter. Jenna ist nicht zu sehen. Anna steht am Tank und schwenkt den Kopf ruckartig. War das ein Tipp? Vielleicht hat sich Jenna hinter dem Tank versteckt. Sicher sieht sie nun hektisch immer wieder nach links und rechts, um schnell wegrennen zu können, wenn er um die Ecke kommt. Den Gefallen tut er ihr nicht. Er zieht sich am Tank hoch. Dabei muss er aufpassen. Durch die dünne Luft sind seine Schritte zwar unhörbar, doch die metallene Außenwand des Tanks überträgt jedes Geräusch. Vorsichtig überquert er die Röhre, bis er auf der anderen Seite nach unten sehen kann. Da ist sie, genau vor ihm. Es sind zwei Meter. Die kann er leicht springen. Boris zielt und springt rückwärts ab, sodass er genau vor ihr landen muss. Er fliegt!

Der Plan gelingt. Er greift sofort mit beiden Armen nach vorn und erwischt Jenna.

»Hab dich«, sagt er.

»Das hast du ja geschickt angestellt«, sagt sie.

Sie schmiegt sich fast unmerklich in seine Arme und rührt sich nicht. Er sollte sie jetzt wieder loslassen, sonst fällt es den anderen noch auf. Er lockert seinen Griff, und sofort reißt Jenna sich los. Sie stürmt um den Tank herum.

»Du bist's«, ruft sie. Anscheinend hat sie Anna erwischt.

Sie spielen noch eine gute Stunde. Anna kennt überraschend viele Bewegungsspiele. Boris erinnert sich, dass sie einmal ein paar Wochen im Kindergarten ausgeholfen hat, bevor sie Snarushi wurde. Es ist eine schöne Abwechslung. Wenn er aus Leibeskräften rennt, kann er an nichts anderes denken. Die Spiele sind so unschuldig. Er fühlt sich in seine Kindheit versetzt, obwohl er daran fast gar keine Erinnerung mehr hat.

»Mein Sauerstoff«, entschuldigt sich Geralt schließlich. Die Bewegung hat seine Reserven offenbar schneller als gewohnt schmelzen lassen.

»Ja, wir sollten dann mal wieder unsere Flugbahn kontrollieren«, sagt Jenna.

»Das solltet ihr«, sagt Anna.

Boris nickt. »Das war ein schöner Besuch«, sagt er. »Vielen Dank dafür.«

Die Tür des Lagerraums schließt sich. Er ist mit Anna allein. Sie legt den Arm um seine Schulter.

»Wird schon«, sagt sie.

Er fragt lieber nicht, was sie meint. Dann überfällt ihn plötzliche Müdigkeit.

»Ich gehe in den Tank«, sagt er, obwohl es erst früher Abend ist.

»Bis dann«, sagt Anna.

Er läuft zum Einstieg des Tanks. Davor liegt etwas. Boris bückt sich. Es ist eine Blüte. Sie ist gefroren und brüchig, und sie sieht ganz anders aus als die, die er in den Helm gelegt hat. Hat Jenna sie ihm gebracht?

4801.9

»Vorsicht«, ruft seine Schwester.

»Ich passe schon auf.«

Boris hängt den Karabiner der Sicherheitsleine in eine der zahlreichen Ösen, stößt sich ab und fliegt über die Außenwand des Raumschiffs. Aus seiner Perspektive erinnert es an ein riesiges Rohr. Anna winkt ihm von unten zu. Die Triebwerke sind schon seit Tagen abgeschaltet, damit ihre Ankunft nicht auffällt. Aber nötig wäre das wohl kaum gewesen. Boris landet auf der Auslassöffnung des Haupttriebwerks. Er hängt eine zweite Leine ein und untersucht das Material. Oberflächlich sind keine Beschädigungen erkennbar. Das Schiff der Gründer hat den langen Flug gut überstanden. Er setzt den Materialscanner auf das Metall. Das Gerät sucht nach Strukturveränderungen. Mit einem grünen Licht signalisiert es, dass es keine potenziellen Probleme ausfindig machen konnte.

Die Sonne spürt Boris nun schon sehr deutlich in seinem Rücken. Er dreht sich zu ihr um. Automatisch pigmentiert sich seine Außenhaut stärker. Er meint, am Rand der Sonne Feuerzungen zu erkennen, aber das muss eine optische Täuschung sein. Solch große Protuberanzen gibt es nicht. Ansonsten ist das All um das Schiff herum völlig leer. Von einem Asteroidengürtel kann nicht die Rede sein. Sie befinden sich einfach nur in einem Bereich, wo die Konzentration frei orbitierender Gesteinsbrocken etwas höher ist als anderswo. Der nächste Asteroid, den die Schiffsscanner erfassen konnten, ist etwa 600.000 Kilometer entfernt.

»Hast du etwas?«, fragt er per Funk.

Anna ist aus seinem Blickfeld verschwunden. Sie muss sich auf der anderen Seite des Schiffs aufhalten.

»Nein, alles ohne Befund«, antwortet Anna.

»Denk dran, am Bug die Scheiben zu putzen«, sagt er.

»Ha ha, dass du in der Kuppel nichts mehr siehst, liegt an deinen vielen Fingerabdrücken. Du musst die Scheiben mal von innen säubern. Außen sind sie blitzblank.«

Er hält sich tatsächlich am liebsten in der Kuppel auf. Anna hat sich schon beschwert, dass sie ihn kaum noch sieht. Aber die Lagerhalle macht ihn depressiv. Sie besitzt keinerlei Fenster und wird von künstlichem Licht in einen grässlichen schmutzig-bräunlichen Farbton getaucht, in dem alles hässlich wird. Wenn sie wenigstens ein Fenster öffnen könnten!

Aber das ist ja gar kein Problem. Der Lagerraum besitzt ein riesiges Fenster samt Terrasse. Sie haben es vor dem Start benutzt, um den Tank und den Rover ins Schiff zu laden. Warum ist er nicht früher darauf gekommen? Der Lagerraum ist nicht mit Luft gefüllt, also sollte nichts dagegen sprechen, das Fenster zu öffnen.

»Anna? Ich habe eine Idee.«

»Ich höre.«

»Warum öffnen wir nicht einfach die Ladeluke? Dann haben wir den besten Ausblick, den man sich vorstellen kann.«

»Und wenn wir nicht aufpassen, segeln wir in die Unendlichkeit davon.«

Das ist allerdings ein berechtigter Einwand. Die Luke ist sehr breit und ziemlich hoch. Wenn er sich in der Schwerelosigkeit ungeschickt abstößt, könnte es passieren, dass er durch das Loch in der Wand ins Weltall treibt. Das Risiko ist nicht groß, aber wenn es passiert, gibt es keine Rettung.

»Wir könnten ein dünnes Netz vor die Öffnung spannen«,

sagt er.

»Wenn du eins findest.«

»Notfalls konstruiere ich eins aus Seilen. Im Lager haben ich Seile in jeder Länge gefunden. Die Gründer scheinen eine Schwäche für Seile gehabt zu haben.«

»Gute Idee, dann musst du wenigstens nicht immer in der düsteren Kuppel sitzen.«

»Die Kuppel ist nicht düster. Je näher wir der Sonne kommen, desto heller wird sie.«

»Hell würde ich das nicht nennen«, sagt Anna. »Und ich hoffe, dass wir der Sonne nun nicht mehr viel näher kommen.«

»Ich weiß nicht«, sagt Boris. »Möchtest du nicht erfahren, wie es ist, die Sonne wie unsere Gründer zu erleben?«

»Die Sonne vielleicht, ja, aber du darfst nicht vergessen, dass sich dort in der Nähe auch die Erdmenschen herumtreiben, von denen wohl nicht viel Gutes zu erwarten ist.«

»Wenn die Legenden stimmen.«

»Na komm, Boris, du gehörst doch wohl nicht zu den Verschwörungs-Theoretikern, die glauben, dass die Erde die ganze Zeit ein Paradies geblieben ist und wir zur Strafe für irgendwelche Verbrechen auf Titan leben müssen?«

»Nein, das nicht. Gibt es wirklich Titanier, die so etwas für möglich halten?«

»Ja, Jenna hat mir davon erzählt. Es wird kein großes Aufheben darum gemacht.«

»Ich glaube, wir haben den kleinen Ausreißer gefunden«, meldet sich Jenna.

»Verstanden, wir sind schon auf dem Rückweg«, antwortet Anna.

»Irgendwelche Abnutzungserscheinungen?«

»Boris hat es mit der Hüfte, und mir fallen manchmal Wörter nicht mehr ein, wenn ich sie brauche. Aber dem Schiff geht es sehr gut.«

»Dann solltet ihr euch daran ein Beispiel nehmen, schließlich ist es mehr als 5000 Umläufe älter als ihr.«

»Das sagt sich leicht, wenn man gerade einmal die Windeln abgelegt hat«, sagt Anna und lacht.

»Wer behauptet denn so etwas? Ich trage meine Windeln mit Stolz«, sagt Jenna. »Geralt hat darauf bestanden, dass ich heute im Raumanzug arbeite.«

RAUMANZUG? WARUM DENN DAS? WILL JENNA ETWA ebenfalls aus dem Schiff aussteigen? Das Rätsel löst sich, als er die Schleusentür zur Zentrale öffnet. Es ist wieder so kalt in dem Raum, dass er sich dort ein paar Stunden lang aufhalten kann. Für die beiden Wnutri heißt das allerdings, dass sie ihre Anzüge brauchen, um sich vor der Kälte zu schützen.

»Das ist aber nett«, sagt Boris.

»Wir dachten, in der heißen Phase dieser Expedition könnten wir auf diese Weise besser zusammenarbeiten«, sagt Geralt, der sie an der Schleuse erwartet hat.

»Da ist sicher etwas dran«, sagt Anna. »Wo ist denn nun der Übeltäter?«

Geralt zeigt auf den Sessel des Kommandanten. »Jenna hat ihn.«

Sie segeln zu ihr. Jenna stellt den Bildschirm so ein, dass alle etwas erkennen können.

»Das ist der Asteroidengürtel in der Draufsicht«, erklärt sie. »Die Darstellung ist nicht maßstäblich.«

Es wirkt, als hätte die Sonne einen feinen Staubring ausgeatmet. Aber der Maßstab stimmt wirklich nicht einmal grob. Unter den Millionen Gesteinsbrocken kann man sich draußen noch immer sehr einsam fühlen.

»Wir haben die Orbits aller größeren Objekte erfasst und im Radiobereich auf Emissionen gelauscht. Dabei wurden wir überraschend oft fündig.«

»Das heißt, da sind überall Menschen unterwegs?«, fragt Anna.

»Ich glaube nicht. Was wir empfangen haben, ist ziemlich repetitiv. Ich würde auf Maschinen tippen«, antwortet Jenna.

»Sie bauen dort massiv Rohstoffe ab«, sagt Boris.

»So sieht es aus«, sagt Geralt.

»Wenn es sich für sie lohnt, zwei AE von der Erde entfernt nach Rohstoffen zu graben, muss es der Wirtschaft auf dem Planeten geradezu blendend gehen«, sagt Boris.

»Das sehe ich ähnlich«, meint Geralt. »Sie haben sich enorm schnell wieder aufgerappelt.«

»Das macht sie bloß umso gefährlicher«, sagt Boris.

»Ich wollte euch das nur zeigen, damit ihr unsere Arbeitsbedingungen kennt«, sagt Jenna. »Viel menschliche Präsenz gibt es hier jedenfalls nicht. Aber nun zu unserem Flüchtling.«

Das Bild zoomt. Der Staub macht leerem Raum Platz. Nur ein blinkender Punkt bleibt übrig.

»Das ist er.« Jenna tippt auf den Punkt. »Äußerlich entspricht alles dem, was in den Datenbanken über (1288) Santa verzeichnet ist. Etwa 30 Kilometer Durchmesser, geringe Albedo, sodass wir seine exakte Form nicht bestimmen können. Aber er bremst die ganze Zeit ab und verkleinert dadurch dauernd seinen Orbit. In etwa 60 bis 70 Umläufen, das lässt sich mit unseren provisorischen Daten noch nicht genauer sagen, wird er die Erdbahn kreuzen.«

»Wie hoch ist das Risiko, dass er die Erde trifft?«, fragt Boris.

»Unsere Daten sind zu ungenau, um das exakt vorhersagen zu können. Der wahrscheinlichste Zeitpunkt, an dem sich die Bahnen der beiden Objekte kreuzen, ist in 68,75 Umläufen. Zu dieser Zeit werden sich Santa und die Erde mit hoher Wahrscheinlichkeit am selben Ort befinden.«

»Woher nimmt der Asteroid denn die Energie für das Manöver?«, fragt Anna.

»Das haben wir uns auch schon gefragt«, sagt Jenna. »Ich habe das mal überschlagen: Um das nötige Delta-V aufzubringen, muss der Asteroid ungefähr 10 hoch 25 Joule aufbringen, das entspricht etwa 100 Millionen der größten

Wasserstoffbomben, die nach unseren Unterlagen auf der Erde im großen Krieg gezündet wurden. Aber man sieht davon rein gar nichts. Kein Triebwerk arbeitet so perfekt, dass keine Abwärme entsteht. Mit uns bekannter Technik müsste der Asteroid im Infrarot heller leuchten als die Sonne, also auf die Oberfläche bezogen.«

»Vielleicht ein Antimaterie-Antrieb?«, fragt Boris.

»Das ist das Einzige, was hier vorstellbar wäre. Aber er müsste die freiwerdende Energie zu hundert Prozent in Schub umsetzen, sonst bliebe Santa nicht so kalt. So etwas liegt jenseits unserer technischen Möglichkeiten.«

»Dann können wir nur hoffen, dass sie das auf der Erde auch wissen«, sagt Anna. »Dann hätten wir ein perfektes Alibi. Aber es gibt in diesem System auch keine weitere Partei, die auf die Idee kommen könnte, einen Asteroiden auf den Weg zu bringen.«

»Außerirdische«, meint Geralt.

Boris lacht. »Du spinnst. Das glaube ich nie und nimmer. Der nächste Stern ist vier Lichtjahre entfernt. Bei realistisch erreichbaren Geschwindigkeiten wäre man von dort 20 Jahre bis zu uns unterwegs. Warum sollte irgendwer diesen Stress auf sich nehmen? Außerirdische gibt es in Filmen, aber nicht in der Wirklichkeit.«

»Ja, natürlich hast du recht«, sagt Geralt. »Das ist wirklich sehr unwahrscheinlich.«

»Das denke ich auch«, sagt Jenna. »Falls kein natürlicher Prozess dafür verantwortlich ist, dürfte eher eine der beiden feindlich gesinnten Fraktionen auf der Erde dahinterstecken. Vielleicht die, die den großen Krieg verloren hat. Wenn es dieser Fraktion dann auch noch gelänge, den Verdacht auf uns zu lenken, wäre das ein sehr kluger Schachzug.«

»Für uns weniger«, sagt Anna.

»Ja«, sagt Jenna, richtet sich auf und lässt sich durch die Zentrale treiben. »Wir haben wohl zu lange gedacht, dass uns allein die große Entfernung vor dem unseligen Einfluss der Erdmenschen schützt. Wir hätten uns eher auf eine Konfrontation vorbereiten sollen.«

4802.10

Die Jagd auf einen einsamen Asteroiden hat sich als mühsame Angelegenheit erwiesen. Eine Nadel in einem Heuhaufen zu finden, ist dagegen ein Kinderspiel. (1288) Santa durchmisst zwar immerhin 30 Kilometer, nicht weniger also als so manche Großstadt auf der alten Erde, aber er ist im leeren Raum zwischen Asteroidengürtel und Marsbahn unterwegs, einer Kugelschale mit einem Volumen von 300 Billionen Kubikkilometern. Dabei haben sie noch Glück: Wie die meisten Himmelskörper des Sonnensystems bewegt sich Santa auf einer festen Ebene, der Ekliptik, um ihren Zentralstern. Das ergibt eine Suchfläche von 450 Milliarden Quadratkilometern. Wäre diese Fläche der Heuhaufen, dann wäre die Nadel, nach der sie suchen müssten, knapp einen Nanometer groß – ein menschliches Haar ist 100.000 Mal so dick.

Glücklicherweise unterscheidet sich diese Nadel von all den anderen 700.000 Nadeln im Asteroidengürtel: Sie bewegt sich nach innen. Etwas, das in Bewegung ist, lässt sich leichter ausmachen und geht in der Masse nicht mehr ganz so leicht unter. Trotzdem haben sie einen halben Umlauf gebraucht, um Santa auf die Spur zu kommen und einzuholen. Durch die regelmäßig nötigen Bremsmanöver haben sie nicht nur mehr Treibstoff verbraucht als sonst, sie haben auch deutlich auf ihre Anwesenheit hier hingewiesen.

»Der Asteroid wirkt auf den Instrumenten wie tot«, sagt Jenna.

Sie schaltet durch alle Frequenzbereiche. Boris muss sich zwingen, nicht ihren schlanken Fingern zu folgen (sie verzichtet schon wieder auf die Handschuhe!), sondern dem, was auf dem Schirm zu sehen ist. Entweder, der dunkle Brocken hebt sich kaum wahrnehmbar vom Hintergrund ab – oder er verschwindet völlig. Das Triebwerk, das er zweifelsohne besitzen muss, ist nicht zu identifizieren.

»Gibt es Anzeichen für irgendwelche künstlichen Strukturen?«, fragt Geralt.

»Bisher nicht. Die Auflösung ist aber auch zu gering. Ich weiß nicht, ob die Instrumente nicht genug hergeben oder ob ich nur zu dumm bin, sie zu bedienen.«

»Die Technik ist über 5000 Umläufe alt, damals konnten sie es bestimmt nicht besser«, sagt Boris.

»Wir müssen eben selbst nachsehen, was da los ist«, schlägt Anna vor.

Seine Schwester reibt sich die Hände. Sie freut sich bestimmt schon auf den Ausflug. Aber er hat kein gutes Gefühl dabei.

»Und wenn das alles eine Falle ist?«, fragt er.

»Das ist unwahrscheinlich«, sagt Anna. »Dass unser Schiff hier auftaucht, muss für die Erdmenschen genauso überraschend sein wie für uns selbst. Bei den Entfernungen eine Falle aufzubauen, halte ich für schwierig.«

Sachlich hat sie ja recht, aber trotzdem will er sie am liebsten zwingen, an Bord zu bleiben. Es reicht doch, wenn sich nur einer von ihnen in Gefahr bringt und den Asteroiden untersucht, und das wird natürlich er selbst sein.

»Ich werde nachsehen«, sagt Geralt, »auf mich könnt ihr am leichtesten verzichten.«

»Das kommt gar nicht in Frage. Wir sind alle gleichwertig und können auf niemanden verzichten, und es sollten auf jeden Fall zwei Personen auf Erkundungstour gehen«, sagt Jenna. »Darum losen wir ganz einfach.«

Sie greift in die Hosentasche und holt vier weiße Plastikstäbchen heraus.

»Seht ihr, zwei der Zahnstocher knicke ich an der Spitze ab. Sie sind jetzt etwas kürzer als die anderen.«

Sie dreht sich um.

»Und jetzt nehme ich sie so in die Hand, dass ihr nur die stumpfen Enden seht. Wer einen abgeknickten Zahnstocher wählt, darf den Asteroiden untersuchen.«

Jenna wendet sich ihnen wieder zu und hält ihnen die rechte Faust hin. Auf einer Seite schauen die Zahnstocher heraus. Wer ein abgeknicktes Exemplar erhält, darf aussteigen. Das ist doch typisch. Alle sind scharf darauf, sich in Gefahr zu bringen. Boris muss sich selbst eingestehen, dass es ihm nicht anders geht.

Anna zieht schon an einem Zahnstocher. Schützend hält sie eine Hand darüber, damit die anderen nicht sehen, ob er abgebrochen ist. Jenna kichert. Vermutlich kitzelt es, wenn ein Zahnstocher herausgezogen wird. Geralt bedient sich ebenfalls. Er sieht danach etwas enttäuscht aus. Oder irrt er sich?

»Du bist dran«, sagt Jenna und hält ihm die Faust vor die Brust.

Er sieht ihr ins Gesicht. Sie verdreht die Augen. Was bedeutet das? Ist es ein Zeichen? Jenna hat nach links gesehen, soll er also den linken Stocher wählen? Er zwinkert einmal, und sie zwinkert zurück. Was heißt das nun wieder? Er seufzt und greift nach dem linken Stäbchen. Vorsichtig zieht er es heraus. Dabei berührt er die zarte Haut auf Jennas Handrücken. Sie ist heiß. Aber das muss der Kontrast zur Kälte in der Zentrale sein.

Boris betrachtet das Stäbchen. Es ist abgeknickt. Ha! Wer wird ihn begleiten? Er sieht in die Runde. Anna schwebt über ihm. Sie lässt ihren Zahnstocher fallen und segelt davon. Er ist zwar sicher, was das bedeutet, fängt ihn aber trotzdem auf. Kein Knick. Geralt hebt sein Exemplar hoch. Es ist ganz.

»Schade«, sagt er. »Aber einer muss ja hierbleiben«, um euch dann zu retten.«

Boris sieht zu Jenna. Sie lächelt. Er freut sich, denn nur sie kann das zweite geknickte Los besitzen. Aber dann kommt die Angst hoch. Wenn sie mit zum Asteroiden kommt, bringt sie sich in Gefahr, und nichts wünscht er sich weniger. Das Leben ist kompliziert.

»Wir könnten ja auch nur einen von uns zum Nachsehen schicken«, sagt er.

»Ach, du willst hierbleiben? Dafür habe ich natürlich Verständnis«, sagt Jenna.

»Gib mir dein Los«, sagt Geralt. »Ganz einfach.«

Boris schüttelt den Kopf. »So habe ich es nicht gemeint. Ich dachte … ach, ist auch egal.«

Wie auch immer er es ausdrückt, es kann nur falsch ankommen. Er muss die gute Seite sehen. Ein spannendes Abenteuer, gemeinsam mit ihr, heißt es nicht, so etwas schweißt zusammen?

»Ich freue mich jedenfalls, dass wir zusammen das Rätsel lösen werden«, sagt Jenna.

Drei Stunden später hat sie das Schiff so nah an den Asteroiden heranmanövriert, wie es ratsam erscheint. Sie haben sich einstimmig dagegen entschieden, auf der Oberfläche zu landen. Zum einen kennen sie die Struktur des Untergrunds nicht, zum anderen würde das ihr Schiff womöglich in Gefahr bringen. Der Sicherheitsabstand beträgt etwa 500 Meter. Die einzige Gefahr liegt darin, dass Santa plötzlich beschleunigen könnte. Aber er hat sich gleichförmig bewegt, solange sie ihn aktiv beobachtet haben. Nein, es wird schon nichts passieren, beschließt Boris.

»Wie viel Sauerstoff hast du?«, fragt er.

»Acht Stunden, das sollte genügen«, sagt Jenna.

»Bist du wahnsinnig? Der Asteroid hat 30 Kilometer Durchmesser, da müssen wir ganz ordentliche Strecken zurücklegen. Wir müssen einen Zusatzbehälter für dich mitnehmen.«

»Aber du kannst doch auch nicht länger im Vakuum überleben.«

Er kratzt sich am Kinn. Natürlich hat sie recht. Der Tank bleibt auf dem Schiff. Aber darum geht es doch gar nicht. Es geht um … Egal.

»Stimmt. Wir müssen in acht Stunden wieder hier sein.«

»Du bist nervös, oder?«

»Ja, merkt man das?«

»Ein bisschen.«

Jenna lächelt und legt ihm die Hand auf die Schulter. Die Stelle brennt, obwohl sie isolierende Handschuhe trägt. Er will trotzdem nicht, dass sie die Hand wegnimmt.

»Seid ihr startbereit?«, fragt Anna.

Die andere Hälfte der Crew verfolgt ihren Ausflug über die Bildschirme in der Zentrale.

»Viel Erfolg«, sagt Geralt. »Ich beneide euch.«

»Wir machen uns auf den Weg«, sagt Jenna.

DER ANFLUG AUF DEN ASTEROIDEN IST BEEINDRUCKEND. Schnell nimmt er das gesamte Blickfeld ein. Es ist, als würden sie in einen schwarzen Schlund stürzen. Die grauschwarze Oberfläche von Santa gibt dem All das Unten zurück, und um sie herum ist nur noch Schwärze, denn gerade ist die Sonne hinter dem Brocken untergegangen. Ab und zu weht feiner Nebel durch das Bild. Das sind die Abgase von Jennas Rucksack, der Methan zu Kohlendioxid und Wasser verbrennt. Das Wasser kondensiert sofort. Boris fliegt lediglich zwei Körperlängen hinter ihr. Er sieht sie trotzdem nur, wenn er die Brille auf Infrarot umschaltet.

Der Asteroid vor ihnen bleibt auch in diesem Modus dunkel. Es stimmt, was Jenna vorhin gesagt hat. (1288) Santa ist tot. Aber trotzdem bewegt er sich mit langsam wachsender Geschwindigkeit. Das Gründerschiff hinter ihnen muss deshalb immer wieder seine Triebwerke anwerfen. Boris dreht sich kurz um. Jetzt ist es gerade wieder sichtbar geworden, weil heiße Stützmasse aus den Triebwerken strömt.

Doch der Asteroid bleibt schwarz. Sein Triebwerk muss anders arbeiten. Vielleicht nach dem Prinzip eines elektromagnetischen Segels? In seinem Inneren müsste es dann eine Vorrichtung geben, die Masse in Energie umwandelt und diese zum Aufbau eines starken Magnetfeldes nutzt. Das Feld würde mit dem Sonnenwind oder dem Magnetfeld der Sonne interagieren und den Asteroiden so vorantreiben. Aber es müsste wirklich sehr stark sein. Zu dumm, dass sie die Messinstrumente des Schiffs nicht gut genug beherrschen. Sie waren ja schon froh gewesen, nicht völlig blind durch das All fliegen zu müssen.

»Au! Pass doch auf!«

Boris erschrickt. Er prallt auf Jennas Rücken und schiebt sie mit seinem Schwung zur Seite.

»Entschuldige, ich habe nicht gesehen, dass du abgebremst hast«, sagt er.

»Das habe ich gemerkt. Aber es ist schon okay. Es ist ja nichts passiert. Trotzdem wäre es schön, wenn du gedanklich bei der Sache bleiben könntest.«

Das hat gesessen. Seine Wangen glühen, als hätte Jenna ihm ins Gesicht geschlagen. Aber er hat es verdient. Sie sind nicht zum Spaß hier – und nicht zum Träumen.

»Kommt nicht mehr vor.«

»Ich wollte dich fragen, ob du mit der Landestelle einverstanden bist, die ich ausgesucht habe.«

»Zeig doch mal.«

An der Innenseite seiner Brille zeigt ein Blinklicht, dass neue Daten vorliegen. Er tippt den Bügel an, und eine Karte des Asteroiden erscheint. Ein Kreuz markiert den Ort, den Jenna ausgesucht hat. Er befindet sich in einer Kuhle, die etwa 50 Meter breit und zwei Meter tief sein muss. Ein Einschlagkrater? Warum nicht.

»Sieht gut aus«, sagt er.

»Gut, dann müssen wir uns beeilen, sonst erreichen wir den Landeplatz nicht mehr.«

Eine dichte, helle Fahne strömt aus Jennas Rucksack. Er lässt sich aus den Koordinaten der Landestelle ein Overlay anfertigen, das die Brille nun über dem Livebild des Asteroiden anzeigt. Aber er sieht nichts. Er klopft auf das Gestell, dann erst fällt ihm die Ursache auf. Der Asteroid rotiert ja um seine Achse, und die Landestelle befindet sich noch unter dem Horizont.

Er gibt Gas, um hinter Jenna aufzuschließen. Das Kreuz erscheint im Livebild. Es nähert sich erstaunlich schnell.

»Komm«, sagt Jenna und zischt davon.

Er beschleunigt ebenfalls. Immer schneller stürzen sie auf den Asteroiden herab, der gerade dabei ist, ihnen all seine Schönheiten zu präsentieren. Gerade bewegt sich ein ungewöhnlich exakt geformter Quader durch das Bild, der künstlich entstanden sein könnte. Aber im All ist alles möglich, auch Berge, die wie Würfel aussehen. Der Quader dreht sich weiter und wird vom Krater ersetzt.

»Landung vorbereiten«, sagt Jenna.

Er gibt einen seitlichen Steuerimpuls, sodass sein Körper sich dreht. Nun sind seine Beine unten. Er bremst kräftig. Viel schneller als mit fünf Metern pro Sekunde sollte er nicht aufsetzen. Und was ist mit Jenna? Ihr Körper hält doch noch deutlich weniger aus als seiner. Er gibt kurz Gegenschub, um sie zu überholen, dann bremst er erneut.

»Alles okay?«, fragt er.

»Planmäßige Landung«, sagt Jenna. »Aber warum bist du unter mir? Willst du mich etwa auffangen? Das ist süß von dir, aber ich schaffe das schon allein.«

Dichte Schwaden dringen aus ihrem Rucksack. Sie bremst mit höchstmöglicher Leistung. Das muss anstrengend sein. Boris bremst nun ebenfalls. Im nächsten Moment berühren seine Füße den Boden. Der Untergrund ist hart. Es gibt hier keine Staubschicht. Er geht in die Knie, während die Kraftverstärker in der Außenhaut gegen die Trägheit ankämpfen. Er spürt, wie sie ächzen, aber sie erledigen ihre Aufgabe sogar etwas zu gut, denn plötzlich hat er einen Impuls nach oben. Er hebt wieder ab! Mist. Er ist lange nicht auf einem

Himmelskörper mit Minimalgravitation gelandet. Boris tariert die Bremsbeschleunigung aus und sinkt wieder zu Boden. Doch erneut spielen ihm die Kraftverstärker einen Streich. Er kann sie nicht regulieren, sie verrichten ihre Arbeit instinktiv, und so steigt er wieder ein Stück nach oben. Erst beim dritten Versuch steht er endlich in der Mulde.

»Das waren ja ein paar schöne Hüpfer«, sagt Jenna.

»Ja.«

Boris ärgert sich. Hoffentlich …

»Anna und Geralt gratulieren zu der artistischen Leistung.«

Natürlich, die beiden haben ja auch zugesehen. Aber dann ist er eben der Clown. Wissen es Frauen denn nicht angeblich zu schätzen, wenn man sie zum Lachen bringt?

»Willkommen auf (1288) Santa«, sagt Jenna. »Du bist hiermit der erste Titanier, der seine Füße auf einen anderen Himmelskörper gesetzt hat, Boris.«

»Du wirst in die Geschichte eingehen«, sagt Geralt.

»Wenn die Historiker auf Titan von dieser Tatsache jemals erfahren«, sagt Boris, und das Lachen, das er im Funkkanal gehört hat, erstirbt.

»Fühlt sich komisch an«, sagt Jenna und hockt sich hin. »Mir ist ein bisschen übel.«

Boris hockt sich neben sie und legt ihr seinen Arm um die Schulter.

»Ruh dich aus. Wir haben genug Zeit. Es ist vermutlich die seltsame Kräftemischung. Der Asteroid dreht sich alle acht Stunden einmal um seine Achse, während er gleichzeitig beschleunigt. Am besten, du visierst ein weit entferntes Ziel an.«

»Danke. Ja, in der Ausbildung habe ich auf schlimmeren Maschinen gesessen. Die haben jeden zum Erbrechen gebracht.«

»Vielleicht wirkt der Effekt hier stärker auf dich, weil er so subtil ist. Auf einem Karussell rechnen deine Sinne damit. Hier sieht alles so stabil und linear aus.«

»Das wird es sein.«

Jenna erhebt sich wieder. Sein Arm gleitet von ihrer Schulter. Er nutzt die Gelegenheit, um den Boden zu untersuchen.

»Wir müssen aufpassen, wenn wir über den Asteroiden wandern«, sagt Jenna. »Die Gefahr, dass wir den Kontakt verlieren, ist relativ groß. Wir haben zwar die Rucksäcke, aber den Treibstoff würde ich lieber für den Rückweg sparen.«

Sie ist schon wieder ganz die alte. Boris ist erleichtert. Er betrachtet seine Finger, an denen etwas grauer Staub hängengeblieben ist.

»Schau mal«, sagt er, »wie wenig das ist. Müsste sich hier nicht viel mehr Staub angesammelt haben?«

Santa hat Milliarden Jahre im Asteroidengürtel orbitiert, ständig unter dem Beschuss des Sonnenwinds, das kann nicht ohne Spuren geblieben sein.

»Vielleicht liegt es an der Beschleunigung«, schlägt Jenna vor. »Der lockere Staub müsste durch seine Trägheit zurückfallen, und übrig bleibt der nackte Stein darunter.«

»Dann müsste Santa eine Staubschleppe hinter sich herziehen, wie ein Rover, der durch die Wüste fährt. Davon war aber nichts zu sehen.«

»Worauf willst du hinaus?«

»Ich vermute, dass der Asteroid in jüngster Zeit künstlich bearbeitet wurde.«

»Maschinell, meinst du? Also von den Erdmenschen?«

»Das wären ja wohl die einzigen, die dafür in Frage kämen.«

»Und wo sind die Maschinen geblieben? Die Technik hätten wir anhand ihrer Zusammensetzung schon in den ersten Scans bemerken müssen.«

»Nicht, wenn sie irgendwo im Untergrund stecken. Dann sind sie nicht vom natürlichen Metallgehalt des Asteroiden zu unterscheiden.«

»Wenn sie sich im Inneren verstecken, muss es Eingänge

geben. Danach sollten wir suchen«, sagt Jenna. »Komm, sonst verlieren wir zu viel Zeit.«

Sie erreichen eine flache, leicht eingedellte Ebene, in der nur wenige Gesteinsbrocken herumliegen. Im Licht der soeben aufgehenden Sonne werfen sie lange Schatten. Boris kommt der Anblick wie eine Kulisse vor. Der Horizont ist viel zu nah. Und die scheinbar herumliegenden Steine, so schwer sie auch anmuten, kann man mit einem Fußtritt auf einen eigenen Orbit schicken. Das hat er schon getestet. Sie liegen da, als würden sie auf Santa nur parken, um sich für die nächsten Millionen Jahre auszuruhen. Staub gibt es fast nirgends. Nur einmal sind sie auf ein rundes Loch in der Oberfläche gestoßen, das fast einen Meter tief mit Staub gefüllt war. Jenna hat es entdeckt, indem sie hineingetreten und gestürzt ist. Ein Sturz, das ist hier ein längerer Segelflug in Richtung Oberfläche. Die Maschinen haben wohl doch nicht sämtlichen Staub aufgesammelt.

Die Sonne ist auf ihrer Wanderung schon mehrmals aufgegangen. Sie bewegen sich in der Rotationsrichtung des Asteroiden, aber sie sind ein bisschen zu schnell für ihn. So können sie ihn in der Zeit, die ihr Sauerstoff-Vorrat ihnen bietet, einmal fast komplett umrunden. Mit dem Wandern, wie er es von Titan kennt, hat ihre Fortbewegung allerdings nichts zu tun. Es ist eine Mischung aus Sprüngen und kurzen Flügen. Da sich Santa gleichzeitig in Richtung Sonne bewegt, ist ihre resultierende Bahn eine Spirale. Das ist der optimale Weg, um einen Überblick zu bekommen.

Im Moment sieht es allerdings nicht so aus, als würden sie der Lösung des Rätsels näherkommen. Es gibt weder ein Triebwerk noch Eingänge ins Innere. Wie haben das die Erdmenschen, falls sie etwas damit zu tun haben, bloß hinbekommen? Ist ihre Technologie wirklich so fortgeschritten, dass sie sie gar nicht mehr bemerken?

Boris lässt seinen Rucksack kurz feuern und erhebt sich

ein paar Meter über die Ebene. Sie ist von einem gezackten und an manchen Stellen durchbrochenen Wall umgeben. Vermutlich handelt es sich um einen uralten Krater. Dahinter ist die Welt nicht zu Ende, wie es erst den Anschein hatte, aber der Farbton des Untergrunds ändert sich leicht. Die Sonne steigt höher, und die Schatten werden kürzer. Er lässt sich zur Mitte des Kraters treiben.

»Was machst du da?«, fragt Jenna.

»Ich verschaffe mir einen Überblick.«

»Ach so. Na dann.«

Einschlagkrater besitzen in ihrem Scheitelpunkt oft eine Erhebung, den Zentralberg. Aber die fehlt hier. Das ist interessant. Er lässt sich nach unten sinken. Statt der Erhebung befindet sich dort eine ungewöhnlich ebene Fläche. Er landet daneben, und sofort steigt Staub auf.

»Und, hast du den Überblick? Dann lass uns weiterziehen.«

»Ist dir schon aufgefallen, wie staubig diese Ebene ist?«

Jenna antwortet nicht sofort. Wahrscheinlich landet sie jetzt selbst erst auf dem Boden.

»Tatsächlich«, hört er sie nach einer halben Minute. »Ziemlich porös, das Material hier. Vielleicht sind die Maschinen noch nicht bis hierher gekommen. Dann sollten wir hier keine Zeit verschwenden.«

»Doch, warte mal, ich habe hier etwas.«

Er scharrt mit dem Fuß über die ebene Fläche. Etwas Glattes kommt zum Vorschein. Er kniet sich hin und reinigt die Stelle mit den Händen. Es ist Metall, ganz klar künstlichen Ursprungs.

»Was denn?«, fragt Jenna.

»Es könnte eine Luke sein.«

»Ich komme. Warte, bis ich bei dir bin.«

Er rutscht zur Seite und legt die ganze Fläche frei. Sie ist rechteckig und hat etwa die Abmessungen einer Tür – einer Tür in den Untergrund von Santa. An den beiden langen Seiten sind zwei Vertiefungen eingelassen. Er entfernt den Staub daraus. Es könnten Griffe sein. Er fasst in die eine

Vertiefung hinein und zieht die Hand nach oben. Er erwartet nicht, dass die Luke sich öffnet. Aber die Metallplatte hebt sich, während er die Hand nach oben zieht.

Aus dem Augenwinkel sieht er, wie zwei in einem Raumanzug steckende Beine an der kurzen Seite der Luke landen.

»Was machst du denn da? Du solltest doch warten!«

»Entschuldige, ich habe sie schon geöffnet«, sagt er. »Wer denkt denn auch, dass die ihre Tür offenstehen lassen!«

»Ich finde das gar nicht so überraschend. Ungebetene Gäste sind hier draußen kaum zu erwarten, und wenn doch, werden sie sich von einer verschlossenen Tür nicht aufhalten lassen.«

Das ist natürlich wahr. Sie hätten die Luke ja auch geknackt, egal um welchen Preis.

Unter der Luke ist es dunkel. Boris hebt sie weiter an. Sie klappt um wie eine Tür. Die Sonne steht noch zu niedrig, um die rechteckige Öffnung zu beleuchten. Jenna kniet sich hin und richtet die Helmlampe darauf. Vor ihnen liegt ein etwa einen Meter tiefes, rechteckiges Loch, das an einen Sarg erinnern würde – gäbe es nicht an seiner Rückwand eine weitere, diesmal runde Struktur mit einem großen Handrad.

»Das ist eine Schleuse«, sagt Jenna.

Er nickt. »Dann sollten wir nachsehen, wer dahinter wohnt.«

»Ich würde das gern erst mit Anna und Geralt besprechen.«

Der Eingangsraum und die Schleuse sind nicht so groß, dass sie beide gleichzeitig hinabsteigen können. Alle – außer ihm selbst – meinen, dass Jenna die Vorhut bilden sollte. Denn falls Erdmenschen da sind, könnten sie erschrecken, wenn plötzlich ein Wesen ohne Raumanzug in ihrer Schleuse auftauchte. Das ist zwar ein bisschen diskriminierend, aber selbst Anna hat gegen ihn gestimmt.

»Dann mal los«, sagt er.

Jenna dreht sich zu ihm um. »Nicht sauer sein, ja?«

Er ist ihr natürlich nicht böse und nickt. Jenna macht einen Schritt nach vorn. Sie schwebt über dem Loch, dann gibt sie sich mit den Düsen des Rucksacks einen Impuls nach unten. Gleichzeitig beugt sie sich nach vorn. Es sieht gespenstisch aus, als würden unsichtbare Arme sie in ein dunkles Grab manövrieren.

»Siehst du etwas?«

»Nicht mehr als vorher. Kein Codeschloss oder Ähnliches, nur ein Handrad. Ich öffne es.«

»Sei vorsichtig.«

Sie verschafft sich eine stabile Stellung, indem sie in dem schmalen Rechteck das linke Bein gegen die linke Wand drückt, das rechte gegen die rechte. Sie sieht aus wie ein seltsames Insekt.

Das Handrad scheint schwergängig. Boris hört Jennas unterdrücktes Stöhnen. Soll er ihr Hilfe anbieten?

»Hab es!«, ruft sie. »Es ist wirklich eine Schleuse. Sie ist luftleer. Tut mir leid, Boris, aber da ist nur Platz für eine Person.«

»Das beruhigt mich. Dann muss die menschliche Besatzung ziemlich klein sein. Mit zwei, drei von denen wirst du schon zurechtkommen.«

»Bestimmt. Ich schließe jetzt die Außentür der Schleuse, sonst komme ich nicht weiter.«

»Gut. Sobald du durch bist, komme ich nach.«

»Verstanden. Ich …«

Die Verbindung bricht ab. Was ist passiert? Muss er Jenna retten? Boris zieht sich in das Loch und dreht am Handrad, aber es bewegt sich kein bisschen. Es muss verriegelt sein, weil die Schleuse besetzt ist.

»Boris, dein Puls ist enorm angestiegen«, sagt Geralt.

»Der Kontakt zu Jenna …«

»Sie hat die Außentür der Schleuse geschlossen, da kommt wohl der Helmfunk nicht mehr durch. Bleib ganz ruhig. Es geht ihr bestimmt gut.«

»Ja? Na hoffentlich. Danke, dass du das sagst.«

Unruhig zerrt er immer wieder am Handrad. Nach einer Minute bewegt es sich. Die Schleuse liegt vor ihm. Ein paar Nebelschwaden steigen heraus. Sonst ist sie leer. Offenbar hat sie sich erfolgreich mit Luft gefüllt. Jenna muss auf der anderen Seite sein. Schnell zieht er sich in die Kammer und schließt die Außenluke hinter sich. Nichts passiert. Er sieht sich um. Ah, an der Wand gibt es einen Hebel. Er legt ihn um. Rotes Blinklicht erhellt die Kammer. Ihm wird heiß. Jetzt fließt wohl gerade Luft in einer für Erdmenschen angenehmen Temperatur ein. Panik steigt in ihm auf. Wenn er hier nicht schnell herauskommt, wird seine Außenhaut geschmort. Das Pilzgeflecht stirbt dann ab. Im besten Fall überlebt er, kann die Kammer in diesem Asteroiden aber nie wieder verlassen, denn einen Raumanzug gibt es für ihn nicht.

»Geralt? Jenna?«

Die Funkverbindung ist unterbrochen. Das rote Licht erlischt. Was nun? Die Innentür besitzt kein Handrad. Der Hebel! Er schiebt ihn in die Ursprungsstellung. Quietschend schiebt sich die Innentür zur Seite. Wer hat sich denn so etwas ausgedacht? Helles Licht fällt in die Kammer. Sobald die Öffnung breit genug ist, schiebt er die Beine hinaus. Dann richtet er sich auf und zieht sich nach draußen. Das Licht ist blendend hell. Er stolpert, aber Jenna fängt ihn auf.

»Nicht so stürmisch«, sagt sie lächelnd.

Sie hat ihren Helm abgesetzt. Ihre Haare sind klitschnass, der Trinkwasserschlauch hat tiefe Abdrücke auf den Wangen hinterlassen, aber trotzdem ist sie wunderschön.

»Tut mir leid, ich stolpere dir heute dauernd nach«, sagt er.

»Kein Problem.«

»Ich muss leider auch so schnell wie möglich wieder hier raus. Zu warm.«

»Du hättest auch draußen warten können.«

»Als die Funkverbindung zusammenbrach …«

»Aber das ist doch gerade einmal zwei Minuten her!«

»Mir kommt es eher wie zwei Stunden vor.«

»Das heißt ja, dass Anna und Geralt uns gerade nicht sehen können«, sagt Jenna.

»Ja, es gibt keine Verbindung nach draußen.«

»Gut, das hier hatte ich schon lange vor, aber wir waren ja immer unter Beobachtung.«

Sie stellt sich auf die Zehenspitzen und küsst ihn auf die Wange. Der Kuss brennt so sehr, dass er Angst bekommt, Jenna könnte die Außenhaut beschädigt haben. Er tritt einen Schritt zurück und betastet die Wange, aber da ist keine Verletzung.

»So schlimm?«, fragt sie.

»Nein, ich … ich bin ein bisschen ungeschickt in solchen Sachen. Entschuldige. Das war eine großartige Idee.«

»Du musst dich nicht entschuldigen. Ist doch süß. Der große, starke Boris, und doch so unerfahren.«

»Mach dich nur über mich lustig.«

»Das würde ich nie. Ich mag dich sehr. Ich dachte, das hättest du schon gemerkt.«

Ein starker Schmerz sticht in seinen Schultergürtel. Das kenn er schon. Die Wärme ist schuld. Das Pilzgewebe will sich schützen und zieht sich zusammen.

»Was ist los?«, fragt Jenna.

»Entschuldige, aber ich muss hier raus. Schnell.«

»Dann los. Hier gibt es sowieso nichts zu sehen.«

»Was meinst du damit?«

»Die Räume sind leer.«

»Keine Erdmenschen anwesend?«

»Nein, völlig leer, weder Möbel noch irgendwelche Technik. Aber von den Dimensionen her von und für Erdmenschen angelegt, würde ich sagen.«

»Keine Technik kann nicht stimmen, sonst würdest du keinen Sauerstoff atmen.«

»Richtig, hier arbeitet irgendwo eine Lebenserhaltung, und Licht gibt es ja auch. Ich habe aber keinen Zugang dazu gefunden.«

»Vielleicht versorgt die Schleuse den Raum mit Strom und Luft.«

»Das wäre eine Erklärung. Aber nun zurück mit dir. Ich sehe mich zur Sicherheit noch einmal um und komme dann nach. Bitte nicht gleich in Panik verfallen, wenn ich erst nach drei oder zehn Minuten auftauche. Vielleicht finde ich ja doch noch etwas Interessantes. Hier drin bin ich aber auf jeden Fall sicherer als du dort draußen.«

»Okay, ich warte geduldig.«

»Danke.«

Sie küsst ihn noch einmal auf die Wange und schiebt ihn dann sanft in die Schleuse. Diesmal berührt er die Stelle nicht und genießt den Schmerz.

Drei Minuten. Boris zählt im Kopf mit. Er darf sich nicht aufregen. Selbst, wenn Jenna ihm sofort gefolgt wäre, hätte sie so lange gebraucht. Die Schleuse braucht ja Zeit, um sich wieder mit Luft zu füllen.

»Boris? Dein Puls geht schon wieder hoch«, sagt Geralt.

»Den Wert kannst du ignorieren.«

»Verstehe. Die Ursache ist also nicht organischen Ursprungs.«

»Versteh es wie du willst, aber lass mich damit in Ruhe.«

»He, kein Grund, ausfällig zu werden.«

»Entschuldige, Geralt. Für mich ist die Situation gerade ziemlich anstrengend. Ohne Funkverbindung in die Kammer – da könnte ja sonstwas passieren.«

»Mach dir keine Sorgen, Brüderchen, du hast bloß zu viel Fantasie. Sie taucht schon wieder auf.«

Natürlich, jetzt muss seine Schwester auch noch ihren Senf dazugeben. Er verkneift sich die Antwort, um nicht wirklich ausfällig zu werden.

Zehn Minuten sind vergangen, aber Jenna ist immer noch nicht da. Boris zieht sich in die rechteckige Vertiefung, greift nach dem Handrad und dreht daran. Es bewegt sich nicht, so sehr er sich auch anstrengt.

»Boris? Dein Atemvolumen hat sich verdoppelt, was ist los?«, fragt Geralt.

»Ach, ich prüfe nur etwas.«

»Du prüfst?«

»Ja, ob das Handrad der Schleuse sich öffnen lässt.«

»So lange Jenna auf der anderen Seite ist und die Innentür geöffnet hat, darf sich das Rad gar nicht drehen. Hör lieber auf. Am Ende öffnest du es mit Gewalt, und plötzlich steht Jenna ohne Helm im Vakuum.«

»Ja, okay, ich bin schon wieder draußen.«

»Sie wird schon kommen«, beruhigt ihn Anna. »Bestimmt hat sie etwas Interessantes gefunden.«

»Wenn wir doch nur mit ihr in Kontakt treten könnten«, sagt Boris.

»Dass wir so gar keine Verbindung haben, macht mich ehrlich gesagt auch nervös«, sagt Anna.

Seltsamerweise beruhigt es ihn, dass die anderen sich nun wohl auch langsam sorgen. So verrückt ist er wohl doch nicht.

»Objektiv dürfte Jenna da unten sicherer sein als du«, sagt Geralt. »Die Lebenserhaltung funktioniert, sie hat also unbegrenzt Sauerstoff, was man von dir nicht sagen kann.«

»Zwei Stunden halte ich noch durch«, sagt Boris.

»Du könntest ja so lange die Umgebung erkunden«, schlägt Anna vor. »Das lenkt dich ein bisschen ab, und wer weiß, was du noch findest.«

»Ich würde lieber hier am Ausgang warten. Wer weiß, vielleicht braucht Jenna Hilfe, wenn sie herauskommt.«

»Wie du meinst. Soll ich zu dir kommen? Zu zweit wartet es sich einfacher.«

»Nein, lass mal, du musst dich ja nicht auch noch in Gefahr bringen.«

Wenn er das gewusst hätte, hätte er Jenna nicht

alleingelassen! Warum hat er sich um seine eigene Haut mehr Sorgen gemacht als um sie? Aber er hatte ja gar keine Chance. Sie hätte sich nicht überreden lassen, die Kammer vor ihm zu verlassen. Und nun? Wenn ihr irgendetwas zugestoßen ist … er will den Gedanken nicht zu Ende denken. Nein, sie wird schon kommen. Dass bereits eine Stunde vergangen ist, spielt überhaupt keine Rolle. Er muss einfach Geduld haben. Vielleicht hat sie irgendwelche alten Dokumente gefunden, die sie studiert. Oder es gibt da eine Geheimtür, und sie streift längst durch das Innere des Asteroiden.

Aber das ist unwahrscheinlich. Er hätte vielleicht seiner Neugier nachgegeben, doch Jenna ist viel zu verantwortungsbewusst. Sie hätte erst kurz Bescheid gesagt. Das hätte sie ja nur ein paar Minuten gekostet.

»Was meint ihr?«, fragt er.

»Ich gebe zu, dass ich mir Sorgen mache«, sagt Anna.

»Ich bin unsicher. Es passt nicht zu Jenna, dass sie so lange nichts von sich hören lässt. Zehn Minuten, das hat sie dir ja angekündigt, aber sechzig?«

»Das Handrad funktioniert immer noch nicht«, sagt Boris.

»Wir müssen nachsehen, was da passiert ist«, sagt Anna.

»Aber wie? Die Schleuse ist massiv. Die bekomme ich mit bloßen Händen nicht auf.«

»Wie lange hältst du noch im Vakuum durch, Boris?«

»Etwas länger als eine Stunde.«

»Gut. Ich kann in etwa dreißig Minuten bei dir sein. Dann sehen wir weiter.«

»Meinst du, wir können das Handrad zu zweit öffnen? Ich glaube nicht, dass es an mangelnder Kraft liegt. Wir zerstören es bloß.«

»Das stimmt. Ich will das Rad auch gar nicht aufdrehen. Lass dich überraschen.«

Eine Stunde und neunzehn Minuten. Gleich muss seine Schwester eintreffen. Eigentlich ist es unklug. Wenn hier irgendeine unbekannte Gefahr lauert, sollte er sich besser in Sicherheit begeben, statt noch ein weiteres Crewmitglied in Gefahr zu bringen. Aber sie handeln ganz bestimmt in Jennas Sinn. Sie hätte auch niemanden im Stich gelassen. Worin mag Annas Plan bestehen?

Anna senkt sich aus dem dunklen Himmel zu ihm herab. Er erkennt sie erst kurz vor der Landung. Ihren Plan hält sie in beiden Händen. Er besteht aus einem wuchtigen Gerät. Boris hat so etwas noch nie gesehen, aber trotzdem ist ihm klar, dass es sich um eine Waffe handelt. Er hat allerdings keine Ahnung, welche Fähigkeiten sie besitzt.

»Schön, dass du da bist«, sagt er.

Anna lässt die Waffe los, und sie umarmen sich.

»Das bekommen wir schon hin«, sagt Anna. »Zusammen haben wir doch bisher alles hinbekommen.«

Er muss an ihren Unfall auf Titan denken, sagt aber nichts. Er hätte gern ihren Optimismus. Anna läßt ihn los und greift wieder nach der Waffe, die sich ein bisschen zur Seite bewegt hat, aber noch immer in der gleichen Höhe schwebt.

»So, dann wollen wir mal«, sagt sie.

»Du weißt, wie so ein Ding funktioniert? Wie hast du das überhaupt gefunden?«

»Der verschlossene Lagerraum, wir haben ja schon geahnt, dass er voller Waffen steckt. Ich frage mich nur, warum die Gründer überhaupt so viele mitgebracht haben.«

»Und die Bedienung?«, fragt Boris.

»In jeder Kiste liegt eine bebilderte Anleitung. Sie müssen vermutet haben, dass wir sie irgendwann gebrauchen könnten.«

Anna ist so praktisch veranlagt. In ihrer Gegenwart wird er gleich viel ruhiger. Ja, sie werden das hinbekommen.

»Vielleicht hatten sie Angst vor einem Überfall der Erdmenschen«, sagt er.

»Womöglich. Oder vor einem Bürgerkrieg, wer weiß.«

»Bist du sicher, dass die Waffe so funktioniert, wie du es dir vorstellst?«

»Absolut. Leider hat das Schiff jetzt in seiner Außenwand ein Loch. Aber das ist kein Problem, es betrifft bloß einen Bereich, in dem sowieso keine Atmosphäre vorgesehen ist.«

»Du hast die Waffe im Schiff getestet?«

»Nicht nur die. Ich musste doch sichergehen, dass sie die Schleuse durchschlägt. Da konnte ich nicht einfach in die Luft feuern. Und es war ja eilig. Erst mit der dritten hat es funktioniert. Aber jetzt lass uns anfangen.«

»Okay.«

Anna legt die Waffe wieder vor sich in der Luft ab. Sie greift in ihren Werkzeuggürtel und holt ein Sicherungsseil heraus. Das mit einem Karabiner versehene Ende drückt sie Boris in die Hand.

»Das hängst du bitte bei dir ein, und dann suchst du dir eine einigermaßen sichere Position. Die Waffe hat einen ganz schönen Rückstoß. Im Schiff hat der mich durch den ganzen Lagerraum gefegt und gegen ein Regal prallen lassen. Zum Glück bin ich unempfindlich. Ein Wnutri in seinem Raumanzug hätte das kaum überlebt. Ich möchte nicht ungebremst ins All fliegen.«

»Verstanden.«

Anna lässt sich über das rechteckige Loch treiben und zielt nach unten.

»Und wenn Jenna nun direkt hinter der Schleuse steht?«, fragt er.

»Ich ziele doch nicht frontal auf die Schleusentür, hältst du mich für wahnsinnig? Ich versuche, am rechten Rand ein Stück wegzusprengen. Oder siehst du einen anderen Weg?«

»Und wenn sie ihren Raumanzug abgelegt hat?«

»Hat sie ihn vorhin getragen?«

»Ja, aber sie hatte den Helm abgelegt.«

»Jenna ist viel zu genau, als dass sie unter diesen Bedingungen den Anzug ausziehen würde. Und den Helm hat sie in drei Sekunden wieder auf dem Kopf. So schnell verflüchtigt sich die Atmosphäre ja nun auch nicht. Kann ich jetzt anfangen oder hast du sonst noch Bedenken? Ich verstehe ja, dass du Angst um sie hast. Aber durch Abwarten lösen wir das Problem nicht.«

»Fang an. Ich habe Angst um sie.«

Anna nimmt die Waffe in den Anschlag und zielt.

»Bei drei«, sagt sie. »Eins, zwei, drei.«

Eine kaum sichtbare Flamme schießt lautlos aus der Mündung der Waffe. Der rechte Teil der Schleusentür zerbricht, wie von einer göttlichen Hand getroffen. Die Waffe trifft Anna in den Bauch und schleudert sie nach oben. Ein Bruchstück der Schleusentür folgt ihr in rasendem Tempo. Sie ist aufmerksam genug, die Hände vor das Gesicht zu halten. Doch gegen das scharfe Metall hat sie keine Chance. Boris zerrt mit aller Kraft an der Sicherheitsleine. Annas Flugbahn krümmt sich. Das Trümmerteil saust knapp vor ihrem Kopf vorbei und fliegt auf Nimmerwiedersehen ins All. Annas Trägheit will ihn über die Leine ins All ziehen, aber Boris steuert mit den Düsen des Rucksacks dagegen. Er schafft es, den Boden des Asteroiden nicht zu verlassen. Anna fällt nun auch ihr Rucksack ein, und kurze Zeit später steht sie neben ihm.

»Danke«, sagt sie.

»Lass uns nachsehen.«

Sie lässt ihm den Vortritt. Er bewegt sich zur Schleuse. Die Reste der runden Außenluke lassen sich nun leicht wegklappen. Anna hat wohl den Schließmechanismus erwischt. Aus der Schleuse dringt Dampf. Sie muss also auch die innere Tür beschädigt haben. Tatsächlich hat sie einen armlangen Riss. Er greift hinein und schafft es, das Metall aufzubiegen. Aber das Loch ist zu klein, um hindurchzusteigen. Er versucht, in die Kammer zu sehen, aber nicht alle Bereiche sind erkennbar. Das Licht innen flackert.

»Ich habe eine Brechstange«, sagt Anna.

»Gib sie mir bitte.«

Mit der Brechstange reißt er die Lücke so weit auf, dass er hindurchpasst.

»Soll ich mitkommen?«, fragt Anna.

»Nein.«

Er will Jenna allein finden. Wahrscheinlich ist sie tot. Wenn nicht, würde sie ihn längst begrüßen. Niemand soll dabei sein, wenn er ihre Leiche entdeckt. Er sucht die Kammer ab. Ein schmaler Gang verbindet sie mit einem zweiten Raum. Wie Jenna es beschrieben hat, ist alles leer. Hier unten ist nichts, nicht einmal eine Leiche. Ihm wird schwindelig. Das ist unfassbar. Er muss sich gegen die Wand lehnen. Mit einem Mal kommt die Hoffnung zurück. Solange es keinen Beweis für ihren Tod gibt, lebt sie, ganz einfach. Sie lebt.

»Was ist?«, fragt Anna, »brauchst du mich?«

»Jenna ist nicht hier«, sagt er. »Niemand ist hier.«

4802.11

Ein Wnutri im Raumanzug sitzt auf dem Kommandosessel in der Zentrale. Boris stolpert über die niedrige Türschwelle. Ist das …? War alles doch nur ein schlechter Traum?

Der Wnutri dreht sich zu ihm und winkt. Es ist Geralt. Boris seufzt lautstark. Geralt sieht ihn bedauernd an.

»Gut geschlafen?«, fragt er.

»Kein bisschen.«

Er ist höchstens mal zehn Minuten lang weggedämmert und hat dabei von Jenna geträumt, die in tausend Stücke zerrissen über die Wände der Wartungskammer auf dem Asteroiden verteilt war. Danach hat er sich vor dem Einschlafen geradezu gefürchtet. Aber zur Regeneration im Tank gibt es keine Alternative. Doch die sechs Stunden, in denen er zur Untätigkeit verdammt war, sind jetzt vorüber.

»Irgendetwas Neues?«, fragt er.

»Nein«, antwortet sein Freund. »Wir folgen dem Asteroiden, aber dort tut sich nichts. Anna bereitet ein Experiment vor, um dem Antrieb auf die Schliche zu kommen.«

»Wo ist sie?«

»Im Waffenlager.«

»Will sie den Asteroiden mit Projektilen durchlöchern, bis sie das geheimnisvolle Triebwerk findet?«

Vielleicht wäre das wirklich keine schlechte Idee. Wenn sie den Antrieb ausschalten könnten, würde das zwar Santas Kurs nicht verändern, aber die Erde hätte viel mehr Zeit, sich auf den Einschlag vorzubereiten.

»Ich weiß nicht«, sagt Geralt. »Sie meinte, dass sie da eine grobe Idee habe, die sie erst überprüfen müsse.«

»Hoffentlich sprengt sie dabei nicht das Schiff in die Luft.«

»Das habe ich ihr auch gesagt.«

»Dann werde ich mal besser nach ihr sehen.«

»Ich halte dich auf dem Laufenden, wenn etwas über Funk hereinkommt oder sich da unten etwas tut.«

»Danke.«

Wo vorher eine Tür war, gähnt nun ein ovales Loch. Oben ist noch der angekohlte Rest der Verkleidung zu erkennen. Anna hat wirklich ganze Arbeit geleistet. Die Waffenkammer ist ein über die gesamte Grundfläche des Schiffes reichender Lagerraum mit vielen deckenhohen Regalen. Wenn da wirklich überall Waffen gelagert sind, müssen die Gründer mit dem Schlimmsten gerechnet haben. Dabei hat es auf Titan seit der Gründung der Kolonie beinahe keine Verbrechen gegeben.

»Schwesterchen?«, ruft er auf der allgemeinen Funkfrequenz.

Der Raum enthält keine Atmosphäre, sodass Anna ihn nur so hören kann. Mit einem Mal steht sie neben ihm. Sie muss durch die Regalreihe ganz rechts gekommen sein.

»Da bin ich«, sagt sie.

»Du kommst wie gerufen.«

»Ha ha.«

Er zeigt auf den zerstörten Eingang. »Deine Arbeit?«

»Ich hatte nicht viel Zeit. Schließlich musste ich meinem Bruder zu Hilfe kommen. Zum Glück wusste ich noch, wie man aus ein paar Lebensmitteln eine brauchbare Sprengladung herstellt. Weißt du noch, damals?«

Er erinnert sich. Sie hatten einmal am Ufer eines Methansees mit einer selbstgebastelten Bombe experimentiert und einen Mini-Methanvulkan geschaffen. Damals hatten sie beide ihre Außenhaut noch nicht besessen, und für einen Wnutri-Raumanzug ist flüssiges Methan noch ein bisschen gefährlicher. Sie hatten dann behauptet, Anna wäre in den See gefallen. Niemand hatte Verdacht geschöpft.

»Ja, wir hatten ziemliches Glück damals«, sagt er.

»Hast du etwas von Jenna gehört?«

»Lassen wir das Thema, bitte, ich versuche gerade, ein paar Minuten nicht an sie zu denken. Geralt sagt, du hättest eine vage Idee?«

»Ja. Es kam doch der Gedanke auf, dass der Asteroid ein magnetisches Segel nutzen könnte. Unser Schiff scheint zwar keine passenden Sensoren zu besitzen, aber vielleicht gibt es eine Waffe, die nach diesem Prinzip arbeitet.«

»Du willst das Magnetfeld damit stören?«

»So weit bin ich noch nicht. Erst einmal müssen wir es entdecken. Eine Waffe, die starke Magnetfelder erzeugen kann, müsste umgekehrt auch solche Felder finden können. Es ist wie beim Elektromotor und beim Generator. Strom kann zu Bewegung führen, aber andersherum kann auch Bewegung Strom erzeugen.«

»Klar. Wie weit bist du?«

»Ich habe noch keine passende Waffe gefunden.«

»Wie gehst du dabei vor?«

»Ich öffne eine Kiste nach der anderen, betrachte die Anleitung der Gründer und versuche, das Funktionsprinzip zu verstehen. Manchmal muss ich mir dazu auch die passende Munition ansehen. Willst du mir helfen?«

Sie zählt mit dem ausgestreckten Arm Regale.

»Zehn für mich, zehn für dich? Zwei hab ich schon.«

Boris schüttelt den Kopf. »Ich grübele die ganze Zeit, wie das passieren konnte.«

»Du trägst keine Schuld. Ihr seid taktisch korrekt vorgegangen.«

»Das meine ich nicht. Der Raum hinter der Schleuse war doch leer, und ich habe die ganze Zeit vor der Schleuse gestanden, verstehst du? Wie haben sie Jenna da herausbekommen? Selbst wenn sie eine Art Tarntechnik hätten, hätte ich doch das Öffnen der Schleuse mitbekommen.«

»Es muss einen Hinterausgang geben, der uns entgangen ist«, sagt Anna.

»Genau, das war auch meine Überlegung. Aber das reicht nicht. Sie müssen Jenna irgendwie abtransportiert haben.«

»Du meinst mit einem Schiff?«

»Ja.«

»Aber warum haben wir es nicht gesehen? Oder ihr, als ihr den Asteroiden umrundet habt?«

»Wir haben ihn nur zur Hälfte umrundet, dann habe ich ja dummerweise den Einstieg gefunden.«

»Aber die Scanner unseres Schiffes hätten das andere Schiff sehen müssen«, meint Anna.

»Nicht, wenn sie wussten, dass wir kommen. Santa ist groß genug. Sie brauchten sich bloß konsequent auf seiner von unserem Schiff abgewandten Seite zu halten. Vielleicht haben sie ja nicht mal ein großes Schiff, sondern nur ein Shuttle.«

»Also war das eine Art Falle?«

»Ich weiß nicht. Vielleicht war sie nicht einmal bewusst gestellt. Angenommen, es handelt sich um eine gewöhnliche Bergbaucrew. Sie stellen fest, dass ihr Asteroid seine Bahn verändert, und dann kommt auch noch ein fremdes Schiff vom Titan. Du würdest dich doch auch lieber verstecken. Und wenn sich eine Gelegenheit bietet, würdest du versuchen, einen einzelnen Gegner zu schnappen, um ihn zu verhören.«

»Eine interessante Theorie, aber die Feinheiten überzeugen mich noch nicht. Der Orbit des Asteroiden hat sich vor über elf Umläufen verändert. Lass mich kurz umrechnen, das sind … das ist ein halbes Erdjahr. Meinst du nicht, dass sie innerhalb dieser Zeit längst Hilfe von anderen Bergbaueinheiten bekommen haben müssten?«

»Vielleicht, vielleicht auch nicht. Wir kennen ja die Verhältnisse auf der Erde nicht. Wenn das nun alles unabhängige Bergleute sind, so etwas wie kleine Genossenschaften, und jeder arbeitet auf eigene Rechnung? Aber es ist auch nicht so wichtig. Wichtig ist, dass wir den Spieß umdrehen müssen. Sie haben uns überrascht. Nun müssen wir sie überraschen.«

»Und wie soll das funktionieren? Du gehst ja davon aus, dass sie uns permanent beobachten.«

»Wenn es Erdmenschen ohne Superkräfte und magische Fähigkeiten sind, und davon gehe ich aus, dann können sie uns nur anhand dessen beobachten, was wir abstrahlen: Infrarot, Funk, so etwas.«

»Und was wir reflektieren. Radar und Sonnenlicht nicht zu vergessen«, ergänzt Anna.

»Richtig. Wenn wir sie überraschen wollen, müssen wir ohne jede Abstrahlung und mit möglichst kleinem Reflektionsprofil vorgehen.«

»Das kannst du nicht machen, Boris. Das ist viel zu gefährlich!«

Sie hat ihn durchschaut. Es ist eben seine Schwester.

»Doch, ich kann. Ich muss. Sie rechnen nicht damit, dass jemand mit bloßen Händen zu ihnen kommt. Sie haben Jenna. Sie ist eine Wnutri. Und sie wird ganz sicher nicht verraten haben, was ein Snarushi kann.«

»Aber du kannst keine Wunder vollbringen. Wie willst du ganz ohne Technik die Strecke zum Asteroiden überwinden?«

»Mechanisch, nach dem Prinzip des Katapults. Ihr schießt mich in Richtung des Asteroiden ab. Meine Außenhaut isoliert so gut, dass ich mich im Infrarot nicht verraten werde. Selbst wenn sie ein empfindliches Radar einsetzen, werde ich mich nicht von einem Gesteinsbrocken unterscheiden, der auf dem Asteroiden aufschlägt. So etwas passiert immer wieder. Santa ist voller Krater.«

»Aber du hast nur einen einzigen Versuch. Wenn wir

daneben zielen, fliegst du in die Unendlichkeit.«

»So dramatisch ist es nicht. Ihr könnt mich ja mit dem Schiff immer noch einfangen. Aber das wäre natürlich auffällig, und der Überraschungseffekt wäre dahin. Besser, ihr trefft beim ersten Mal.«

»Und der Aufprall?«

»Das können wir ja alles vorher ausrechnen. Die Relativgeschwindigkeit sollte einen bestimmten Wert nicht überschreiten, aber das ist klassische Physik.«

»Angenommen, ich wäre einverstanden …«

»Das ist keine Sache, mit der ihr einverstanden sein müsst, Anna. Ich ziehe das auf jeden Fall durch. Das bin ich Jenna schuldig.«

»Ich verstehe. Aber wie kommst du zurück? Du musst ja wieder in den Tank.«

»Ich fliege rüber, rette Jenna, und dann benutzen wir ihren Rucksack, um den Rückweg anzutreten.«

»Das setzt voraus, dass du Erfolg hast.«

»Davon gehe ich aus. Und notfalls kommt ihr mich eben holen.«

»Mensch, Brüderchen, ich wünsche es dir ja so sehr. Aber ich will dich auch nicht verlieren. Kann ich dich nicht überreden, meinetwegen kein unnötiges Risiko einzugehen?«

»Das kannst du, Anna, denn ich werde kein unnötiges Risiko eingehen, nur das nötige.«

Der Asteroid befindet sich direkt vor ihm. Gerald hat das Schiff etwas gedreht, sodass sie aus dem Fenster des Laderaums heraus zielen können. Boris kann Santas Gestalt nur erahnen, denn sie sind auf der sonnenabgewandten Seite. Überall dort, wo keine Sterne zu sehen sind, könnte sich Jenna aufhalten. Selbst wenn er unbemerkt drüben ankommt, muss er sie ja auch noch finden. Seine Chancen sind vermutlich kleiner als er es sich einredet. Es muss einfach klappen.

Das Gummiseil drückt umso stärker in seinen Rücken, je

weiter er nach hinten geht. Es ist an den beiden Seiten des breiten Ladefensters festgemacht, und er ist zusätzlich mit einem festen Seil gesichert. Er ist die Kugel, die das Katapult so stark beschleunigen wird, dass er den Asteroiden einholen und sicher darauf landen kann. Landen ist vielleicht nicht das richtige Wort; er wird einschlagen wie ein kleiner Meteorit.

»Warte mal«, sagt Anna.

Er bleibt stehen und sie umarmt ihn. Dann drückt sie ihm etwas Schweres in die Hand. Es wiegt ein knappes Kilogramm, hat einen bequemen Handgriff und einen Lauf.

»Für alle Fälle«, sagt sie. »Hier ist der Abzug.«

Sie führt seinen Zeigefinger zu einem rundlichen Haken.

»Du hast acht Schuss. Keine Sorge, es funktioniert auf chemischer Basis und ist aus der Ferne nicht zu entdecken. Es sei denn, du feuerst es ab, dann entsteht Wärme.«

»Und ein Rückstoß«, sagt er.

»Ja, damit kannst du notfalls auch deinen Kurs ändern, zumindest ein wenig. Die Kugel durchdringt Raumanzüge und fliegt im All lautlos. Aber im Sinne der friedlichen Koexistenz wäre es wohl besser, du würdest keinen Erdmenschen verletzen.«

»Verstehe. Ja, das bekomme ich hin. Ich hole Jenna da raus, und dann reden wir mit ihnen.«

»So etwa. Viel Glück, Brüderchen.«

»Danke, Anna.«

Gemeinsam ziehen sie das Gummiseil so weit auf, wie es ihrer beider Kräfte ermöglichen. Wenn Anna jetzt loslässt, kann er sich nicht mehr halten und wird Richtung Asteroid fliegen. Hauptsache, er trifft das Fenster und nicht den Rahmen darunter oder darüber. Jetzt, aus zwanzig Metern Entfernung, sieht das Fenster plötzlich deutlich schmaler aus als zuvor. Sie dürfen dem Gummiseil keinen Impuls nach oben oder unten geben.

»Moment«, sagt Anna.

»Aber nicht loslassen.«

»Natürlich nicht.«

Sie hält mit einer Hand das Seil und legt mit der anderen

eine Wasserwaage darauf.

»Du hast Glück, dass wir dem Asteroiden mit aktivem Triebwerk folgen, sonst würde das hier nicht funktionieren«, sagt sie. »Aber es sieht gut aus. Wir bekommen dich sicher durch das Fenster. Bist du bereit?«

»Bereit.«

»Auf drei. Eins – zwei – drei.«

Anna löst seine Sicherung und lässt im selben Moment das Gummiseil los. Boris erhält einen kräftigen Stoß in den Rücken. Er hat damit gerechnet und die Muskeln angespannt. Mit gesenktem Kopf und erhobenen Füßen fliegt er auf das Fenster zu. Bloß nicht oben anstoßen! Er malt sich aus, wie sein Kopf an der harten Kante platzt. Es wäre nicht schade um ihn, aber er könnte Jenna nicht mehr retten. Das darf nicht passieren.

Und schon hat er das Fenster passiert. Er fliegt über die kurze Terrasse und taucht in die Schwärze des Alls ein wie in einen tiefen See.

Es ist ein rasender Flug, und trotzdem hat er das Gefühl, sich nicht von der Stelle zu bewegen. Der Asteroid nimmt drohend die Hälfte des Himmels ein. Boris schiebt seine Brille vor die Augen. Sie haben auf das vordere Drittel von Santa gezielt, aber durch die Eigenbewegung des Asteroiden verschiebt sich der Landeplatz langsam in die Mitte. Gleichzeitig rotiert der Himmelskörper vor ihm. Wenn ihre Planung stimmt, müsste er ungefähr gegenüber der Kammer landen, in der sie Jenna verloren haben. Wenn sich die Erdmenschen irgendwo versteckt haben, dann dort. Er würde gern das Radar in der Brille nutzen, aber das würde ihn verraten. Also muss er darauf warten, dass sich die Erdmenschen von selbst zeigen – oder ihre Spuren. Deshalb betrachtet er den Asteroiden schon die ganze Zeit im Infrarot. Technik produziert Wärme, und die kann er sehen.

Doch da ist nichts. Die Anzeige in der Brille zeigt, dass er in zwanzig Sekunden aufschlagen wird. Er bringt sich in Landeposition, Beine nach unten. Jenna, wo bist du? Wo haben sie dich hingebracht? Zehn Sekunden. Da ist ein Schimmer! Ein dunkles Grau, wo sonst nur Schwarz ist. Er prägt sich die Koordinaten ein. Die Brille vibriert. Erschreckend schnell kommt der Boden auf ihn zu. Genau unter ihm liegt ein Stein, bestimmt so groß wie ein Arm, und mit einem ziemlich scharfen Grat an der Oberseite. Mist. Er beugt sich nach vorn. Der Grat sollte seine Außenhaut besser nicht treffen. Er hat zwar Reparaturspray eingepackt, aber …

Gleich ist er da. Sein rechter Fuß trifft den Boden. Ein heftiger Schmerz im Oberschenkel. Der linke Fuß trifft den Stein und stößt ihn zur Seite. Boris kippt um. Seitlich prallt er auf den Boden, der hier glatt ist. Die Staubschicht dämpft den Sturz. Warum ist es hier staubig, anders als auf der anderen Seite? Er aktiviert die Saugnäpfe an den Händen. Diesmal darf er nicht wieder abprallen. Es klappt! Die Trägheit reißt zwar an seinen Armen, doch er kann sich halten. Sein Körper kommt zur Ruhe.

Uff. Er stöhnt laut, aber niemand kann ihn hören. Langsam richtet er sich auf. Der rechte Oberschenkel schmerzt, aber er ist nicht verletzt. Es wird wohl eine Zerrung sein. Das ist auszuhalten. Er steht auf und orientiert sich. Der helle Schimmer von vorhin muss etwa einen Kilometer entfernt sein. Vorsichtig läuft er los. Ohne den Rucksack ist alles viel schwieriger. Er darf nicht von der Oberfläche abheben.

Schnell stellt sich heraus, dass er im Vierfüßlergang am besten vorankommt. Hoffentlich beobachtet ihn niemand. Er befestigt die Saugnäpfe von der linken Hand am rechten Fuß. Jetzt braucht er nur noch aufzupassen, dass stets entweder die rechte Hand oder der rechte Fuß Kontakt zum Boden haben. Das Krabbeln ist zwar auf Dauer anstrengend, aber er hat ein Ziel, und das ist jede Anstrengung wert.

Die Staubschicht wird immer dünner, je näher er dem Ziel kommt. Schließlich läuft er auf blankem Fels. Es muss sich um einen der ältesten Teile des Asteroiden handeln, der noch im Chaos und Feuer der ersten Jahre des Sonnensystems geformt wurde. Hätte er etwas mehr Glück gehabt, hätte daraus ein Planet werden können.

Seine Brille vibriert wieder. Er hat das hellere Gebiet erreicht. Boris hockt sich hin und streckt seinen Rücken durch. Zu sehen ist nichts. Vor ihm liegt blanker Fels, der sich in nichts von der Umgebung unterscheidet. Und doch ist es hier etwas wärmer als anderswo. Das könnte bedeuten, dass vor kurzer Zeit ein Raumfahrzeug von hier gestartet ist. Der im Infrarot helle Schein wäre dann die Restwärme des Triebwerks, und Jenna wäre auf dem Weg zum Mars oder zur Erde.

Aber die Intensität der Wärmestrahlung hat sich nicht verändert, seit er hier gelandet ist. Dreißig Minuten Abstrahlung ins interplanetare Vakuum – da hätte er längst eine Abkühlung erkennen müssen. Die Wärmequelle muss sich also noch auf dem Asteroiden befinden. Sie ist zweifellos gut abgeschirmt, aber nicht gut genug. Dadurch hat sich die Oberfläche in ihrer Nähe um etwa zwei Grad erwärmt. Er hat Glück, dass die Sonne gerade Santas andere Seite bescheint, sonst wäre ihm die geringe Temperaturdifferenz wohl gar nicht aufgefallen.

Er läuft auf allen Vieren in das Gebiet hinein. Die Sichtweite im optischen Bereich liegt trotz Restlichtverstärker in der Brille nur bei etwa zwei, drei Metern. So fühlt er sich in einem Labyrinth ohne sichtbare Wände. Den Scheinwerfer will er aber nicht anschalten, das könnte anderen auffallen. Systematisch sucht er den Bereich ab. Aber das hätte er sich sparen können; das merkt er, als er die Mitte erreicht. Sein Ziel ist genau dort, und es sieht aus wie die Vertiefung, in der sie auf der anderen Seite des Asteroiden die Schleuse gefunden haben. Wieder liegt eine rechteckige Metallplatte vor ihm, die er problemlos öffnen kann. Und darunter befindet sich eine Schleuse mit einem Handrad.

Boris atmet tief durch und denkt nach. Schade, dass er Anna und Geralt jetzt nicht um Rat bitten kann. Soll er versuchen, die Schleuse zu öffnen? So haben sie schon Jenna verloren. Wenn ihm nun das gleiche Schicksal droht? Hat da jemand eine zweite Falle aufgestellt, die ihm gilt? Aber er hat ja gar keine Wahl. Es gibt keine andere Spur, der er folgen könnte. Und selbst wenn jemand sie absichtlich ausgelegt hat, muss er das Risiko eingehen. Er klettert in die Vertiefung, greift nach dem Handrad, stellt die Füße in die vorgesehenen Fußrasten und dreht.

Die Schleusentür öffnet sich. Er schlüpft in die Kammer und schließt sie hinter sich. Alles ist wie beim ersten Mal, nur Jenna fehlt. Der Hebel, der die Schleuse steuert, ist an derselben Stelle an der Wand angebracht. Er legt ihn um, und es wird warm, dann heiß. Endlich verwandelt sich das rote Blinklicht in ein grünes Dauerlicht. Er schiebt die innere Tür zur Seite. Dann zieht er die Waffe, nur zur Sicherheit. Aber der Raum, den er betritt, ist genauso leer wie das Gegenstück drüben. Mist. Aber was hat er sich eigentlich vorgestellt? Dass Jenna hinter der Tür auf ihn wartet und ihm um den Hals fällt? Ja, das war so ungefähr seine Idee eines Happy Ends gewesen. Aber sie ist unsinnig. Jenna hätte sich längst von selbst aus dem Raum befreit, wäre durch die eindeutig offenstehende Schleuse nach draußen geklettert und hätte das Schiff gerufen.

Er ist so dumm. Er hat eine Sandburg aus Hoffnung erbaut, und nun ebnet die erste Welle sie wieder ein. Hier wird er Jenna nicht finden. Vorsichtig sieht er um die Ecke in den zweiten Raum. Auch er ist hell erleuchtet – und leer.

Aber in seiner Wand klafft ein Loch. Es hat die Form eines schmalen, stehenden Rhombus, der etwa mannshoch ist. Seine Ränder sind so glatt, dass es eindeutig künstlichen Ursprungs sein muss. Das Loch ist dunkel. Offenbar schließt sich ein Gang an, der den Querschnitt des Lochs hat. Wer baut denn so etwas? Diesmal überlegt Boris nicht lange. Hier gibt es nichts zu holen, also klettert er mit Kopf und Brust voraus in den Gang. Die geringe Schwerkraft des Asteroiden ist hier ein Glück; unter Titan-Schwerkraft könnte er nicht so einfach durch den schmalen Gang schweben. Er tastet sich voraus. Der Gang knickt nach rechts ab. Hinter der Biegung wird es stockdunkel. Ob er die Kammer, durch die er hereingekommen ist, mit der auf der anderen Seite verbindet? Aber dann müsste er einen Luftzug spüren, denn drüben haben sie ja ein Loch in die Schleuse gesprengt. Oder verteilt sich die Druckdifferenz auf die lange Strecke? Der Gang müsste ja dann etwa dreißig Kilometer lang sein. Ein Glück, dass er nicht zur Klaustrophobie neigt. Wenn es bloß nicht so warm wäre! Aber seiner Außenhaut scheint die Hitze noch nichts auszumachen. Sie juckt nur unangenehm.

Aber der Gang führt nicht auf die andere Seite. Er endet in einem weiteren Raum, der ein bisschen größer ist als der, aus dem er kommt. Boris hangelt sich heraus und richtet sich auf. Dieser Raum ist nicht so leer. Aus seinen Wänden dringen unterschiedlich dicke Kabel und Schläuche, die ihn an Würmer und Schlangen erinnern. Sie haben alle dasselbe Ziel. Es ist eine Art Werkstatt-Tisch, aus solidem Metall konstruiert, in der Mitte des Raums. Dort biegen und krümmen sie sich um einen weiß glänzenden Behälter, der aussieht wie ein Sarg. Boris streicht über das Ende des Kastens. Er ist angenehm kalt. Vielleicht kann er sich darin erholen. Es sind zwar unter 260 Grad, aber seine Außenhaut juckt immer noch. Langsam geht er an dem Sarg vorbei, was nicht einfach ist, weil er sich zwischen den Leitungen durchschlängeln muss.

Das Kopfende sieht anders aus. Es besteht aus einer Glasplatte. Sie ist beschlagen. Er wischt darüber, aber die Feuchtigkeit ist innen kondensiert. Im Inneren des Behälters muss es wärmer sein als hier draußen. Er nimmt seinen Scheinwerfer und aktiviert ihn. Das Gerät produziert Wärme, also legt er ihn von oben auf das Glas. Es dauert ein bisschen, bis sich das Kondenswasser innen auflöst. Boris betrachtet den Raum. Die Kabel sehen aus wie natürlich gewachsen, nicht wie von Menschen verlegt. Hat sich die Technologie der Erdmenschen so stark verändert? Jetzt müsste die Scheibe warm genug sein. Er nimmt die Lampe hoch – und erstarrt. In dem Kasten liegt ein Mensch mit eindeutig weiblichen Gesichtszügen. Aber es ist nicht Jenna.

Er braucht eine halbe Stunde, um den Sarg rundherum aufzuschneiden. Zum Glück hat ihm Anna gutes Universalwerkzeug eingepackt. Er hat schon befürchtet, dass die Schläuche irgendwie mit dem Körper verbunden sind, aber sie führen nur bis zum Sarg. Vermutlich transportieren sie Atemluft hinein. Ein dünner Schlauch verläuft bis in den Mund der Frau. Zwei weitere verschwinden unter dem weißen Stoff, der sie bedeckt. Vermutlich dienen sie der Entsorgung. Die Frau atmet langsam und ruhig. Ihre Augen sind geschlossen. Ihre blonden Haare sind strähnig und nass. Er schätzt sie auf Mitte 30. Boris hat sich noch nicht getraut, den Stoff anzuheben. Vermutlich ist sie darunter nackt.

Aber er darf nicht länger warten. Ohne den Schutz des Sargs wird es für die Frau hier zu kalt werden. Er muss sie von den Schläuchen befreien und in die vordere Kammer bringen. Dort ist es viel wärmer, für ihn unangenehm warm, aber für eine nackte Menschen-Frau müsste es angenehm sein. Er sieht sich um, aber hier gibt es nichts, womit er sie wärmen könnte. Hoffentlich erwacht sie wieder, wenn er die Schläuche entfernt. Vielleicht bringt er sie gerade um? Sind die Schläuche womöglich ihre letzte Rettung? Aber er braucht sie wach. Er benötigt jemanden, der ihm sagt, was hier passiert. Der ihm verrät, wie er Jenna wiederfindet. Ob sie gerade ebenso in einem Sarg liegt, mit Lippen, die immer blauer werden wie die der Frau?

Er greift nach dem Stoff, der über der Frau liegt. Kurz zögert er, er ist schließlich kein Arzt. Dann zieht er den Stoff weg. Die Frau ist dünn, fast dürr. Wie lange mag sie schon hier liegen? Einer der Schläuche endet in ihrer dichten Schambehaarung. Wie entfernt man so etwas? Langsam zieht er den Schlauch hinaus. Er braucht überraschend viel Kraft.

Der Schlauch im Mund ist mit ihrer Oberlippe verklebt, ihn muss er abreißen. Auch das spricht dafür, dass die Frau sich schon länger in dem Sarg befindet. Ein dritter Schlauch endet in ihrer Armbeuge. Er fackelt nicht lange und zieht ihn heraus. Ein paar Tropfen Blut folgen, aber nicht mehr. Der Kreislauf der Frau muss schon sehr schwach sein.

Und nun? Die Frau hält noch immer die Augen geschlossen. Er hebt sie hoch. Es klingt, als würde er mehrere Pflaster abziehen. Er dreht sie um. Am Rücken, am Po und an den Schenkeln hat sie großflächige Druckstellen. Wenn sie aufwacht, wird sie lange nicht auf dem Rücken schlafen können. Aber daran stirbt man nicht. Er legt sich die Frau über die Schulter. Ihre Glieder sind steif. Sie muss Monate in dem Sarg gelegen haben. Er trägt sie zu der Öffnung in der Wand, bis er ein Ratschen hört. Erschreckt dreht er sich um. Der Frau stehen die Kopfhaare zu Berge. Kurz davor schwebt ein dünnes Netz in der Luft, das über ein Kabel mit dem Sarg verbunden war. Es muss um den Schädel der Frau gelegt worden sein. Er greift danach, reißt es mitsamt Kabel ab und steckt es in die Werkzeugtasche. Vielleicht hilft es bei der Suche nach dem, der Frauen entführt und in Schneewittchensärge steckt. Boris stellt sich vor, wie Jenna in so einem Sarg liegt. In seiner Fantasie sind ihre Augen weit geöffnet.

Die rhombusförmige Luke ist noch da. Er schiebt die Frau zuerst hinein und klettert hinterher. Bei den beiden Abbiegungen stößt ihr Kopf recht hart gegen die Wand, aber er kann es nicht verhindern, und sie beschwert sich nicht. An der ansteigenden Temperatur merkt er, dass sie gleich im Eingangsraum sind.

»Anna, Geralt, hört ihr mich?«

Keine Antwort. Natürlich nicht. Die Luke hat auch beim letzten Mal den Funkkanal gestört. Er schiebt die bewusstlose Frau aus dem Loch, klettert hinterher und bettet sie im zweiten Raum auf den Fußboden. Er muss nach draußen, um Anna Bescheid zu sagen. Sie brauchen einen Raumanzug und Kleidung. Wenn sie ihr Bewusstsein nicht wiedererlangt, hilft vielleicht der Tank. Er wirkt auch bei Wnutri. Sie scheint zwar ein Erdmensch zu sein, aber die Unterschiede sind nicht so groß. Zu dumm, dass sie keinen Arzt an Bord haben.

Die Schleuse braucht wieder ihre Zeit. Endlich ist er draußen. Seine Außenhaut genießt die Kälte. Hier ist gerade die Sonne aufgegangen. Sie gibt ihm Hoffnung. Die Frau ist eine vielversprechende Spur. Sicher weiß sie etwas, was ihnen hilft.

»Anna, Geralt, bitte melden.«

»Was ist, Brüderchen? Hast du sie?«

»Ich habe hier eine unbekannte, nackte Frau.«

»Das ist kein Witz, oder? Es wäre nämlich ein ziemlich mieser.«

»Natürlich nicht. Ich brauche dich möglichst schnell an meinen Koordinaten, und zwar mit Düsenrucksack, Kleidung und Ersatz-Raumanzug. Und bring ein bisschen Proviant und Wasser mit.«

»Verstanden. Ich beeile mich.«

»Du findest mich an den Koordinaten, die ich euch übermittle, hinter einer Schleuse mit Handrad, wie du sie schon kennst.«

»Okay, ich bin in fünf Minuten da.«

Boris schleust sich wieder ein. Er öffnet die innere Schleusentür, da springt eine Furie ihn an und versucht, ihn zu beißen. Er hält die Arme der Frau fest. Es ist ganz einfach, sie hat nur sehr wenig Kraft.

»Bleiben Sie ganz ruhig«, sagt er. »Ich bin hier, um Ihnen zu helfen.«

Vorsichtig setzt er sie auf dem Boden ab. Er sieht die Angst in ihrem Blick. Als er ihre Arme loslässt, versucht sie, damit ihre Blöße zu bedecken.

Boris dreht sich um und betrachtet die Schleuse.

»Es tut mir leid, hier gibt es keine Kleidung für Sie«, sagt er.

Sie schluchzt kurz auf.

»Jemand ist mit Kleidung und einem Raumanzug unterwegs. Wir bringen Sie hier raus.«

Sie sagt etwas, doch er versteht rein gar nichts. War das

Alt-Englisch? Auch das noch! Die Frau weiß vielleicht, was sie wissen wollen, kann es ihnen aber nicht sagen.

ENDLICH! EINE ROTE LAMPE AN DER INNENTÜR DER Schleuse zeigt, dass gerade jemand von außen eingestiegen ist. Sie hat sich wirklich beeilt, es sind höchstens zehn Minuten vergangen, und sie hat ja erst noch Kleidung und einen Raumanzug besorgen müssen. Oder bekommen sie etwa einen anderen Besucher? Seine Funk-Aktivität könnte den Erdmenschen aufgefallen sein. Vielleicht vermissen sie die Frau, die er scheinbar gerade in seiner Gewalt hat, ja schon eine Weile. Er wird ihnen nicht einmal erklären können, dass er sie gerettet und nicht entführt hat.

Boris steht auf und stellt sich so an die Wand des Raums, dass man ihn nicht sieht, wenn sich die Schleusentür öffnet. Dann zieht er die Pistole. Die Frau schreit panisch, dabei zielt er gar nicht auf sie.

»Pssst!«

Er legt den Finger auf den Mund. Diese Geste versteht sie immerhin. Er zeigt auf den hinteren Raum, und sie verschwindet dorthin. Mist, das war ein Fehler. Dort ist ja auch die rhombusförmige Öffnung. Er folgt ihr, und natürlich versucht die Frau gerade, durch den Gang zu fliehen.

»No!«, ruft er.

Es ist nicht leicht, jemandem zu helfen, mit dem man sich nicht verständigen kann. Jetzt quietscht auch noch die Schleusentür. An dieser Position ist er gut zu sehen, aber er kann sich nicht vor dem Besucher verstecken, weil sonst die Unbekannte bestimmt wieder zu fliehen versucht. Er hält die Waffe in Richtung Schleuse. Die nackte Frau tut, als wäre ihre Hand eine Waffe, der Zeigefinger der Lauf und der Daumen der Auslöser. Dann zeigt sie mit der linken Hand auf den Zeigefingeransatz.

Was will sie? Er betrachtet die Waffe. An der Seite hat sie einen kleinen Hebel. Soll er ihn betätigen? Die Frau kennt sich mit solchen Waffen wohl besser aus als er. Er drückt den Hebel nach hinten, und sie nickt. Dann hockt sie sich auf den Boden und hält beide Arme vor ihre Blöße.

Die Schleusentür öffnet sich. Er ist bereit, die Waffe abzufeuern.

»Mann, Brüderchen, mach keine Dummheiten.«

Es ist Anna. Boris umarmt sie. Sie stößt ihn schnell wieder von sich.

»Entschuldige, aber da will jemand abhauen«, sagt sie.

»Hast du alles? Kümmere dich bitte um sie. Vielleicht geht es von Frau zu Frau einfacher. Sie muss mich ja für ein Monster halten. Die Erdmenschen haben sicher noch nie einen Snarushi gesehen.«

»Ja, ich übernehme den Rest, aber lass mir doch besser die Waffe da, vor der scheint sie Respekt zu haben.«

»Danke, Anna.«

»Nichts zu danken. Mal sehen, was du dir da eingefangen hast.«

»Sie muss schon seit Monaten hier gefangen sein, so unterernährt, wie sie ist. Schau sie dir doch mal an. Aber trotzdem scheint sie über ihre Rettung nicht begeistert zu sein.«

»Es ginge dir wohl auch nicht anders, wenn du nach Monaten von einem Mutanten mit glänzend grüner Haut geweckt wirst.«

»Ja, das stimmt, Anna. Wir sehen uns draußen.«

Er steigt in die Schleuse und schließt die Tür hinter sich. Die Luft wird abgepumpt, und Kälte zieht ein. Endlich ist er wieder in seinem Element. Er wird nie länger mit Menschen zusammen sein können, und das gilt auch für Jenna. Aber trotzdem muss er sie finden, um ihretwillen.

Eine halbe Stunde später verlässt ein Mensch im Raumanzug die Schleuse. Er weiß, dass es die Unbekannte ist. Aber aus ein paar Metern Abstand könnte es auch Jenna sein. Sein Herz beginnt sofort zu hüpfen. Sie ist etwa so groß wie seine verlorene Freundin, und das Gesicht der Frau erscheint im Sonnenlicht genauso weiß wie Jennas. Viel mehr ist hinter der Helmscheibe nicht zu erkennen.

»Where?«, fragt sie.

Where ist ein alt-englisches Fragewort, das eine Zeitlang auf Titan in Mode war. Es bedeutet »Wo«. Anscheinend hat Anna ein paar Wörter aus dem gemeinsamen Wortschatz identifiziert. Für den Rest der Verständigung muss dann Geralt sorgen. Er ist schließlich Archäologe.

»Where?«, fragt die Frau noch einmal.

»Entschuldigung«, sagt er. »Da oben!«

Er zeigt in die ungefähre Richtung, in der das Schiff dem Asteroiden folgt.

»Entschuldigung, da oben«, wiederholt die Frau.

Ihre Aussprache ist sehr gut. Sie scheint gebildet zu sein, eher eine Wissenschaftlerin als Teil einer Bergbaucrew.

»Entschuldigung«, sagt er noch einmal und senkt den Oberkörper.

»Sorry«, sagt sie und wiederholt die Geste.

»Sorry«, wiederholt er.

Auch dieses Wort kommt ihm vage bekannt vor.

»Sie ist gut, was?«, sagt Anna. »Ich habe schon mehr als zehn Vokabeln von ihr gelernt.«

»Du bist auch gut«, sagt Boris. »In Sprachen warst du schon immer besser als ich.«

»Sollen wir loslegen?«, fragt Anna. »Launch?«

»Yes, launch«, sagt die Frau, »sollen wir loslegen.«

Anna nimmt ein Seil aus ihrem Werkzeuggürtel und hakt einen Karabiner bei ihm ein, den zweiten bei der Frau und den dritten bei sich selbst. Dann rückt sie den Düsenrucksack zurecht.

»Festhalten!«

Boris greift nach ihrem Gürtel und hält der fremden Frau die rechte Hand hin. Sie ergreift sie. Ihre trotz der Handschuhe des Raumanzugs winzigen Finger verschwinden in seiner Hand. Dann werden sie in den Himmel gerissen.

4802.12

Es zerreißt ihn jedes Mal fast, wenn er die fremde Frau von hinten sieht. Statur und Größe erinnern ihn so sehr an Jenna, und sie hat diesen weiblichen Gang, den keine Snarushi beherrscht. Selbst im Raumanzug ist das zu erkennen. Und dann hat sie sich auch noch in den Kommandosessel gesetzt, aus dem ihm sonst immer Jenna zugewinkt hat. Doch der Eindruck verfliegt, sobald sie spricht. Sara Renberg, so nennt sie sich, hat eine ungewöhnlich tiefe, kräftige Stimme, mit der sie sich auch vorzüglich zur Kommandantin eignen würde. Man hört ihr zu, wenn sie spricht, selbst wenn sie, wie oft, ein bisschen zu leise redet.

Sie betrachten Sara Renberg nicht als Gast, sondern als Gefangene. Denn bevor sie Jenna nicht gefunden haben, können sie die Erdfrau nicht gehen lassen. Vielleicht können sie sie ja gegen Jenna austauschen. Sie wechseln sich damit ab, auf sie aufzupassen. Zum Schlafen haben sie sie im Garten eingesperrt. Das Funkgerät in ihrem Anzug hat Anna fest auf den allgemeinen Kanal eingestellt. Was immer sie sagt, ist überall auf dem Schiff zu hören. Während seiner Regeneration in der Kammer hat Boris ab und zu hineingehört, wie Geralt und Anna allmählich die Basis für eine Kommunikation geschaffen haben. Jetzt ist er hier, um Anna abzulösen, die dringend Zeit im Tank braucht.

»Guten Morgen!«, sagt er.

»Good Morgen!«, antwortet Sara.

»Sie lernen sehr schnell.«

»Your Sprache, sie ist a Mix aus Deutsch, Russisch, Dänisch and Englisch. Ich spreche drei diese Sprachen. Ich muss mich nur für eine Vokabel entscheiden. Und manche ich verstehe nicht.«

Klar, das ist natürlich auch sehr praktisch. Bei unangenehmen Fragen kann sie einfach behaupten, sie nicht verstanden zu haben. Aber andererseits ist es ein Wunder, dass sie so schnell eine gemeinsame Basis gefunden haben. Renberg muss sehr sprachbegabt sein. Es ist kaum vorstellbar, dass sie Teil einer gewöhnlichen Bergbaucrew war, wie sie es behauptet.

»Ich habe Sie gefunden, während ich auf der Suche nach einem Crewmitglied war.«

»Ich weiß. Anna mir hat erzählt von Jenna. Leider, ich weiß nichts über sie.«

»Wie sind Sie auf den Asteroiden gekommen?«

Geralt hat diese Frage zwar schon gestellt, aber es ist auch interessant zu sehen, ob sie bei ihrer Antwort bleibt.

»Mit a Shuttle. Wir sind Bergmenschen.«

»Bergleute. Wo ist es, das Shuttle?«

»Ich weiß nicht.«

»Wie lange ist das her?«

»Das kann ich nicht sagen. Ich war bewusstweg, bis Sie haben mich gefunden.«

»Bewusstlos, ja. Es sah so aus, als würde eine Maschine Sie am Leben erhalten. Wer hat diese Maschine gebaut?«

»Ich weiß nicht. Das ist nicht unsere Technologie.«

»Unsere auch nicht.«

»Wenn ich das glaube, dann muss es dritte Partei hier geben.«

»Vielleicht.«

Was kann er ihr glauben? Die Maschine und der Sarg, in dem sie lag, waren definitiv an die menschliche Physiologie angepasst gewesen. Und die Erdmenschen sollen damit nichts zu tun haben? Das klingt unglaubwürdig.

»Lassen Sie mich mit meinen Leuten sprechen, please. Sie missen mich. Sie werden erfreut sein, dass ich lebe, und ihnen freuen Ihnen zu helfen, Jenna zu finden.«

Bei längeren Sätzen verhaspelt sie sich noch etwas, aber angesichts der Tatsache, dass sie Titanisch erst seit gestern lernt, spricht sie fantastisch. Hat er es vielleicht mit einer KI in Menschengestalt zu tun, die man ihnen geschickt untergeschoben hat? Hat Anna sie schon genauer untersucht? Er muss sie danach fragen, wenn sie aus dem Tank kommt. Vermutlich leidet er unter Verfolgungswahn. Dass sie nichts von Jenna gehört haben, macht ihm doch mehr zu schaffen, als er es sich eingesteht.

»Dafür ist später noch Zeit«, sagt er. »Wir wollen erst in Ruhe miteinander sprechen.«

Renberg seufzt und rutscht ein Stück tiefer in den Sessel. Es wirkt, als würde sie frieren, dabei trägt sie einen Raumanzug, und es sind bestimmt 260 Grad in der Zentrale. Auf Titan wäre sie wohl zu gar nichts zu gebrauchen.

»Okay«, sagt sie.

»Was ist passiert, als Sie hier ankamen? Woran erinnern Sie sich?«

»Ich … der Asteroid flog los.«

»Der Asteroid veränderte seinen Orbit, als Sie hier ankamen? Sie sagten, Sie wären Teil einer Bergbau-Crew? Was haben Sie vorher getan?«

»Bitte langsam, ich verstehe Sie nicht, zu schnell.«

»Was haben Sie getan, bevor der Asteroid losflog?«

»Nichts. Was man tut als Bergfrau. Bergbau. Die Maschinen aufpassen.«

»Hier gibt es aber keinerlei Bergbau-Maschinen.«

»Sie sind im Core des Asteroiden. Dort sind die besten Rohstoffe.«

»Aber wie haben Sie hier überlebt? Wir haben zwar Schleusen, unterirdische Räume und ein Gangsystem gefunden, aber dort war nichts, was auf die Anwesenheit von

Menschen hindeutet. Sie brauchten Nahrung, Hygiene, Wasser.«

»Das gab es alles.«

»Sie sagen, vor Ihrem langen Schlaf waren die unterirdischen Räume bewohnt?«

»Ja. Wir haben dort gewohnt.«

»Wir haben aber keinerlei DNS-Spuren gefunden. Die Räume waren klinisch rein.«

Das ist eine Lüge. Sie haben gar nicht nach Spuren gesucht. Aber was die Frau sagt, kann nicht stimmen. Die Räume waren garantiert nie bewohnt. Menschen hinterlassen immer Spuren, Löcher in der Wand, Kratzer im Boden. Die Räume sahen aus wie frisch aus dem Fels gefräst.

»Es ist lange her«, sagt die Frau. »Wer weiß, was passiert ist in Zwischenzeit.«

»Inzwischen haben wir dort unten ein Crewmitglied verloren, das ist passiert.«

»Das tut mir leid, das müssen Sie glauben.«

Ungeduld verengt seinen Hals. Er würde die Frau gern packen und die Wahrheit aus ihr herausschütteln. Sie verbirgt etwas. Boris schluckt den Kloß herunter.

»Wie ist der Asteroid losgeflogen?«, fragt er.

»Er … ganz einfach. So wie jetzt. Beschleunigung.«

»Genau so wie jetzt?«

»Genau so.«

Das würde für die Theorie des Magnetsegels sprechen. Es lässt nur eine geringe, aber konstante Beschleunigung zu. Aber woraus gewinnt der Asteroid die nötige Energie?

»Haben Sie an diesem Asteroiden Besonderheiten festgestellt?«

»Das war nicht die Aufgabe. Wir haben die Arbeit erledigt, that's all.«

Die Frau weicht ihm aus. Sie hält nicht einmal seinem Blick stand, während er mit ihr redet.

»Und wie sind Sie dann in diesen Kasten gelangt?«

»Ich erinnere mich nicht.«

»Woran erinnern Sie sich?«

Die Frau überlegt. Sie schließt die Augen, wie um einen Blick in ihr Innerstes zu werfen.

»Ich habe geträumt, schreckliche Träume«, sagt sie dann.

Ihr Gesicht verändert sich. Jetzt sagt sie die Wahrheit. Auf ihrer Stirn entstehen zwei tiefe Falten, ihre Augen vergrößern sich und sie presst die Lippen zusammen.

»Was für Träume?«

»Träume von Maschinen. Es war schrecklich.«

In ihrem Augenwinkel sammeln sich Tränen.

»Ok, verstehe«, sagt Boris schnell und legt ihr beruhigend die Hand auf die Schulter. »Wir müssen nicht darüber sprechen. Ihre Träume haben nichts mit der Realität zu tun.«

Dann fällt ihm das Netz ein, das aus Renbergs Haaren gefallen ist. Er muss es noch irgendwo haben. Das sollten sie unbedingt untersuchen. Vielleicht gibt es für die Träume der Frau einen physischen Grund.

»Kann ich jetzt mit meinen Leuten sprechen?«

»Es tut mir leid, aber das können wir noch nicht erlauben. Wir müssen erst noch ein paar Dinge klären.«

Am Nachmittag ruft ihn Anna per Funk. Er sitzt gerade auf der Terrasse vor dem Lagerraum mit dem Tank. Seine Beine hängen in der Unendlichkeit.

»Ich würde dir gern etwas zeigen«, sagt seine Schwester.

Wieder fällt ihm das Netz ein, das Renberg in den Haaren hatte. Er hätte sich schon längst darum kümmern sollen.

»Ich dir auch«, sagt er. »Wo bist du?«

»In der Waffenkammer.«

Er findet Anna auf dem Boden kniend im Lagerraum für die Waffen. Vor ihr sind hunderte Teile ausgebreitet, die einmal zu einer Waffe gehört haben müssen. Die ehemalige Form der Waffe ist noch zu erkennen, nur hat sich ihre

Grundfläche verdreifacht, weil Anna zwischen all ihren Teilen etwas Platz gelassen hat. Es wirkt wie ein Stillleben, wie eine Realität gewordene Explosionszeichnung.

»Das ist wunderschön«, sagt Boris, »weißt du das?«

»Was? Die Waffe hier? Es ist eine Rail-Gun, oder es war mal eine.«

»Nein, wie du sie auseinandergenommen und dann wieder angeordnet hast. Es ist ein Kunstwerk. Ich würde es ›Dunkle Energie‹ nennen.«

»Dunkle Energie?«

»Man kann sich richtig vorstellen, wie die Dunkle Energie den Zwischenraum zwischen all diesen Teilen vergrößert hat. Du zeigst uns also das Innerste der Dinge. Du bist eine Künstlerin.«

»Ich habe einfach nur eine Rail-Gun demontiert und mir die Einzelteile so hingelegt, dass ich das Ding anschließend wieder zusammensetzen kann.«

»Es sieht trotzdem toll aus. Aber warum hast du dir die Arbeit gemacht?«

»Das ist es, was ich dir zeigen will. Eine Rail-Gun beschleunigt Geschosse mit Hilfe eines Magnetfelds. Sie besitzt jede Menge Spulen, siehst du, hier.«

Sie zeigt auf mehrere meterlange, golden glänzende Stäbe.

»Wenn Strom durch sie hindurchfließt, entsteht das Magnetfeld«, erklärt sie weiter. »Aber wir können das auch umdrehen. Ein äußeres Magnetfeld induziert in den Spulen einen Strom. Den können wir messen.«

»Mit der Rail-Gun?«

»Nein, das Messgerät muss ich noch hinzufügen, wenn ich die Waffe wieder zusammenbaue. Das dürfte aber nicht so kompliziert sein. Im Schaft ist genug Platz.«

Anna zeigt auf ein graues Teil, in dessen Innerem mehrere Kammern zu sehen sind.

»Gut, bis wann schaffst du das?«

»Morgen sollte der Magnetfeld-Sensor einsatzbereit sein.«

»Können wir ihn vom Schiff aus benutzen?«

»Ich glaube nicht. Das Schiff selbst stört dabei. Wir sollten zur Oberfläche zurückkehren.«

»Das trifft sich gut. Ich würde gern die Erdfrau mitnehmen. Vielleicht hilft es gegen ihren Gedächtnisverlust, wenn sie den Raum sieht, in dem ich sie gefunden habe.«

»Eine gute Idee, wobei ich den Endruck habe, dass sie uns etwas verschweigt. Jetzt geht sie gerade mit Geralt die Schiffs-Logs durch. Er hofft, dass er mit ihr mehr über unsere Vergangenheit herausfindet. Aber dann sind wir da unten auch zu dritt, das ist besser«, sagt Anna. »Nicht, dass uns ein weiterer Verlust trifft.«

»Die Rail-Gun, ist sie nach deiner Veränderung noch als Waffe einsetzbar?«

»Darauf kannst du wetten.«

4802.13

Diesmal darf er wieder den Düsen-Rucksack benutzen. Anzeichen für die Anwesenheit von Erdmenschen auf dem Asteroiden haben sie immer noch nicht gefunden. Was sie heute vorhaben, ist auch nicht geheim: Sie wollen herausfinden, wie sich der Asteroid entgegen den Naturgesetzen bewegt. Jenna würde diesen Gedanken bestimmt gleich korrigieren. Denn natürlich kann nichts gegen die Naturgesetze verstoßen, auch der Asteroid nicht. Wir finden heraus, welche Gesetze hinter der Bewegung von (1288) Santa stehen, würde Jenna sagen.

»Ich würde mich besser finden, könnte ich auch mit Rucksack fliegen«, sagt die Erdfrau.

»Besser fühlen«, sagt Boris. »Aber das ist zu gefährlich. Ehrlich gesagt glaube ich nicht, dass Sie uns alles gesagt haben, was Sie wissen.«

»Sagen Sie mir denn alles?« Renberg zeigt auf das unförmige Gerät, das Anna trägt. »Das ist doch eine Waffe, wenn mich nicht alles lügt?«

»Trügt. Ja, es ist eine Rail-Gun«, sagt Boris.

»Erwarten Sie Feinde?«

»Wir wollen damit das Magnetfeld des Asteroiden messen.«

»Ah, verstehe.« Sogar durch die Helmscheibe ist zu erkennen, wie sich das Gesicht der Frau aufhellt. »Magnetische Induktion. Die Spulen der Rail-Gun sind sehr empfindlich. Was vermuten? Asteroiden haben kein Magnetfeld.«

Sie gehört ganz gewiss nicht zu einer Bergbaucrew. Er würde wetten, dass sie eine begabte Forscherin ist, eine der besten auf ihrem Gebiet. Warum haben die Erdmenschen sie hierher geschickt? Weil sich der Asteroid aus seinem Orbit entfernt hat? Das kann nicht sein. Sie war ja schon vorher hier.

»Wir vermuten, dass der Asteroid von einem Magnetsegel angetrieben wird«, sagt Boris.

Es bringt nichts, wenn er sie belügt. Falls es wirklich eine Wissenschaftlerin ist, kann sie ihnen vielleicht helfen.

»Ein Magnetsegel?« Sie kneift ihre Augenbrauen zusammen. »Ich … ich weiß nicht.«

Sie ist nicht überzeugt. Oder sie weiß etwas, das sie nicht wissen. Warum rückt sie nicht damit heraus? Wenn sie so weitermacht, vergisst er noch seine Erziehung und bringt ihr bei, dass Lügen schmerzhaft sein können. Aber nein, so sehr darf er sich nicht gehen lassen. Er hätte nicht mehr das Recht, sich Mensch zu nennen. Die Frau ist objektiv in seiner Gewalt. Warum sollte sie dann ihr Wissen teilen?

»Was spricht denn gegen die Theorie?«, fragt Anna.

»Nichts. Es kann sein gut. Wir werden es messen. Dann lasst uns sehen weiter.«

Sara Renberg stößt einen kurzen Schrei aus, als das Seil sie von der Terrasse ins Dunkel reißt. Boris hat ihr vorgeschlagen, sich selbst abzustoßen und sich dann an der Sonne zu orientieren, aber sie hat sich nicht darauf eingelassen. Dann muss sie jetzt eben sehen, wie sie in der Welt ohne unten und oben zurechtkommt. Über Funk hört er, wie ihr Schrei erstirbt. Sie atmet laut und hechelnd, doch dann beruhigt sie sich. Die Frau wird ihnen keine Probleme bereiten. Sie gewöhnt sich offenbar sogar schnell daran, ohne jeden Anhaltspunkt in schwarzer Tinte zu stecken. Denn so fühlt es sich an, durch das All zu gleiten, sobald er die Düsen abschaltet und sie antriebslos und gleichförmig unterwegs sind.

Kurz vor der Oberfläche bremst Boris fast auf Null ab. Sara fliegt an ihm vorbei; sie kann nicht bremsen, aber er hält sie an der Leine fest, zieht sie heran und dreht sie um 180 Grad.

»Danke«, sagt sie.

»Knie locker lassen und in der Hüfte federn«, sagt er.

Sie zeigt ihm den nach oben gestreckten Daumen. Da treffen seine Füße auch schon auf die kalte, glatte Oberfläche. Er geht in die Hocke und steuert sofort mit dem Rucksack dagegen, um nicht wieder abzuheben. Sara macht einen kleinen Hüpfer, doch er hat sie straff an der Leine und bringt sie wohlbehalten nach unten.

»Da wären wir«, sagt Anna.

»Das war ein spannender Flug. Ich kann nicht erinnern, je so weit geflogen zu sein, durch das offene All.«

»Erinnern Sie sich an den Asteroiden, jetzt, wo Sie darauf stehen?«, fragt Boris.

Sara schließt die Augen. »Nein, nicht speziell. Er hat nichts, was ihn von anderen unterscheidet. Ich weiß nicht, woher die Erinnerungen sind. Ich war auf einigen Asteroiden.«

»Es gibt hier ungewöhnlich wenig Staub«, sagt Anna und zeigt nach unten.

»Das kommt von den Maschinen. Staub sagt ihnen, was innen drin ist. Besonders leicht abbaubar. Passiert immer zuerst.«

»Die Maschinen untersuchen den Asteroiden selbst?«

»Ja, sie arbeiten automa … autonom. Suchen selbst, wo es gibt meiste Rohstoffe. Teuerste Rohstoffe zuerst.«

»Das ist sinnvoll. Was ist dann Ihre Aufgabe?«, fragt Anna.

»Nachsehen, was passiert mit Maschinen. Steuern, kontrollieren.«

»Dann sind Sie hergekommen, weil etwas mit den Maschinen nicht gestimmt hat?«

»Ich weiß nicht, Anna.«

Immer diese Lügen. Boris hat sie satt. Er läuft nach vorn, in die Mitte der Ebene. Die Frau wird vom Seil von den Füßen gerissen, kann sich dann aber fangen und hüpft mit großen Schritten hinter ihm her. Auch Anna folgt ihm. Sie kennt sein Ziel.

Sie erreichen die rechteckige Vertiefung. Die Metalltür steht noch offen. Die zerstörte Schleuse sieht sie mit Hilfe einer roten Warnlampe anklagend an.

»Hier haben wir Jenna verloren«, sagt Boris. »Unsere Kollegin und Freundin. Wir brauchen Sie, Renberg, um Jenna zu finden. Verstehen Sie das? Vorher werden wir diesen Asteroiden nicht verlassen.«

Eigentlich waren sie ja aus anderem Grund hergekommen – um den Einschlag des Asteroiden auf der Erde zu verhindern. Aber das ist ihm längst egal. Er will Jenna zurück, nur das zählt.

»Ich verstehe«, sagt die Erdfrau. »Aber ich kann nicht helfen. Sie haben mich gefunden. Dafür ich bin dankbar. Als Ihre Freundin verschwand, ich lag hilflos in der Kammer.«

Boris schüttelt den Kopf. Sie verbirgt etwas, immer noch.

»Gehen Sie da hinein«, verlangt er barsch.

»Was ist los? Warum?«

»Vielleicht erinnern Sie sich dann, darum.«

»Okay. Aber wenn Sie mich umbringen, dann hier, bitte.«

»Mann, ich will Sie doch nicht umbringen, halten Sie uns für Barbaren? Ich will nur Ihrem Gedächtnis auf die Sprünge helfen.«

»Umso besser.«

Renberg dreht sich um, bückt sich und kriecht durch die Schleuse in die Kammer. Er folgt ihr. Anna wartet draußen. Sie beschäftigt sich bereits mit ihrem Messgerät.

»Und, fällt Ihnen etwas ein?«

Die Frau sieht sich um und geht dann in den hinteren Teil des Raumes.

»Hier es müsste …«

»Eine Öffnung geben?«, ergänzt er ihren Satz.

»Ja. Sie reagiert auf DNS-Spuren. Sie müssen dafür freigeschaltet sein von System.«

»Aber es reagiert nicht auf Sie.«

»Hier es gibt Atmosphäre. Normalerweise ich bin nicht im Raumanzug. Dann es gibt DNS. Muss die Wand nur anhauchen.«

»Lässt sie sich auch von der anderen Seite öffnen?«

»Ja, das ist möglich. Das System kann sie auch selbst öffnen. Ohne DNS.«

Entweder, jemand hat hinter der Tür auf Jenna gewartet und sie durch die Öffnung entführt. Oder das System hat sie eigenständig geöffnet, Jenna hat sie neugierig geöffnet und wurde dann im Gang festgesetzt. Aber warum sollte eine Maschine auf Menschenjagd gehen? Die Frau ist vor vielen Monaten hierher gekommen, um die Maschinen zu überprüfen. Vielleicht haben sie eine Fehlfunktion. Und was hat das dann damit zu tun, dass der Asteroid in Richtung Erde fliegt? Rätsel über Rätsel.

»Sagen Sie dem System doch, es möge die Luke öffnen.«

»Das kann ich nicht. Falsche Funkfrequenz. Lassen Sie mich Frequenz wechseln.«

Er schüttelt den Kopf. Die Gefahr ist zu groß, dass sie dann ihre Freunde ruft. Er bewegt sich zur hinteren Wand. Ungefähr dort, wo sich in der anderen Kammer die Öffnung befand, drückt er dagegen. Nichts passiert. Soll er Anna darum bitten, die Rail-Gun an der Wand zu testen? Nein, das kann nur der letzte Ausweg sein.

»Kommen Sie«, sagt er, »wir steigen nach oben.«

Aber dann fällt ihm das Netz ein. Er hat es immer noch im Werkzeuggürtel. Renberg beobachtet ihn aufmerksam, als er es herausholt. Sie traut ihm nicht. Er kann es ihr nicht verdenken.

»Kennen Sie das?«

Er hält ihr das Netz hin. Ein Stück Kabel hängt noch daran. Sie faltet es auseinander und legt es über ihre Hand.

»Ich glaube ja. Es ist ein EEG-Netz. Damit kann man, wie sagt man, Gedanken lesen. Nein, nicht richtig Gedanken. Stimmungen. Bilder.«

»Das hatten Sie auf dem Kopf, als Sie in der Kammer lagen. Es war über das Kabel an der Wand angeschlossen.«

»Daher kamen sie also, die Träume, Jetzt verstehe ich.«

»Die Maschinen-Träume?«

»Ja.«

»Aber warum sollte Ihnen jemand schreckliche Träume von Maschinen eingeben?«

»Ich weiß nicht. Strafe? Warnung?«

»Was haben Sie denn getan, wofür Sie bestraft werden müssten?«

Die Frau zuckt die Schultern.

»Zu viele Fragen«, sagt sie. »Jetzt ich habe Kopfschmerzen.«

»Hattet ihr eine Eingebung?«, fragt Anna.

Boris blinzelt. Kann es sein, dass die Sonne deutlich nähergekommen ist?

»Nicht wirklich. Auch in dieser Kammer befindet sich hinten eine Luke, aber wir konnten sie nicht öffnen.«

»Soll ich?« Anna zeigt auf die Rail-Gun.

»Nein, erst deine Messung.«

»Ich bin schon fertig.«

»Oh, und wie lautet das Ergebnis?«

Anna zeigt ihm eine Anzeige, die in den Schaft der Waffe eingelassen ist. Dann lässt sie auch die Fremde darauf sehen.

»Das ist in Mikrotesla«, erklärt sie.

»Können Sie etwas damit anfangen, Sara?«, fragt Boris. »Ich glaube, dass Sie Wissenschaftlerin sind.«

»Der Wert ist relativ niedrig«, sagt Renberg. »Jedenfalls für ein Magnetsegel. Aber das könnte Absicht sein.«

»Absicht?«, fragt Anna.

»Das ist Oberfläche des Asteroiden. Es wäre Verschwendung, hier starkes Magnetfeld zu schaffen. Weiter draußen es ist vielleicht stärker. Dort, wo Interaktion mit dem Sonnenwind.«

»Verstehe«, sagt Boris. »Sie sehen trotzdem nicht überzeugt aus.«

»Ich weiß nicht. Es muss Antrieb geben. Wir sehen es nicht. Also kann Magnetfeld sein. Daten sprechen dafür.«

»Na gut, mehr können wir nicht verlangen, es sei denn, wir gelangen ins Innere des Asteroiden und überzeugen uns dort selbst«, sagt Anna.

»Ist nicht möglich«, sagt Sara. »Wir haben probiert. Es gibt dorthin keinen Weg.«

»Vielleicht mit richtig schweren Waffen«, sagt Boris.

»Solche Waffen haben Sie nicht. Ich habe ihr Schiff gesehen. Es ist alte Technologie. Zehn, fünfzehn Kilometer Gestein. Solche Waffen gibt es nicht auf Erde.«

»Wir könnten zumindest mal die Luke da unten öffnen«, sagt Boris.

»Anna, Boris, hört ihr mich? Ich brauche euch dringend auf dem Schiff.«

Geralt! Was ist los? Wird er angegriffen? Bestimmt sind es Saras Freunde.

»Ein Angriff?«, fragt Anna.

»Nein, also nicht auf mich. Ihr müsst trotzdem kommen. Ein Funkspruch von Geraldine.«

»Ich denke, wir müssen Funkstille halten?«, fragt Anna zurück.

»Das hat sich erledigt.«

»Was ist los?«

»Ein weiterer Asteroid, (158) Koronis, hat seinen Orbit im

Gürtel verlassen. Er bewegt sich nach außen. Wenn er weiter so beschleunigt, wird er in etwa 31 Umläufen mit hoher Wahrscheinlichkeit auf Titan einschlagen.«

»SIEH DOCH MAL, GERALT, ES IST GANZ UNMÖGLICH, DASS der Asteroid den Titan trifft.«

Boris zoomt in die Darstellung. Ja, Koronis bewegt sich nach außen, das ist eindeutig. Aber Jupiter befindet sich gerade auf der anderen Seite des Sonnensystems.

»Die Simulation bestätigt aber, was Geraldine gesagt hat. Es handelt sich um ein wirklich gut durchgeplantes Manöver. Koronis zieht eine Spirale und schlägt nach 31 Umläufen auf Titan ein. Das Risiko liegt bei 4:1, und es ist nur deshalb nicht hundert Prozent, weil wir seine Beschleunigung nicht exakt genug messen können.«

»Und was sollen wir dagegen unternehmen?«, fragt Anna.

»Wir müssen Koronis einholen und ihn irgendwie unschädlich machen. Das hat jetzt höchste Priorität. Santa geht uns ab sofort nichts mehr an«, sagt Geralt.

»Wie meinst du das genau, und warum siehst du mich dabei an?«, fragt Boris.

Er weiß genau, warum sein Freund ihn so ansieht, aber er will es von ihm hören.

»Unser Mond steht auf dem Spiel«, sagt Geralt. »Viele tausend Leben, Wnutri und Snarushi. Der Einschlag würde die globale Temperatur um 20 Grad erhöhen. Der komplette Wetterzyklus würde zerstört, Eismassen würden schmelzen. Von den direkten Opfern ganz abgesehen.«

»Ja, das kann ich mir selbst gut ausmalen«, sagt Boris. »Die hohe Priorität ist mir klar. Nur mit dem zweiten Teil habe ich Probleme. Santa geht uns noch eine ganze Menge an.«

»Wir können nicht zwei Asteroiden gleichzeitig unschädlich machen. Wir wissen nicht einmal, wie wir das bei einem schaffen sollten«, sagt Geralt. »Also müssen wir Prioritäten setzen.«

»Ich werde Jenna nicht allein auf Santa zurücklassen.«

»Geralt hat recht. Jetzt müssen wir erst einmal die Gefahr von unser aller Heimat abwenden. Danach können wir immer noch zurückkehren.«

»Wenn es uns danach noch gibt«, sagt Boris.

»Falls wir dabei draufgehen, hat Jenna zumindest die Chance, hier zu überleben.«

»Nein, Schwesterchen, so bekommst du mich nicht weich. Niemand wird zurückgelassen, erinnerst du dich? Eher bleibe ich allein hier als Jenna aufzugeben.«

»Vielleicht die Erdmenschen können helfen. Wir uns gegenseitig. Lassen Sie mich mit meinen Freunden sprechen. Ihre Messung ist vielversprechend. Das Magnetfeld. Uns war auch aufgefallen, aber nicht, was es bedeutet. Es könnte Möglichkeit sein, Asteroiden zu stören.«

Boris starrt die Erdfrau an, Geralt und Anna ebenso. Renberg hat also gewusst, dass Santa ein Magnetfeld besitzt, hat es ihnen aber verschwiegen. Doch was sie sagt, klingt logisch. Magnetfelder kann man mit anderen Magnetfeldern stören. Sie wissen zwar nicht, wer diese Asteroiden lenkt. Aber vielleicht können sie dieser Macht auch so ins Steuer greifen. Es könnte wirklich an der Zeit sein, sie mit ihren Freunden sprechen zu lassen. Und vielleicht ist das ja auch ein Weg, Jenna zu finden.

»Was meint ihr?«, fragt er. »Ich finde das sehr vernünftig.«

»Entschuldigen Sie, Sara«, sagt Geralt, »aber ich glaube nicht, dass Sie ehrlich zu uns sind. Wenn wir uns in die Gewalt der Erde begeben, wäre es möglich, dass Sie unser Schiff kapern. Dann lenken Sie ihren Asteroiden ab, kümmern sich aber nicht um den, der Titan bedroht. So sind Sie uns ein für alle Mal los und haben Ihr Problem gelöst. Zwei Fliegen mit einer Klappe, aber kein guter Deal für uns. Wir sollten schnellstmöglich zu Koronis fliegen und ihn deaktivieren, dann sehen wir weiter.«

»Anna? Schwesterherz? Du musst entscheiden. Ich kann Jenna nicht im Stich lassen. Und auch, wenn die Erdfrau nicht alles sagt, scheint sie doch den Ernst der Lage erkannt zu haben.«

Jetzt hängt alles an seiner Schwester. Er macht sich da nichts vor. Wenn für sie das Wohlergehen Titans vorgeht, wird sie gegen ihn entscheiden, ganz egal, wer er ist.

»Ich … ich weiß nicht«, sagt sie und versteckt ihr Gesicht hinter ihren Händen, wie früher, wenn sie Verstecken gespielt haben. »Können wir nicht eins tun, ohne das andere zu lassen? Titan und Jenna retten?

»Ich sehe nicht, wie das funktionieren sollte. Koronis entfernt sich von Stunde zu Stunde weiter in Richtung Saturnbahn«, sagt Geralt.

Geralt ist kein schlechter Mensch, im Gegenteil. Er will das Beste für ihre Heimat. Wie könnte er ihm das übelnehmen? Aber trotzdem würde er ihm am liebsten den Hals umdrehen. Muss er sich schämen, weil er so egoistisch ist?

»Ich kann das jetzt nicht entscheiden«, sagt Anna, und Boris ist ihr zutiefst dankbar. »Die Simulationen sagen, dass wir Koronis auch dann noch einholen können, wenn wir erst in den kommenden drei Tagen starten. Also lasst uns darüber schlafen.«

4802.14

»Wie sieht deine Entscheidung aus?«, fragt Geralt. »Haben wir lange genug gewartet? Können wir nun endlich starten?«

»Nun lass sie doch erst einmal richtig wach werden«, sagt Boris.

Anna gähnt. Sie war die ganze Nacht im Tank sehr unruhig gewesen. Er hat das verfolgt, weil er selbst gar nicht geschlafen hat. Aber wenigstens ist sein Körper nun regeneriert.

»Ich …«

»Ich möchte noch einmal darauf aufmerksam machen«, unterbricht die Erdfrau sie, »dass es noch eine dritte Möglichkeit gibt. Wir können zusammenarbeiten. Lassen Sie mich meine Freunde rufen. Sie können nicht so weit entfernt sein. Gemeinsam finden wir vielleicht die beste Lösung.«

Sie spricht schon fast perfekt Titanisch. Wenn sie ihr doch nur vertrauen könnten! Boris ahnt schon, was Geralt gleich sagen wird.

»Wir können Ihnen nicht vertrauen, Sara«, sagt Geralt. »Sie halten mit Ihrem Wissen hinter dem Berg, zum Beispiel über das Magnetfeld von Santa. Sie waren zwar über Monate bewusstlos, aber dahinter steckt mehr. Sie sind eine begabte

Wissenschaftlerin. Die schickt kein Unternehmen der Welt einfach mal so in den hintersten Asteroidengürtel.«

»Das stimmt. Ich wurde auf eine Mission hierher geschickt.«

»Das wurde aber auch Zeit. Welche Art von Mission?«, fragt Boris.

»Ein paar autonome Einheiten, automatische Bergbaumaschinen, von einer KI gesteuert, funktionierten nicht mehr wie erwartet. Wir sollten herausfinden, was passiert ist. Es schien eine ganz einfache Mission zu sein. Wir sind in die Wartungskammer gestiegen, aber die war leergeräumt. Sie haben es ja gesehen. Einfach leer. Und dann haben wir nach den Maschinen gesucht.«

»Sie besitzen Scanner, die tief in den Asteroiden reichen?«, fragt Anna.

»Nein, wir sind primitiver vorgegangen, seismisch. Wir haben eine Erschütterung verursacht und die Ausbreitung der Wellen gemessen. So kann man die innere Struktur eines Festkörpers auch überprüfen. Und dann ist es passiert.«

»Was ist passiert?«, fragt Geralt.

»Das, an das ich mich nicht mehr erinnern kann. Ich weiß noch, wie die Explosion ablief …«

»Sie haben eine Explosion verursacht? Gerade nannten Sie es noch Erschütterung«, sagt Anna.

»Um einen 30-Kilometer-Brocken zu durchleuchten, muss man schon kräftig daraufklopfen.«

»Nun, dann muss die Explosion all das ausgelöst haben, denken Sie nicht?«, fragt Geralt.

»Ja, das ist möglich.«

Sara reagiert schon wieder ausweichend. Das war ein Fehler. Geralt hat dafür einen sechsten Sinn.

»Sie sagen uns schon wieder nicht alles, was Sie wissen. Wir können Ihnen nicht vertrauen, ich wusste es«, sagt Geralt denn auch prompt.

Saras Gesicht verhärtet sich. Sie wirkt jetzt trotzig.

»Doch, ich bin auf Ihrer Seite. Wenn wir gemeinsam herausfinden, wie man unseren Asteroiden stoppt, können wir auch den zweiten anhalten. Ich gebe zu, dass ich egoistisch bin, denn ich hoffe, dass Sie erst das Problem hier lösen. Santa wird die Erde weitaus eher treffen als Koronis den Titan. Ich gebe Ihnen mein Wort.«

»Und das Wort Ihrer Freunde?«, fragt Geralt. »Sie besitzen sicher weitaus fortgeschrittenere Schiffe als wir.«

»Ich bin Wissenschaftlerin, nicht die Präsidentin. Ich kann Ihnen nicht das Wort aller anderen Menschen geben. Aber sehen Sie, auch darin bin ich ehrlich.«

»Das ehrt Sie«, sagt Geralt, »aber wir dürfen das Überleben des Titan nicht gefährden.«

Boris ist drauf und dran, ihm recht zu geben. Aber Jenna? Er kann sie nicht aufgeben. Wenn das Schiff abfliegt, wird er auf dem Asteroiden bleiben.

»Ich möchte Sie gern von meiner absoluten Ehrlichkeit überzeugen«, sagt Sara. »Es gibt da etwas, was Sie sollten wissen.«

»Ja?«, fragt Anna.

Boris friert mit einem Mal. Das ist ihm in der heißen Zentrale noch nie passiert. Die Erdfrau hat ihre Ankündigung wie eine Drohung ausgesprochen.

»Es ist sehr heikel. Wissen lässt sich nicht rückgängig machen. Wenn ich erzählt habe, gibt es kein Zurück. Wollen Sie das wirklich?«, fragt sie. »Auch wenn es Ihre Vergangenheit, wie sagt man, in neuem Licht erscheinen lässt?«

»Unbedingt«, antwortet Geralt.

»Gut. Ich kenne dieses Schiff. Es ist die Santa Maria. Ursprünglich war es ein Marsfrachter.«

»Woher kennen Sie es?«, fragt Geralt.

»Es ist Teil der jüngeren Geschichte. Eine der vielen hässlichen Episoden. Sie können sich Dokumentationen dazu ansehen. Wenn ich Kontakt zur Erde habe, besorge ich Ihnen das Material.«

»Und weiter?«, fragt Anna.

»Nachdem das Marsprojekt nie so richtig anlief, wurde die Santa Maria an einen Konzern verkauft, eine Biotech-Firma. Angeblich ging es darum, unter Schwerelosigkeit

Medikamente herzustellen. Aber das Unternehmen hatte etwas Anderes vor. Es hat all die Forscher – Biologen, Chemiker, Mediziner – eingestellt, die nicht so recht zufrieden waren mit dem Fortschritt der Menschheit. Weil sie den Menschen selbst genetisch verbessern wollten. Das war immer eine Grenze gewesen, die kein Land überschritten hatte. Sich gegenseitig umzubringen, galt als ethisch vertretbar, aber das eigene Erbgut zu verbessern, das stand unter Strafe.«

»Sie klingen, als würden Sie diese Meinung nicht teilen«, sagt Anna.

»Das stimmt, ich halte sie für fragwürdig. Aber ich bin keine Biologin, deshalb muss ich mich damit nicht auseinanderstellen.«

»Auseinandersetzen. Aber ich wollte Sie nicht unterbrechen.«

»Die Geschichte ist sowieso gleich am Ende. Die Biotech-Firma setzte sich an Bord der Santa Maria, im Erd-Orbit, über alle Verbote hinweg. Sie züchtete neue, bessere Menschen. Aber das konnte natürlich nicht lange gutgehen. Forschung in diesem Umfang sich nicht geheimhalten lässt. Die Erdregierungen schickten zuerst Inspektoren, und als die nicht an Bord durften, schickten sie Polizisten. Das Unternehmen wehrte sich mit seinem Sicherheitspersonal. Es besaß für die damalige Zeit sehr fortgeschrittene Waffen, von einem anderen Unternehmenszweig entwickelt. Aber den Gründern muss klar gewesen sein, dass sie sich auf Dauer nicht gegen die ganze Welt wehren konnten. Also die Santa Maria verschwand aus dem Erdorbit.

Niemand wusste, wohin sie gestartet war. Es gab zwar Gerüchte, Titan wäre Ziel gewesen, aber die Spuren verliefen sich im Sand, und dann brach der Große Krieg aus und brachte die Welt an den Rand der totalen Zerstörung. Die Santa Maria wurde vergessen, bis die Zivilisation nach vielen Jahren wieder Fuß gefasst hatte. Und jetzt Sie tauchen in diesem Schiff wieder auf.«

Bis auf das Rauschen der Lebenserhaltung ist es still in der Zentrale. Es ist eine brutale Wahrheit. Die Gründer waren keine Wohltäter. Es waren Wissenschaftler ohne ethische Grenzen. Sie sind die Kindeskinder von Gesetzesbrechern. Sollte er Sara nicht um Beweise bitten? Aber das ist Unsinn. Eine solche Geschichte kann sich niemand ausdenken. Sie wird die Beweise liefern, und dann wird es ihnen nicht anders gehen.

»Glauben Sie mir nun, dass ich ehrlich mit Ihnen bin?«

»Ja«, sagt Geralt. »Sie haben uns gerade die Grundlage unseres Lebens genommen. Jetzt ist es auch egal. Sprechen Sie mit Ihren Freunden, aber bitte schnell.«

Boris' Handflächen schwitzen. Er hat zwar gewonnen, aber es ist kein Sieg, über den er sich freuen kann.

4802.15

»Sehen Sie, hier, das sind die Eigentümer der Santa Maria«, sagt Sara und zeigt auf den Bildschirm. »Und das ist der Geschäftsbericht. Sie können alles nachlesen, alles. Warten Sie, da sind auch die Forschungsberichte. Sie werden sehen, dass das Unternehmen mit den gentechnischen Experimenten am Menschen lange vor dem Abflug zum Titan begonnen hat.«

Boris sieht über die Schulter der Frau auf den Schirm. Die Dokumente sind in Alt-Englisch verfasst. Er versteht kein Wort, aber Geralt nickt immer wieder. Er hat einen Taschen-Übersetzer in der Hand, in dem er immer wieder Wörter nachschlägt.

»Das liegt hier alles offen und unverschlüsselt in der Datenbank«, sagt Sara. »Sie haben kein Geheimnis daraus gemacht.«

»Wir wären trotzdem nie darauf gestoßen«, sagt Geralt. »In diesen riesigen Mengen altsprachlicher Dokumente so etwas aufzuspüren, da muss man schon wissen, was man sucht.«

»Darf ich Ihnen einen Rat geben? Ich weiß, ich nicht bin befugt dazu. Sie kennen mich gar nicht. Aber vielleicht es hilft.«

»Was raten Sie?«, fragt Anna.

»Ich habe gesehen, wie schockiert Sie waren. Sie sollten Ihr Wissen nicht auf einmal mit Ihrem ganzen Volk teilen. Das wäre nicht gut. Klären Sie die Vergangenheit langsam auf. Sie ist nicht so wichtig. Die Zukunft zählt. Die Bewohner Titans haben sich nichts vorzuwerfen. Ihre Gründer waren Erdmenschen.«

»Das stimmt, Sara«, sagt Geralt. »Ich gebe zu, ich war gestern nah am Verzweifeln. Die Gesellschaft, die die Gründer auf Titan aufgebaut haben, wird nicht deshalb schlecht, weil Menschen Fehler gemacht haben, oder?«

»Ich weiß nicht, vielleicht sollten das alle entscheiden, nicht wir vier«, sagt Boris.

»Sie brauchen jetzt gar nichts zu entscheiden«, sagt Sara. »Wenn Titan und Erde zerstört werden, wird die Vergangenheit irrelevant. Darf ich jetzt meine Freunde kontaktieren?«

»Natürlich«, sagt Anna. »Wir haben es ja versprochen. Danke, dass Sie uns die Beweise gezeigt haben. Es wird Zweifler auf Titan geben. Was brauchen Sie für den Kontakt?«

»Nun, normalerweise benutze ich ein … ist aber auch egal, das ist auf einem 250 Jahre alten Schiff nicht zu erwarten.«

»Mit Titan sind wir über Funk in Verbindung«, sagt Anna.

»Ja, Funk, das ist perfekt. Ich nehme an, dass unsere Schiffe auch noch auf den früher üblichen Frequenzen lauschen. Also ich hoffe es. Die Santa Maria dürfte ja mit den auf der Erde verwendeten Kanälen arbeiten. Gibt es denn Informationen, die ich zunächst nicht herausgeben soll?«

»Unser Standort sollte vielleicht zunächst noch …«

»Gut, Boris, wenn Sie mich an meine Freunde übergeben, was ich hoffe, müssen Sie sich dann allerdings, wie sagt man, offenbaren?«

»Ganz so weit sind wir ja noch nicht«, sagt Boris.

»SARA RENBERG HIER, HÖRT MICH JEMAND? BITTE MELDEN! Befinde mich in einer Notlage. Sara Renberg hier, hört mich jemand? Bitte melden! Befinde mich in einer Notlage.«

»Das genügt«, sagt Geralt. »Ich lasse Ihre Ansage alle dreißig Sekunden wiederholen. Stimmt die Übersetzung so?«

Renberg liest die drei Sätze, die Geralt übersetzt hat.

»Sehr gut«, sagt sie, »Ihr Englisch hat sich schon stark verbessert.«

Boris liest, was das Schiff nun ins All schickt. Es klingt wie eine harmlose Botschaft. Hoffentlich enthält sie keinen versteckten Code, der alle Schiffe in der Umgebung zur umgehenden Jagd auf die Santa Maria verpflichtet. Aber er sollte nicht so misstrauisch sein. Immerhin verwendet er jetzt schon in Gedanken den Namen, den das Gründerschiff früher einmal hatte.

DIE ANTWORT BRAUCHT DANN DOCH ÜBERRASCHEND LANGE. Nach dreieinhalb Stunden gellt ein Alarm durch das Schiff. Boris ist gerade auf dem Weg in den Lagerraum und dreht sofort um.

»Kein Grund zur Eile«, entschärft Geralt per Funk die Situation, »ich habe den Sender so programmiert, dass wir die Antwort auf keinen Fall verpassen können.«

Als Boris die Zentrale betritt, schweben die anderen schon vor, neben und über dem Schirm der Kommandantin. Sara sitzt auf dem Platz, der vorher Jenna vorbehalten war.

»Was bedeutet dieses Wort?«, fragt Geralt.

»Das ist eine überaus erfreute Äußerung, ein modernes Slangwort«, erklärt Sara. »Blane sollte es eigentlich nicht verwenden, es ist nicht passend.«

Blane? Was ist das denn für ein Name?

»Gut, dann habe ich die Übersetzung fertig«, sagt Geralt. »Ich lasse sie euch abspielen.«

»Sara? Welch fucking Freude!«, liest die automatische Stimme des Computers ohne große Beteiligung vor. Vielleicht hätte besser Geralt den Text lesen sollen. »Ich habe überall nach dir gesucht. Ich konnte nicht glauben, dass du tot bist. Wo hast du deinen Aufenthalt? Ich hole dich ab, selbst wenn es am Ende der Welt ist.«

Die Übersetzung holpert noch etwas, aber Boris sagt nichts. Sein Freund sieht gerade sehr stolz aus, und er will seine Freude nicht trüben.

Sie formulieren eine Antwort.

»Ich bin an Bord der Santa Maria, eines Schiffes der Titanier. Die Besatzung hat mich auf Santa gefunden. Wir befinden uns noch in der Nähe des Asteroiden. Die Besatzung würde sich gern mit uns über Möglichkeiten austauschen, Santa und Koronis zu stoppen. Sara Ende.«

Diesmal trifft die Antwort schon nach 180 Sekunden ein, und Geralt übersetzt sie sofort. Wenn dieser Blane schon auf ihre Botschaft gewartet hat, muss er 90 Lichtsekunden entfernt sein. Das ist kein Katzensprung.

»Das trifft sich sehr gut. Ich habe nämlich auf Santa ebenfalls jemanden gefunden. Es ist eine Frau namens Jenna Tamarastir. Sie wollte mir bisher nicht sagen, woher sie kommt, ist überhaupt ziemlich widerspenstig. Ihr Raumanzug ist uralte Technik. Ich dachte schon, sie käme von einer illegalen Kolonie auf einem Asteroiden.«

Jenna! Boris flüstert ihren Namen, bis die anderen ihn seltsam anschauen. Dieser Blane hat sie also in seiner Gewalt. Sie müssen schnellstmöglich einen Austausch organisieren.

»Er muss uns Jenna sofort übergeben!«, sagt er. »Und wehe, er tut ihr etwas an!«

»Blane? Keine Sorge. Blane ist zwar ein schottischer Draufgänger, aber er nie würde jemand verletzen. Es sei denn, der andere schießt zuerst. Also übertragen gesprochen.«

Saras Blick hat sich verändert, als sie von Blane gesprochen hat. Ist das bloß die Wiedersehensfreude?

»Ich schlage folgende Antwort vor«, sagt Sara. »Wir bitten um zeitnahen Austausch. Teile uns bitte deine Position mit. Bei einem persönlichen Treffen können wir dann auch diskutieren die Optionen zur Abwehr der beiden Asteroiden.«

Sie schicken die Nachricht mit kleinen Veränderungen ab. Wieder braucht die Antwort drei Minuten. Blane ist jedenfalls niemand, der lange grübelt, was er schreiben soll.

»Tut mir leid, Sara, aber du muss noch zwei Wochen warten. Ich bin gerade auf dem Weg zum Mars. Dort wartet ein Riesen-Arschloch darauf, dass ich ihm die Hammelbeine langziehe. Danach stehe ich zu eurer Verfügung.«

»Zwei Wochen?«, fragt Geralt.

»Das können wir so nicht akzeptieren«, sagt Boris, »Koronis bewegt sich unaufhaltsam in Richtung Titan, da können wir doch nicht untätig warten. Außerdem will ich Jennas Stimme hören. Wir müssen sicher sein, dass es ihr gut geht.«

»Das unterstütze ich«, sagt Anna.

Die Erdfrau seufzt. »Ich werde ihm das Problem erklären. Aber ich kenne Blane ganz gut. Was er sich einmal in den Kopf gesetzt hat, werden wir ihm nicht ausreden. Die Stimmprobe von Jenna, die liefert er bestimmt.«

»Hallo Boris, Anna, Geralt!«

Jennas Stimme schallt durch die Zentrale. Sie hat seinen Namen zuerst genannt!

»Mir geht es gut hier«, erzählt sie weiter. »Blane ist in Ordnung. Er hat mir die Mission auf dem Mars erklärt, und ich kann nachvollziehen, wie dringend sie ist. Der Mann dort scheint zumindest mitverantwortlich dafür zu sein, was auf Santa passiert ist. Wir sehen uns dann in zwei Wochen. Ich werde die erste Titanierin sein, die ihren Fuß auf den Mars setzt!«

»Ihr habt es gehört«, schreibt Blane dazu. »Die Kleine ist ganz begeistert. Keine Sorge, ich werde sie außerhalb der Schusslinie halten. Sara, du weißt, dass auf mich Verlass ist. Damit deine neuen Freunde ihren Asteroiden doch noch erreichen, werde ich ein nagelneues Shuttle mit Converter-Antrieb für sie stehlen. Wie man hört, ist mein Ziel mit einer kleinen Flotte ausgestattet, da fällt ganz sicher etwas ab. Notfalls leihe ich ihnen das Shuttle, in dem ich selbst unterwegs bin. Versprochen.«

Die Kleine! Hoffentlich liest Jenna das nicht.

»Ein Shuttle mit Erd-Technik«, sagt Geralt, »das ist allerdings ein Argument. Ich wette, unsere Ingenieure wären froh, wenn wir es ihnen mitbringen würden.«

Boris überschlägt die Entfernungen. Wenn dieser Blane es mit seinem Schiff tatsächlich in zwei Wochen zum Mars und zurück schafft, dann sollte es kein Problem sein, damit auch Koronis einzuholen. Die irdische Technik muss trotz des Großen Kriegs einen ordentlichen Sprung gemacht haben. Dass Blane darauf verzichtet, Sara einzutauschen, dürfte ausgeschlossen sein.

»Das Angebot klingt gut«, sagt er. »Das einzige Risiko besteht darin, dass Blane bei seiner, wie er es nennt, Mission auf dem Mars getötet wird. Ich schätze, er wird es da mit mehr als einem Gegner zu tun bekommen.«

»Ich habe eine Ahnung, wen er besuchen will«, sagt Sara. »Er ist ein einflussreicher Unternehmer. Ganz einfach wird es sicher nicht, ihn auszuschalten. Aber Blane ist nicht irgendwer. Es hatte seine Gründe, dass er meiner Crew zugeordnet war. Er ist zwar ein Draufgänger, aber nicht lebensmüde. Ich bin deshalb ziemlich sicher, dass er diese Sache angeht mit Überlegung.«

»Dann sollten wir sein Angebot annehmen«, sagt Anna. »Es tut mir leid, Brüderchen, aber du wirst wohl noch eine Weile auf Jenna verzichten müssen.«

4803.5

In der Kuppel ist es langweilig. Mars und Jupiter sind zu weit entfernt, um sie mit bloßem Auge bewundern zu können. Der Asteroidengürtel, in dem sie noch immer kreisen, ist unsichtbar. An den Sternen hat Boris sich längst sattgesehen. Aber trotzdem ist dieser enge Ort noch immer sein Lieblingsplatz. Sicher liegt es auch daran, dass es hier kälter ist als in der Zentrale. Vor allem aber fühlt er sich Jenna näher. Er sucht die aktuelle Position des Mars und stellt sich eine Linie bis dorthin vor. Dann schickt er seine Gedanken auf die Reise. Es sind gute Gedanken. Vielleicht können sie Jenna vor dem beschützen, was dort auf sie wartet, auch wenn sie diesen Schutz gar nicht nötig hat.

Den Mann, den sie gerade begleitet, mag er nicht. Natürlich ist er ihm zu Dankbarkeit verpflichtet, denn er hat Jenna gefunden. Aber dadurch hat er ihm auch die Chance genommen, sie selbst aufzuspüren. Vor allem neidet er diesem Blane jedoch, dass er ein Mensch ist. Er ist Jenna, der Wnutri-Frau, viel ähnlicher als er selbst. Das muss Jenna doch zum Nachdenken bringen? Muss sie nicht erkennen, dass eine Verbindung mit einem Monster, wie er es ist, gar nicht möglich ist? Und dabei kennt sie die Geschichte der Gründer ja noch nicht einmal. Wie wird diese Entdeckung auf sie wirken? Er muss es sich endlich eingestehen – er hat keine Chance. Aber einfach aufzuhören, an sie zu denken, das lässt sein Gehirn nicht zu.

»Boris? Komm doch mal runter, das müsste dich interessieren«, ruft Anna.

Sie weiß schon, wo er sich am liebsten aufhält. Sie ist ja auch seine Schwester. Er ist ihr sehr dankbar. Sie wird er nie verlieren. Vorsichtig zieht er sich durch den engen Gang nach unten, wo die Luft immer wärmer wird.

»Und, was gibt es?«, fragt er, nachdem er die Zentrale erreicht hat.

»Eine Nachricht von Blane. Geralt übersetzt sie gerade«, sagt Anna.

»Wo ist Sara?«

»Sie schläft. Geralt meint, wir bräuchten nicht auf sie zu warten, er bekommt das selbst hin.«

»Umso besser.«

»Okay, ich denke, ich bin so weit«, sagt Geralt.

»Du denkst?«

»Der Text ergibt nun einen Sinn, also scheint mir die Übersetzung gelungen zu sein, Boris.«

»Dann lies doch mal vor.«

»Okay. Moment.« Geralt räuspert sich. »Das Problem ist gelöscht«, zitiert er dann.

»Beseitigt.«

»Ja, nun unterbrich mich doch nicht dauernd. Das Problem ist beseitigt. Jenna und ich, wir sind gesund und munter. Wir schlagen Treffpunkt vor in acht Tagen an diesen Koordinaten. Bringen wir schnelles Shuttle mit, wie versprochen.«

»Das ist ja großartig!«, sagt Anna. »Perfekt übersetzt von dir.«

Jenna kommt zurück. In acht Tagen sieht er sie wieder. Plötzlich fürchtet sich Boris. Wenn sie ihm nun die kalte Schulter zeigt? Er fühlt sich wie ein kleiner Junge, der sich etwas gewünscht hat, das über seinen Horizont geht, und dessen Wunsch sich nun überraschend erfüllt.

»Ja, das ist toll«, sagt er. »Und die Koordinaten?«

»Hängen an der Nachricht. Wir müssen mit 0,3 g beschleunigen, um sie pünktlich zu erreichen.«

»Das ist doch gemütlich«, sagt Anna.

Viel zu gemütlich, denkt Boris. Er hätte gern acht g, damit die Trägheit sein Gehirn so zusammenquetscht, dass er keines Gedankens mehr fähig ist. Acht Tage, wie soll er das bloß durchhalten?

4803.13

Das fremde Shuttle verrät sich erst, als es seine Triebwerke zündet. Es muss eine hervorragende Anti-Radar-Beschichtung besitzen. Boris hatte schon befürchtet, Blane könne die Verabredung vergessen haben. Sara läuft aufgeregt durch die Zentrale. Für sie muss es der Abschluss einer langen Geschichte sein. Immerhin war sie viele Umläufe von ihren Freunden getrennt. Aber abgeschlossen ist die Geschichte ja auch noch nicht. Immerhin befindet sich Santa weiterhin auf Erdkurs. Wer oder was auch immer dahintersteckt, die Erledigung der Mars-Mission hat an der drohenden Gefahr jedenfalls nichts geändert.

Das Gründerschiff fliegt antriebslos auf seinem Orbit. Das Shuttle wirft immer wieder seine Korrekturtriebwerke an und nähert sich langsam. Boris betrachtet das Manöver auf einem der Bildschirme. Es gibt keine Kopplungsstutzen an ihrem Schiff, also werden Sara und Jenna im Raumanzug die Fahrzeuge wechseln müssen.

Auf dem Schirm erscheint ein Gesicht. Blane ist hager, sein Kopfhaar zieht sich langsam zurück. Er ist gestresst, das bezeugen die roten Flecken auf seinen stoppeligen Wangen.

»Gar nicht so einfach mit diesem uralten System«, sagt er, von Sara übersetzt.

»Für uns funktioniert es gut«, sagt Boris.

»Sollte keine Kritik sein, tut mir leid, wenn es so rüberkam.«

Eine Hand winkt ins Bild. Sie muss Jenna gehören.

»Das war Jenna«, bestätigt Blane. »Ihr seht, es geht ihr gut. Ich würde das alles gern schnell über die Bühne bringen. Der Umweg kostet mich ein paar Tage, und wir haben da immer noch einen riesigen Brocken, der auf die Erde zurast.«

»Wir sitzen im selben Boot«, sagt Anna. »Was ist mit dem zweiten Shuttle?«

»Es kommt in etwa einer Stunde an. Ich habe es auf einen energiesparenden Kurs geschickt, damit ihr damit möglichst weit kommt. Ihr habt sicher keinen Wasserstoff zum Nachtanken an Bord?«

»Wir können welchen herstellen«, sagt Geralt. »Denke ich jedenfalls.«

»Na wie auch immer. Mit der aktuellen Füllung solltet ihr Koronis einholen können, egal, wie schnell er unterwegs ist. Dass eine zu hohe Beschleunigung auf Dauer nicht gut für die Gesundheit ist, muss ich euch nicht sagen.«

»Nein, wir sind ziemlich robust«, sagt Boris und hängt sich kopfüber vor den Bildschirm.

»Ah, du musst Boris sein. Ich habe viel von dir gehört. Du kannst im Vakuum überleben, wenn ich Jenna richtig verstanden habe. Coole Sache!«

»Danke, aber das ist nichts Besonderes, das kann die Hälfte aller Titanier.«

»Ich hoffe, wir können uns später ausführlich unterhalten. Ich finde Titan faszinierend«, sagt Blane.

Der Mann weiß, was man Titaniern sagen muss. Aber er klingt völlig ehrlich. Er hat sich die Sätze nicht vorher zurechtgelegt.

»Wir müssen über eure Pläne sprechen. Ihr habt eine Idee, wie man die Asteroiden entschärfen kann?«

Boris wartet, bis Geralt Blanes letzten Satz übersetzt hat, dann antwortet er:

»Entschärfen ist nicht das richtige Wort. Wir vermuten, dass sie von einem Magnetsegel angetrieben werden. Die geringe, aber konstante Beschleunigung spricht dafür. Und wir haben ein Magnetfeld gemessen, wie es auf Asteroiden sonst nicht vorkommt.«

»Eisen-Nickel-Asteroiden könnten ein schwaches, eingefrorenes Magnetfeld besitzen.«

»Nun, wenn Koronis auch eines aufweist, dürfte es klar sein. So viele Zufälle gibt es nicht.«

»Gegen eure Theorie spricht allerdings die starke Beschleunigung beim Start der Asteroiden«, sagt Blane.

»Starke Beschleunigung?« Boris sieht Sara an. »Davon wissen wir nichts. Sara hat auch nichts davon erzählt.«

»Sie hat das vielleicht als Explosion wahrgenommen«, sagt Blane.

»Ja, es gab einen großen Knall, und dann verlor ich das Bewusstsein, bis ihr mich wieder geweckt habt«, sagt Sara.

»Okay. Vielleicht hat die Explosion dem Asteroiden ja einen starken Anfangsimpuls gegeben«, sagt Boris. »Und danach erst hat das Magnetsegel eingesetzt.«

»Ich habe aber schon bei unserer ersten Landung auf Santa ein Magnetfeld gemessen«, sagt Sara.

»Das schließt immer noch nicht aus, dass es sich um ein Magnetsegel handelt«, sagt Boris. »Oder habt ihr eine bessere Idee?«

»Leider nicht. Ich habe ein bisschen gehofft, dass sich die Beseitigung des Problems auf dem Mars auch auf die Asteroiden auswirkt, aber das war wohl nichts. Deshalb bin ich gespannt, ob ihr Koronis ablenken könnt. Oder, Sara, was meinst du?«

»Mir geht es ähnlich. Leider fehlt uns noch der große Zusammenhang. Vielleicht würde sich daraus eine Lösung ergeben. Ich fürchte, wir haben es mit zwei verschiedenen Mächten zu tun.«

»Sollen wir dann mal den Austausch starten? Jenna steckt schon in ihrem Raumanzug.«

»Ich brauche zehn Minuten«, sagt Sara.

Die Verbindung bricht ab.

»Und das zweite Shuttle?«, fragt Boris. »Es war doch Teil des Deals.«

Am liebsten würde er Jenna ja sofort in die Arme schließen. Aber er darf sich nicht von seinen Gefühlen zu einer falschen Entscheidung verleiten lassen. Warum muss er bloß immer so vernünftig sein?

»Ich denke, wir können Blane vertrauen«, sagt Anna.

Hoffentlich hat sie recht! Boris möchte sehr gern, dass sie recht hat. Die Erdmenschen haben ein Interesse daran, dass die Titanier ihre Theorie testen, und dazu brauchen sie das Shuttle. Dann können sich Blane und Sara Fehlversuche sparen. Santa ist der Erde schon nähergekommen als Koronis dem Titan, also drängt die Zeit für die Erdmenschen stärker als für sie.

»Gut, ich bin einverstanden«, sagt Boris.

Endlich! In zehn Minuten wird Jenna wieder vor ihm stehen.

Das Wiedersehen ist kurz. Denn gerade in dem Moment, als Jenna aus der Schleuse tritt, warnt der Schiffscomputer vor dem Eintreffen eines weiteren Raumfahrzeugs. Boris umarmt Jenna, aber sie löst sich schnell. Das hat er sich anders vorgestellt. Er folgt ihr zum Bildschirm. Das versprochene Shuttle sieht windschnittig aus und besitzt Stummelflügel. Vermutlich kann man damit auf Himmelskörpern mit Atmosphäre im Gleitflug landen.

»Darf ich vorstellen: Die Himmelssänfte«, kommentiert Blane per Funk, übersetzt von Geralt.

»Wie eine Sänfte sieht es ja nicht aus«, sagt Anna.

»Der Milliardär, dem ich es gestohlen habe, hatte eine Vorliebe für chinesische Namen. Ich wünsche euch viel Spaß damit. Aber macht es nicht kaputt, es war wirklich teuer, und es wäre schade um die allerneueste Technik, die darin steckt.«

»Wir werden gut auf es aufpassen«, sagt Anna. »So weit es geht. Oh, ich sitze auf deinem Platz.«

Anna macht den Sessel frei, und Jenna setzt sich.

»Es ist schön, wieder bei euch zu sein«, sagt sie.

»Ich habe dich überall gesucht«, sagt Boris. »Tut mir leid, dass ich nicht erfolgreich war.«

»Du hattest keine Chance. Santa ist von einem ganzen Tunnelsystem durchzogen, und eine sich feindlich gebärdende KI scheint die Kontrolle darüber übernommen zu haben. Das hat mir Blane erklärt. Sie hat mich wohl als gefährlich eingestuft und deshalb mit ihren Mitteln isoliert.«

»Aber sie hat dich nicht umgebracht«, sagt Geralt. »Wäre das nicht einfacher gewesen?«

»Sie beachtet wohl immer noch ihre Grundprogrammierung. Wenn keine Gefahr von einem Menschen ausgeht, versucht sie, sein Leben zu erhalten.«

»Und der Typ auf dem Mars«, fragt Boris, »dem ihr die Hammelbeine langgezogen habt?«

»Wenn ich es richtig verstanden habe, hat er versucht, aus der ganzen Sache Kapital zu schlagen.«

»Also hat Blane mit ihm gesprochen und ihn überzeugt, ein besseres Leben zu führen?«

»Ja, Boris, so in etwa«. Jenna lacht. Er liebt dieses Lachen. »Er wird jedenfalls keine Dummheiten mehr machen.«

»War das nicht gefährlich?«, fragt Geralt.

»Es war sehr gut vorbereitet. Ich habe dabei geholfen, den richtigen Zugang zu finden. Die Hauptarbeit hat Blane geleistet.«

»Er hat mit dem Mann gesprochen«, sagt Anna.

»Genau, ja, gesprochen hat er mit ihm auch.«

»Sara hier.« Das Gesicht ihres Gastes erscheint auf dem Schirm. »Ich bin gut drüben angekommen. Bitte haltet uns auf dem Laufenden, was den Asteroiden betrifft. Und generell würde es mich freuen, wenn wir eine Verbindung zwischen Erde und Titan aufbauen könnten.«

»Das müssen wir mit unseren Leuten besprechen«, sagt Geralt. »Es ist einiges passiert, was nicht so einfach zu verdauen ist.«

»Das verstehe ich«, sagt Sara. »Und nochmal lieben Dank an Boris für die Rettung. Sara Ende.«

»Lieben Dank?« Jenna sieht ihn neugierig an, und prompt wird er rot.

»Ich habe sie aus einer Art Sarg geholt«, erklärt er. »Sie war erst nicht sehr begeistert, weil sie mich wohl für eine Art Monster hielt.«

»Monster, die spinnt doch. Du bist ein stattlicher Mann, das ist doch ganz eindeutig«, sagt Jenna, und die Hitze in seiner Haut verstärkt sich weiter.

Manchmal hat er das Gefühl, dass sie das extra macht, um ihn in Verlegenheit zu bringen. Aber vielleicht meint sie es ja auch einfach bloß ernst.

»Wir sollten nicht lange warten und ins Shuttle umsteigen«, sagt Geralt.

»Wir?«

»Ich dachte, wir lösen das Problem gemeinsam, Anna?«

»Das halte ich strategisch für unklug«, sagt seine Schwester. »Zu zweit sollten wir das Experiment auch durchführen können. Die anderen beiden warten dann mit dem großen Schiff im Hintergrund.«

»Und wer fliegt das Shuttle?«, fragt Boris.

»Ich«, sagt Jenna. »Blane hat mich auf dem Herflug mit der Steuerung vertraut gemacht.«

»Das ist ein überzeugendes Argument«, sagt Geralt.

»Dann würde ich sagen, Boris begleitet dich«, sagt Anna.

Schwesterchen, du bist ein Schatz! Er würde sie jetzt gern vor Dankbarkeit umarmen.

»Oder was hältst du davon, großer Bruder?«

Ja, ja, auf jeden Fall, unbedingt!, denkt er.

»Ja, wenn du das sinnvoll findest, dann übernehme ich diese Aufgabe natürlich«, sagt er.

»Habt ihr da nicht ein Problem?«, fragt Jenna.

Will sie ihn etwa nicht an Bord haben? Boris schluckt.

»Wie meinst du das?«, fragt Anna zurück.

»Der Regenerationstank«, sagt Jenna.

Das stimmt. Anna und er, sie brauchen den Tank beide. Der Flug dauert zu lange, als dass sie darauf verzichten könnten.

»Ah, das könnt ihr noch nicht wissen«, sagt Geralt. »Ich bin mit Sara die alten Inventarlisten durchgegangen. Die Gründer haben mit ihren Gentechnik-Experimenten ja schon an Bord begonnen. Und aus diesen Zeiten steht noch ein kleineres Modell des Regenerationstanks im Lager. Wir müssen ihn bloß füllen und an Bord des Shuttles bringen. Es wird darin allerdings ein bisschen eng sein.«

»Damit kann ich leben«, sagt Boris.

»Aber dadurch wird das elegante Shuttle ja völlig verunstaltet?«, protestiert Jenna. »Das kommt gar nicht in Frage.«

Er sieht sie mit großen Augen an. Was ist denn in sie gefahren?

»Das war ein Scherz, Boris, natürlich nehme ich dich und den Tank gern mit«, sagt Jenna, und sein Herz hüpft.

Anna drückt ihm die Rail-Gun in die Hand, die sie auf Santa als Magnetfeld-Sensor benutzt hat. Das Messinstrument steckt noch immer im Griff. Seine erste Aufgabe wird es sein, auch auf Koronis ein Feld nachzuweisen. Besitzt der Asteroid keins, ist ihre schöne Theorie hinfällig. Dann ist guter Rat teuer, denn sie haben keine Alternative.

»Ich habe die Rail-Gun so umgebaut, dass sie nicht mehr als Waffe nutzbar ist«, erklärt Anna.

»So schnell?«

»Das ist nicht kompliziert. Wenn du mit dem Hebel hier auf Dauerfeuer wechselst und dann den Auslöser drückst und festhältst, führt das zu einer Überlastung des Abschuss-Mechanismus. Dadurch entsteht ein starkes Magnetfeld, das andere Felder in der Umgebung stört«, erklärt Anna. »Du musst ihn festhalten. Das ist wichtig und soll Fehlzündungen verhindern. Aber weil dabei wahrscheinlich die supraleitenden Spulen durchbrennen, hast du nur einen einzigen Versuch.«

»Nur eine Chance, Titan zu retten?«

»Ich weiß, deshalb habe ich noch eine zweite Rail-Gun präpariert. Wenn die erste nicht auslöst oder der Impuls nicht genügt, hast du noch eine zweite Gelegenheit.«

»Gut, das beruhigt mich.«

»Eigentlich wäre ich ja lieber mitgeflogen«, sagt Anna. »Dann hätte ich bei Problemen selbst eingreifen können.«

»Aber Jenna kennt sich mit der Steuerung des Shuttles besser aus.«

»Ich meine, statt dir. Aber ich dachte, das wäre auch für dich eine Chance.«

»Oh, danke!«

»Ich will dich ja nicht unter Druck setzen, aber dir sollte auch bewusst sein, dass das eine einmalige Chance ist, Jenna von deinen Gefühlen zu erzählen.«

»Aber wie? Das lässt sich doch gar nicht in Worte fassen!«

»Das ist deine Aufgabe. Irgendwie musst du es hinbekommen. Ihr werdet mindestens eine Woche gemeinsam verbringen. Niemand wird euch stören.«

»Kannst du mir nicht ein paar Sätze sagen, die passen?«

»Spinnst du? Das sind doch dann meine Sätze. Jenna wird sofort erkennen, dass sie von mir sind. Dann war's das mit euch beiden.«

»Oh, gut, das setzt mich ja nun überhaupt nicht unter Druck. Ich freue mich auf die Zeit mit Jenna. Willst du nicht vielleicht doch tauschen?«

»Kommt gar nicht in Frage. Es gibt für dich jetzt keine Ausreden mehr. Nutze die Zeit oder lass es. Es liegt an dir. Und wenn du nicht willst, dann soll es eben nicht sein. Wenn wir als Helden zurückkehren, wirst du genug Angebote bekommen. Und wenn wir beim Versuch, die Welt zu retten, alle sterben, dann ist es auch egal, ob du sie gefragt hast.«

»Ich weiß nicht. Wenn ich ihr nun erzähle, dass ich sie

mag, und sie weist mich ab, weil sie mich als Freund nicht verlieren will? Passiert das nicht sehr oft?«

»Na, dann ist es eben so«, sagt Anna.

»Dann werde ich mir wünschen, wir würden alle den Heldentod sterben. Nein, das wäre unfair euch gegenüber. Ich würde selbst den Heldentod sterben wollen.«

»Untersteh dich, Bruder! Wenn du dein Leben unnötig riskierst, komme ich sofort rüber auf die andere Seite und vermöbele dich, dass dir Hören und Sehen vergeht! Versprich mir, dass du keinen Quatsch machst.«

»Na gut, ich verspreche es.«

4803.15

Er hat sich den Flug ein bisschen anders vorgestellt. Denn Jenna sieht er so gut wie nie. Das Shuttle besitzt eine Zentrale mit dem Grundriss eines nach vorn spitz zulaufenden Dreiecks. Vorn, kurz vor der Spitze, befinden sich zwei eng nebeneinander befestigte Liegesessel. Sie sind sich so nah, dass er leicht zufällig Jennas Hand berühren könnte. Nur hält sie sich in der winzigen Kabine an der Basis des Dreiecks auf, wenn er hier vorn sitzt.

Das liegt daran, dass Jenna die Lebenserhaltung des kleinen Raumschiffs umprogrammiert hat. Zwölf Stunden lang ist es über 280 Grad heiß, während es in der zweiten Tageshälfte dann angenehme 230 Grad warm wird, frisch genug also, dass er nicht ins Schwitzen kommt. Das ist eigentlich sehr praktisch. Nur minimiert das eben seine Chance, mit Jenna ins Gespräch zu kommen, geschweige denn ihr zu gestehen, wie sehr er sie mag.

Aber wahrscheinlich ist es sowieso besser so. Wenn sie nicht einmal bei einer Reise zu zweit auf engem Raum die Gelegenheit finden, sich miteinander zu beschäftigen, wie soll da eine Beziehung gelingen? Vielleicht hat Jenna die Schichtaufteilung auch deshalb so strikt festgelegt, um ihm zu zeigen, dass sie einfach nicht kompatibel sind. Oder interpretiert er zu viel hinein?

Boris seufzt. Ja, er hat allen Grund, enttäuscht zu sein. Er seufzt noch einmal. Es ist ein seltsames Geräusch. Huuuuäääähhh. Woher mag es kommen? Er buchstabiert es. H-U-U-U. Nein, vier U. Dann zwei Ä, oder drei? Es ist total albern. Wie kann man nur freiwillig solche Laute von sich geben? Das passt doch gar nicht zu ihm. Oder? Und wenn Jenna einfach bloß darauf wartet, dass er endlich aus dem Knick kommt, wie Anna es formulieren würde? Aber wie kommt man aus dem Knick? Boris ist drauf und dran, schon wieder zu seufzen, aber er verkneift es sich diesmal.

»Ablösung«, ruft Jenna aus der offenen Tür zu ihrer Kabine.

Die Haare hängen ihr locker ins Gesicht. Ihr Gesicht sieht zerknittert aus. Das Shuttle ist mit dem Besten vom Besten ausgestattet. Selbst der Sanitärbereich ist großzügiger als alles, was es auf Titan gibt. Aber man merkt, dass es einem alleinstehenden Multimillionär gehört hat und für dessen private Nutzung entworfen wurde. Dusche und Toilette sind lediglich durch zwei gläserne Wände abgeteilt. Wer duscht oder sein Geschäft verrichtet, kann dabei normalerweise durch ein Panoramafenster ins All sehen – ist dabei aber auch für die gesamte Besatzung gut sichtbar.

Momentan steht der Ersatz-Tank an der Seite der Zentrale und verdeckt das Panorama-Fenster. Vorteile bietet die gläserne Dusche also nicht, nur Nachteile. Wie zum Beispiel den, dass er jetzt wohl besser im Tank verschwinden sollte.

»Wo willst du hin?«, fragt Jenna, als er um den Tank herumläuft.

»Privatsphäre für dich«, erklärt er.

»Das ist nett. Ich dachte, ich hüpfe kurz unter die Dusche, und dann frühstücken wir zusammen? Sonst sehen wir uns ja die ganze Zeit gar nicht.«

»Aber …« Er zeigt auf die Glaswand.

»Mann, du drehst dich einfach um, wo ist das Problem? Du bist doch nicht irgendein Fremder«, sagt Jenna.

Sie will Zeit mit ihm verbringen! Er könnte so breit grinsen, dass sie ihn für wahnsinnig halten muss. Deshalb verkneift er es sich lieber.

»Wenn du meinst«, sagt er, »dann setze ich mich so lange vorn in den Sessel.«

SCHWÄRZE, GARNIERT MIT STERNEN. DER AUSBLICK IST noch immer nicht interessanter geworden. Das Shuttle beschleunigt im Moment mit einem g. Boris bemerkt die im Vergleich zu Titan deutlich höhere Schwerkraft kaum. Jenna hat sich auch noch nicht beschwert. Wenn er genau hinhört, kann er neben dem Rauschen der Lebenserhaltung auch das Plätschern der Dusche hören. Die Scheibe des Bug-Fensters spiegelt den Innenraum. Er reckt den Hals, aber was hinten in der Kabine passiert, ist nicht zu erkennen.

»Suchst du nach mir?«, fragt Jenna.

Boris zuckt zusammen. Sie steht direkt hinter ihm. Er fühlt sich ertappt, traut sich aber nicht, sich umzusehen.

»Keine Sorge«, sagt sie, »ich habe mich schon angezogen. Die Kälte hier drin hält man ja sonst nicht aus.«

Er dreht sich um. Jenna trägt einen Trainingsanzug und einen dicken Wollpullover. Dabei wird ihm langsam schon zu heiß. Die Lebenserhaltung heizt die Kabine gerade auf eine für Jenna erträgliche Temperatur. Es wird also Zeit, dass er wieder im Tank verschwindet.

»Frühstück?«, fragt Jenna.

»Gern.«

»QUÄLEN WIR UNS EIN BISSCHEN?«, FRAGT JENNA, NACHDEM sie das Geschirr in den Schrank geräumt haben, wo es auf Magnet-Untersetzern haftet.

»Muss wohl sein.«

»Bist du bereit?«

Er überprüft den Gurt und stellt die Lehne nach hinten.

»Es kann losgehen«, sagt er.

»Starte Haupttriebwerk.«

Ein tiefes Vibrieren fährt in seinen Rücken. Dann drückt ihn eine unsichtbare Kraft tiefer in den Sessel. Zunächst wirkt sie noch sanft. Er stemmt sich unwillkürlich dagegen, aber sie lässt nicht locker. Wehr dich nicht, scheint sie ihm zu sagen, du hast sowieso keine Chance. Die Hand drückt nun sehr bestimmend, fordernd, sie will, dass er sich ergibt. Das Atmen wird schwer. Er zwingt sich zu kräftigen Zügen. Die Lebenserhaltung reichert die Luft mit zusätzlichem Sauerstoff an.

Er will die Kontrolle behalten, aber die Kraft lässt das nicht zu. Sie quetscht seine Brust, seinen Bauch und seine Glieder. Nur der harte Schädel scheint ihr zu widerstehen, aber die Augen sind empfindlicher, das Bild, das sie zeigen, wird körnig und unscharf. Er schließt sie. Wie geht es Jenna? Er schafft es, den Kopf leicht zu drehen, und sieht ihre Silhouette, aber er hat nicht genug Luft, sie zu fragen. Sie hat ihm versichert, dass ihr 6 g nichts ausmachen, aber er hat vergessen, sie zu fragen, woher sie das weiß.

Die Kraft nimmt noch einmal zu. Das Haupttriebwerk läuft jetzt auf höchster Leistung. Aber es ist nicht dafür gemacht, dauerhaft so stark zu beschleunigen. Das ist ihr Glück. Bald muss die Kraft wieder nachgeben. Aber noch wirkt sie unerbittlich. Sie presst seinen Unterleib so stark zusammen, dass selbst seine verstärkten Muskelfasern ihn nicht mehr davor schützen können, sich zu entleeren. Er wehrt sich, so gut er kann, aber die Beschleunigung fordert absoluten Gehorsam. Von außen wird nichts sichtbar sein, aber er muss danach unbedingt in den Tank, sonst nimmt der Pilz Schaden, der seine Außenhaut bildet.

»Maximale Beschleunigung erreicht«, meldet der Computer.

Boris fühlt sich zu einer Bestätigung genötigt, aber er schafft es nicht einmal zu nicken. Im Moment sind sie darauf angewiesen, dass das Shuttle sie beschützt. Weder Jenna noch er könnten jetzt noch auf Bedrohungen reagieren. Sie sind dem Schiff und seinem Computer ausgeliefert, was umso bedrohlicher wirkt, als er weiß, dass das Shuttle einem Verbrecher gehört hat. Wenn es nun eine geheime Funktion besitzt, die eventuelle Diebe tötet, indem es sie mit dauernder Beschleunigung zu Brei zerquetscht? Nein, seine Fantasie läuft schon wieder Amok.

Entspann dich, Boris. Alles wird gut. Er schickt seine Gedanken auf eine Reise durch den Körper. Muskel für Muskel schaltet er bewusst ab, und mit einem Mal zieht sich auch der Schmerz zurück. Es ist keine Niederlage, die ihm die Trägheitskraft beigebracht hat. Er hat sich einen Sieg erkämpft, indem er auf den Kampf verzichtet.

4804.4

Sind sie nicht bald auf halbem Weg zu Titan? Boris sucht auf dem Bildschirm nach Jupiter. Aber er hat Pech – der Planet befindet sich noch immer in ungünstiger Position weit hinter ihnen. Saturn hingegen scheint sich kaum von der Stelle zu bewegen, so weit draußen kreist er um die Sonne.

Es ist einer der seltenen Momente, in denen er sich mit Jenna zusammen im Cockpit befindet, kurz vor dem Ende seiner Schicht und dem Anfang der ihren. Sie beschäftigt sich gerade im hinteren Teil der Zentrale mit der Rail-Gun. Sie will ihren Aufbau verstehen, hat sie ihm erklärt. Ihm reicht es, dass Anna ihm versichert hat, die Rail-Gun sei das perfekte Werkzeug, um den verdammten Asteroiden vom Weg abzubringen.

»Uiuiui«, ruft Jenna plötzlich.

Was hat sie denn? Er dreht sich um, da sieht er sie schon angesegelt kommen. Er löst den Gurt, um sie aufzufangen, bevor sie an die Scheibe stößt. Doch dabei gibt er sich selbst einen Impuls nach oben und schwebt gen Decke. Er hätte besser erst überlegen sollen, warum Jenna frei durch die Kabine segelt. Er bekommt sie an der Hand zu fassen und zieht sie zu sich. Sie stößt sich mit dem rechten Fuß an der Decke ab. Von oben kommend, wickelt sich ihr Körper halb um seinen. Sie treffen sanft auf den Boden auf und prallen ab.

Wieso ist es plötzlich so schwer, Halt zu finden? Jenna versucht ja gar nicht, sich irgendwo festzuklammern? Sie hält sich an seinen Schultern fest, und ihr linkes Bein ist um seine Hüfte geschlungen. Boris stoppt ebenfalls alle Versuche, irgendwo zu landen. So treiben sie unaufhörlich durch die Zentrale, ab und zu gibt er ein bisschen Schwung, wie ein Ping-Pong-Ball, der ohne Ziel geworfen wurde. Es ist ein Spiel, wie es nur in der Schwerelosigkeit möglich ist. Und zugleich ist es kein Spiel, sondern viel mehr. Es ist eine Art von Ernsthaftigkeit, die er noch nicht erlebt hat. Es ist, wie vom Schicksalsberg zu gleiten, aber gemeinsam und mit geschlossenen Augen. Es ist, wie in einen Methansee zu tauchen, zu zweit im selben Raumanzug. Es ist, wie den letzen Sauerstoff-Vorrat zu teilen, ohne Aussicht auf Rettung, aber betrunken und glücklich und Hand in Hand.

Atemlos bleiben sie auf dem Boden liegen. Boris weiß nicht mehr, welche der miteinander verknäuelten Glieder ihm gehören. Jenna sortiert sie auseinander und erklärt ihm alles. Deine Hand, mein Unterarm. Mein Oberschenkel, dein Fuß. Dann erst bemerkt er, dass sie überhaupt nichts sagt. Sie sieht ihn einfach nur an und streicht ab und zu mit den Fingern über die harte Haut seiner Unterarme. Irgendwann, er weiß nicht, wie viel Zeit vergangen ist, bemerkt er, dass sie zittert. Er steht auf, holt mit Riesenschritten eine Decke und legt sie um ihre Schultern. Sie küsst ihn zärtlich auf die Wange und steht auf.

»Der Computer hat das Triebwerk deaktiviert«, sagt sie. Sie wirkt jetzt wieder ganz geschäftsmäßig.

»Ja.«

»Das ist das Zeichen.«

»Das Zeichen?«

Was meint sie damit?

»Dass wir das Schiff herumdrehen müssen. Ab jetzt wird gebremst.«

»Ah, klar.«

Da ist er wieder, der Alltag. Die Minuten zuvor, oder waren es Stunden?, lösen sich in Erinnerungen auf. Was immer auch passiert, niemand kann sie ihm nehmen. Aber die Chance, dass sie sich wiederholen, dürfte minimal sein.

»So, das war's«, sagt Jenna. »Was hältst du von einem kleinen Ausflug nach draußen, einfach so, zum Spaß?«

»Müssen wir nicht bremsen?«

Wenn sie nicht an ihrem Ziel vorbeirasen wollen, muss die Bremsphase genauso lang sein wie die Zeit, in der sie beschleunigt haben.

»Das System gibt uns 42 Minuten. So lange fliegen wir noch mit Maximalgeschwindigkeit.«

»Dann nichts wie raus«, sagt Boris.

Er hangelt sich als erster aus der Schleuse, die sich kurz vor dem Heck befindet. Sofort hakt er die Sicherheitsleine ein. Dann hilft er Jenna beim Aussteigen. Sie stellt sich neben ihn.

Hier hinten hat die Hülle des Shuttles ungefähr die Form einer dicken Röhre. Dadurch stehen zwar Jennas Füße nah bei seinen, doch ihre Oberkörper streben auseinander. Aus seiner Perspektive steht sie schräg, und er möchte sie am liebsten festhalten, damit sie nicht fällt.

»Komm, wir gehen nach vorn«, hört er ihre Stimme per Funk in seinem Kopf.

Sie zeigt zum Bug des Shuttles, der spitz zuläuft. Boris bewegt sich auf allen vieren nach vorn. So kommt er in der Schwerelosigkeit am schnellsten voran.

»Sieht lustig aus«, sagt Jenna. »Wo hast du das gelernt?«

»Gerade eben. So kannst du die Griffe besser nutzen, die überall verteilt sind.«

»Das merke ich auch gerade.«

Er setzt sich auf die Spitze ihres Fahrzeugs. Es ist hier so schmal, dass er bequem sitzen kann. Vermutlich stecken Antennen oder Sensoren unter der Verkleidung. Jenna tippt ihm auf die Schulter. Dann setzt sie sich hinter ihn, steht aber wieder auf.

»Komm, wir tauschen«, sagt sie. »So sehe ich ja gar nichts.«

Sie drückt ihm ihre Sicherheitsleine in die Hand. Dann springt sie in die Höhe, und er zieht sie wie einen Ballon so nach unten, dass sie direkt vor ihm landet.

»So habe ich mir das vorgestellt«, sagt sie.

»Ich habe dich eingefangen.«

»Dass du dir das ja nicht einbildest«, sagt sie und lacht.

Es ist ein großartiges Lachen. Niemand lacht so schön wie sie. Das ist natürlich Quatsch. Er weiß, dass es nicht stimmt, aber trotzdem glaubt er es.

»Das da vorn müsste die Venus sein«, sagt er.

Dabei legt er den linken Arm um ihren Bauch. Er spürt sie, obwohl sie einen Raumanzug trägt.

»Ich tippe eher auf Sirius«, sagt Jenna. »Venus ist immer in der Nähe der Sonne, und die liegt hinter uns.«

»Ich wollte irgendwie die Liebesgöttin ins Spiel bringen«, sagt er.

»Das weiß ich doch. So einfach mache ich es dir eben nicht.«

»Na gut. Aber das ist nicht Sirius. Es ist Saturn«, sagt er.

»Oh! Ja, du hast recht, das kann gut sein. Ich kann mich nicht erinnern, Saturn je so klein gesehen zu haben.«

»Vielleicht nicht bewusst, aber er begleitet uns ja schon die ganze Zeit unter den Sternen. Hast du nie zu ihm zurückgesehen? Dort ist immerhin unsere Heimat.«

»Heimat? Was ist das? Ist nicht die Erde unsere Heimat? Blane ist mir ziemlich ähnlich, obwohl 5000 Umläufe Gentechnik zwischen uns liegen.«

»Ähnlicher als ich, willst du sagen?«

»Nein, das will ich nicht. Ich frage mich nur, ob Titan uns wirklich eine Heimat geworden ist, oder ob wir uns das nur intensiv einreden, damit wir es glauben.«

»Was braucht denn Heimat für dich?«, fragt Boris.

»Ich weiß es nicht. Methanseen, den dichten, braunen Dunst, Wüsten aus Eiskörnern, das dachte ich immer. Aber Blane hat von Wiesen, warmen Meeren und blauem Himmel erzählt. Das würde ich gern einmal sehen.«

»Ich auch«, sagt Boris. »Aber sind es nicht eher die anderen Menschen, die einen Ort zur Heimat machen? Menschen, die deine Sprache sprechen, deine Gedanken und deine Gefühle verstehen?«

»Vielleicht. Aber gehört zu Heimat nicht auch Langeweile? So, wie ohne Langeweile keine Erholung möglich ist.«

»Das ist ein interessanter Gedanke. Was wird also werden, wenn wir zurück auf Titan sind? Wird es langweilig werden?«

Boris spannt unwillkürlich die Muskeln an. Er darf sich nicht verkrampfen. Jenna wird sonst merken, wie wichtig ihm diese Frage ist.

»Ich weiß es nicht«, sagt Jenna. »Ich möchte dir nichts versprechen, was ich dann nicht halten kann.«

Sie hat seine Frage verstanden. Das ist gut. Sie hat zwar nicht gesagt, was er hören wollte, aber es ist Raum für Hoffnung.

Jenna lehnt sich zurück. Er gibt ihr Halt. Gemeinsam betrachten sie die Sterne. Das Universum kann ein schöner Ort sein.

4804.12

»Ich hab ihn!«

Boris schwebt seitlich an Jenna heran, um einen besseren Blick auf den Bildschirm zu bekommen.

»Wo ist er?«, fragt er.

Sie berührt den Schirm und zoomt einen Bereich. Eine Art Kieselstein schält sich aus dem Dunkel. Es ist das erste dreidimensionale Radarbild, das sie von ihrem Ziel erhalten. Der kosmische Kiesel rotiert langsam um seine Achse.

»Eigentlich müsste er ja traurig aussehen«, sagt Jenna.

Sie spielt auf die Geschichte des Asteroiden an. Vor 15 Millionen Jahren muss ein anderer Asteroid mit ihm zusammengestoßen sein, meinen die Astronomen. Dabei sind fast 250 kleinere Objekte entstanden, die Koronis-Familie. Sie kreisen noch immer auf der ursprünglichen Bahn im Gürtel. (158) Koronis hingegen hat seine Familie eingebüßt, und bald soll er auch sein Leben verlieren, wenn es nach der unbekannten Macht geht, die ihn steuert.

»Ich fürchte, daran wird er sich gewöhnen müssen«, sagt Boris. »Aber immerhin bewahren wir sein Leben.«

»Wenn der Plan aufgeht.«

»Es wird funktionieren. Wir brauchen nur eine winzige Abweichung zu erreichen.«

»Und wenn Koronis seine Bahn daraufhin korrigiert?«

»Dann wissen wir zumindest, dass unser Verfahren funktioniert. Wir müssen es dann mit einem stärkeren Magnetfeld kombinieren, kurz bevor der Asteroid auf Titan einschlägt. Ein Magnetsegel kann prinzipiell nur langsam reagieren. Das gibt uns dann die Zeit, die wir brauchen.«

»Deinen Optimismus möchte ich haben«, sagt Jenna.

Seinen was? Optimismus hat ihm noch niemand vorgeworfen. Seine Schwester schimpft immer über seine Schwarzseherei. Die andauernde Nähe zu Jenna muss sein moralisches Koordinatensystem durcheinandergebracht haben.

»Sitzt noch zu locker.«

Boris zerrt an Jennas Rucksack.

»So kannst du nicht richtig steuern.«

Er greift unter ihren Arm und zieht den Riemen straff.

»So ist es besser. Oder schneidet der Riemen jetzt zu sehr ein?«

»Nein, fühlt sich gut an«, sagt sie.

»Wir haben nicht viel Zeit. Wenn das Radar noch hundert Meter Entfernung anzeigt, gebe ich dir ein Zeichen. Mir wäre es ja lieber, du würdest hierbleiben.«

»Darüber haben wir doch schon ausführlich diskutiert.«

Jenna hebt die zweite Rail-Gun an.

»Wenn deine Waffe versagt, brauchst du Ersatz. Und du kannst nicht zwei Waffen transportieren und dabei auch noch steuern.«

»Ich könnte zurückkommen.«

»Das Shuttle ist dann schon an Koronis vorbeigeflogen. Das würde unnötig Zeit und Treibstoff kosten.«

Sie hat ja recht. Aber er hat nun mal kein gutes Gefühl. Anna würde ihn jetzt wegen seiner dunklen Fantasien aufziehen. Dabei spricht alles dafür, dass ihr Plan gut durchdacht ist. Was soll da schiefgehen, mal davon abgesehen, dass Koronis womöglich gar kein Magnetfeld besitzt? Das würde zwar all ihre Theorien durcheinanderwerfen, aber es wäre im Moment nicht gefährlich. Trotzdem hat er eine düstere Vorahnung.

Er schiebt die Brille vor die Augen.

»Noch 120 Meter«, sagt er.

Jenna landet noch vor ihm auf dem Asteroiden. Es sieht merkwürdig aus. Im Licht des Helmscheinwerfers scheint Koronis aus einer senkrechten Felswand zu bestehen, und Jenna steht aus seiner Perspektive senkrecht darauf, ohne von der Schwerkraft nach unten gerissen zu werden. Trotz seiner 35 Kilometer Durchmesser fehlt Koronis die Kraft dafür. Jenna steht, weil sie die Düsen im Rucksack so benutzt, dass sie gegen die Wand gedrückt wird. Boris greift zur Steuerung und macht es ihr nach.

»Magnetfeld bestätigt«, sagt Jenna.

Er sucht durch die Helmscheibe ihren Blick, aber sie liest immer noch die Anzeige des Messinstruments im Griff der Rail-Gun ab.

»Der Wert ist fast identisch mit dem, den wir auf Santa gemessen haben«, erklärt sie.

»Also wirklich ein Magnetsegel.«

»Oder etwas, das wir noch gar nicht kennen.«

»Wir werden es gleich sehen.«

Boris presst seine Rail-Gun gegen den Boden. Es ist egal, wo sie das Feld erzeugen, dieser Ort ist so gut oder schlecht wie jeder andere auf der Oberfläche. Sie haben überlegt, ob es sich lohnt, ein Loch in den Asteroiden zu bohren. Aber das können sie immer noch nachholen, wenn die an der Oberfläche erzeugte Ablenkung zu gering sein sollte.

»Ich überlaste jetzt die Spule«, sagt er.

»Dann mal los«, sagt Jenna.

Er legt den Hebel um, der den Dauerfeuer-Modus aktiviert. Soll er noch irgendetwas Dramatisches sagen? Vielleicht wird er nie wieder die Gelegenheit dazu haben? Quatsch. Es ist ein simpler Versuch. Die einzige Gefahr ist, dass ihm die Rail-Gun um die Ohren fliegt. Er drückt den Auslöser und hält ihn fest. Die Waffe vibriert. Die Erschütterungen übertragen sich auf seinen Körper. Dann ist es vorbei. Der Bildschirm am Griff zeigt eine Fehlermeldung.

»Die Spule ist durchgebrannt«, sagt er.

Jenna nickt. So war es geplant. Ob sie den Asteroiden wirklich von seiner Bahn abgelenkt haben, werden sie erst nach einer Weile messen können. Da beginnt die Rail-Gun wieder zu vibrieren. Er sieht auf das Display. Die Fehlermeldung ist noch da. Die Erschütterungen kommen nicht aus der Waffe. Es ist der Asteroid, der vibriert. Eine dünne Staubschicht bildet sich über dem Boden, und ein paar kleinere Steine lösen sich und springen wie von selbst nach oben.

»Spürst du das auch?«, fragt er.

»Das kann nichts Gutes zu bedeuten haben«, sagt Jenna. »Wir haben irgendetwas in Gang gesetzt.«

Die Vibrationen nehmen zu. Der Staub hüllt sie bereits ein. Die Brille warnt ihn vor einem schnell fliegenden Hindernis. Boris sieht den Stein. Er rast auf Jennas Helm zu. Schnell schlägt er mit dem Kolben der Rail-Gun danach. Er trifft ihn, und der Kolben der Waffe zersplittert.

»Wir sollten hier weg«, sagt Boris.

»Dringend.«

Fast gleichzeitig starten sie die Düsen in ihren Rucksäcken. Boris sucht nach dem Shuttle. Es ist bereits etwas vorausgeflogen.

»Lass das Shuttle«, ruft Jenna. »Einfach nur weg, möglichst viel Abstand.«

Sie hat recht. Er schließt zu ihr auf. Sie fliegen durch dichten Staub. Der Asteroid scheint seinen Staubmantel abwerfen zu wollen; die kleinen Körnchen fliegen deutlich schneller als sie. Ohne die Brille würde er nur noch Staub um sie herum sehen.

»Wir sind zu langsam«, sagt er.

»Warte, halt dich an mir fest!«

Was hat sie vor? Jenna nimmt die Rail-Gun in Anschlag

und richtet sie auf den im Staub unsichtbaren Asteroiden, ihrer Flugrichtung entgegen. Er klammert sich an ihren Rucksack. Plötzlich bekommt er einen kräftigen Stoß. Der Rucksack trifft seine Brust, dass ihm die Luft wegbleibt, und mit einem Mal fliegen sie deutlich schneller.

»Nochmal«, sagt Jenna.

Wieder feuert sie die Rail-Gun ab, und der Rückstoß beschleunigt sie. An den Staubkörnern kann Boris abschätzen, wie schnell sie sind. Sie überholen den Staub kurz, aber gleich darauf holt er wieder auf. Unter ihnen muss eine Explosion im Gang sein, und zwar eine gewaltige.

»Gut festhalten«, warnt Jenna.

Dann feuert sie wieder und wieder. Die Projektile verlassen den Lauf der Rail-Gun mit hoher Geschwindigkeit, und bei jedem Schuss erhalten sie einen weiteren Impuls in die Gegenrichtung. Wie groß ist das Magazin wohl? Mit den Düsen allein würden sie der Explosion nie und nimmer entkommen. Jenna schießt und schießt; sie schießt um ihrer beider Leben.

Boris lässt seine eigene Rail-Gun los. Mit der durchgebrannten Spule nutzt sie ihnen nichts. Sie müssen Masse abwerfen, um noch schneller fliehen zu können. Was ist mit seinem Rucksack? Sie brauchen etwas, um später das Shuttle erreichen zu können. Aber ihr Fahrzeug ist nicht darauf programmiert, sich vor einer Explosion in Sicherheit zu bringen. Vermutlich ist es längst von den Geschossen getroffen worden, in die sich die Bestandteile des Asteroiden verwandelt haben. Er wirft seinen Rucksack ab, während Jenna sie mit der Rail-Gun in Sicherheit schießt. Sie müssen hier weg, und zwar möglichst schnell. Wenn sie die Explosion überlebt haben, können sie sich über ihre weitere Rettung immer noch Gedanken machen.

4804.13

Sie schweben einsam zwischen den Sternen. Niemand sagt etwas. Worte sind unnötig. Sie sind der Explosion von (158) Koronis entkommen. Gut. Der Asteroid stellt für Titan keine Gefahr mehr dar. Hervorragend. Mission erfüllt, könnte man sagen. Sie können stolz sein auf ihre Leistung, auch wenn nicht alles planmäßig verlief.

Welche Rolle spielt es da, dass ihr Shuttle ebenfalls zerstört wurde? Es reagiert jedenfalls nicht mehr auf ihre Rufe. Und wie wichtig ist die unbestreitbare Tatsache für den Lauf der Welt, dass sie innerhalb der nächsten 24 Stunden erstickt und erfroren sein werden? Es spielt keine Rolle. Die Aussicht auf ihr baldiges Ableben ist unangenehm, ja. Zu ersticken ist kein schöner Tod. Wenn es an der Zeit ist, sollten sie darüber sprechen, wie sie ihn abkürzen können. Aber bis dahin gibt es eine bemerkenswerte Klarheit, wie er sie noch nie gespürt hat: Sie sind zusammen. Aneinandergeklammert treiben sie durch die Schwärze.

»Wie weit wird das Schiff der Gründer wohl entfernt sein?«

Boris erwacht aus einem leichten Schlaf. Was hat Jenna

gesagt? Er spürt ihrem Satz nach. Die Wörter sind per Funk zu ihm übertragen worden; der Vokalisator hat sie in seinen Gehörgang eingespeist und sein Gehirn hat sie entziffert und sich ihren Inhalt gemerkt. Alles braucht gerade viel länger als sonst, weil er den Kreislauf gedimmt hat wie eine Lampe, die weniger Energie verbraucht, wenn sie nicht mehr so hell leuchtet.

Jenna hat ihn gefragt, wie weit entfernt das Schiff sein könnte, ihr Schiff. Vermutlich haben die anderen die Explosion bemerkt. Sie muss stark gewesen sein. Von Koronis ist nichts mehr zu sehen; an seiner Stelle bewegt sich eine große Wolke in Form eines riesigen Eies in Richtung Titan. Aber sie ist kein Grund, sich Sorgen zu machen. Die dichte Atmosphäre des Mondes wird die kleinen Gesteinsbrocken, in die Koronis zerbröselt wurde, in Sternschnuppen verwandeln. Vielleicht wird man sie sogar von der Oberfläche Titans aus sehen können.

Womöglich denken die Titanier dann an sie, Jenna und Boris, die ihr Leben für die Existenz ihrer Heimat gegeben haben. Es ist eine berührende Vorstellung, obwohl sie sich ja nicht einmal absichtlich geopfert haben. Es war doch bloß der Plan, der nicht so funktioniert hat, wie sie sich das vorher gedacht hatten.

»Boris?«

Oh, er sollte Jenna antworten.

»Ich weiß es nicht«, sagt er. »Wir wollten das Rendezvous vereinbaren, nachdem wir den Asteroiden abgelenkt haben.«

Auf Rufe über den Helmfunk hat das Schiff nicht reagiert, aber das ist auch kein Wunder, dafür ist die Reichweite zu gering. Wenn sie bloß das Shuttle noch hätten! Aber das besteht wohl auch nur noch aus Bruchstücken, die sich immer weiter über das Sonnensystem verteilen.

»Wenn sie … wenn sie die Explosion gesehen haben …«

»Geht es dir schlecht?«, fragt er.

»Wenn sie die Explosion gesehen haben«, sagt Jenna, »werden sie inzwischen mit Höchstgeschwindigkeit unterwegs sein.«

»Ganz sicher.«

»Ich … ich frage mich, ob wir noch etwas tun können.«

»Ich sende alle 15 Minuten einen automatischen Notruf«, sagt Boris.

»Aber sonst? Können wir die Reichweite erhöhen? Irgendetwas bauen, das uns hilft? So tatenlos zu warten, finde ich ganz schrecklich.«

»Ich habe keine Idee. Aber du klingst … schwach.«

»Mir ist kalt«, sagt Jenna.

Ja, das ist zu erwarten. Ihr Raumanzug fährt die Heizleistung herunter, um Energie zu sparen, und gleichzeitig sinkt der Sauerstoffgehalt in ihrer Atemluft.

Tatenlos warten. Jennas Worte lassen ihn keinen Schlaf mehr finden, obwohl es wichtig wäre, möglichst viel zu schlafen, um den Sauerstoff-Verbrauch zu reduzieren. Er will nicht tatenlos warten. Ihr System ist nicht optimal. Sie schweben zwar schon in enger Umarmung, aber die Oberflächen ihrer beiden Körper geben immer noch zu viel Wärme ab. Sie bräuchten einen Kokon, in dem sie Unterschlupf finden könnten.

Einen Kokon oder eine zweite Haut.

»Vertraust du mir, Jenna?«

»Ja.«

Sie bejaht seine Frage ganz einfach, ohne Bedingungen, ohne nachzufragen, was er denn vorhat. Das ist ein großartiges Gefühl.

»Gut. Es wird dunkel werden um uns. Noch dunkler als jetzt.«

»Verstehe. Oder nein, ich verstehe nicht, aber es spielt keine Rolle. Du weißt, was du tust.«

Ja, das weiß er. Er zieht Jenna noch fester an sich. Dann löst er die Riemen ihres Rucksacks. Den brauchen sie nicht mehr. Er nimmt ihr die Rail-Gun aus der Hand. Sie ist verbraucht, er lässt sie in die Dunkelheit davonschweben.

Dann nimmt er Kontakt auf mit dem Pilz. Er hat so etwas erst zweimal in seinem Leben versucht. Einmal, kurz nachdem er Snarushi geworden war, um dem Pilz zu danken, ein altes Ritual, das jeder Snarushi ausführen muss. Und dann wieder nach einem Unfall, um Hilfe zu erbitten. Damals war es ihm nicht gelungen.

Boris schließt die Augen und spürt in sich hinein. Seine Gedanken wandern über die Arme in die Hände und über die Beine in die Füße. Seine Haut kribbelt. Die Gedanken erreichen seine Fingerspitzen und Zehen, und dann setzen sie an und fließen hinüber in die Außenhaut, in den Pilz. Er ist kein denkendes Wesen, mit dem er sprechen könnte. Er besteht aus Stimmungen und Bedürfnissen, und er lässt sich mit Gedanken ansprechen, die dazu passende Gefühle transportieren. Boris malt sich die Einsamkeit aus und dann den Tod. Es sind traurige Gedanken, ihm ist, als müsste er weinen, doch die Tränen fließen nicht. Er denkt an Verlust, an den endgültigen Verlust, der eintreten wird, wenn sie erfrieren und ersticken.

Der Pilz kann nicht antworten. Er ist nicht zur Kommunikation geschaffen. Aber er kann reagieren. Er kann wachsen. Er kann versuchen, den Verlust hinauszuzögern. Instinktiv weiß er, was zu tun ist. Er dehnt sich aus. Er wächst über Jenna hinaus. Er schließt sie ein. Langsam kriecht er ihre Glieder hinauf, bildet ein erst feines, dann immer stärkeres Myzel, dem Kälte und Vakuum nichts ausmachen. Das ist das Geschenk der Gründer, aber was der Pilz kann, sich auszudehnen und zu wachsen, das konnte er auch schon in den Milliarden Jahren zuvor. Er ist viel älter als die Spezies, die ihn jetzt als Symbionten erwählt und ihm neue Fähigkeiten verliehen hat. Der Pilz verwandelt zwei Körper in einen. Er bringt die beiden Titanier so nah, wie kein anderes Wesen es vermöchte.

Boris spürt, wie seine Außenhaut wächst. Nur seine Arme sind noch frei. Er muss jetzt handeln.

»Ich löse jetzt deinen Sauerstoff-Tank«, sagt er. »Du musst für ein paar Minuten die Luft atmen, die noch im Anzug ist.«

Jenna nickt.

Er zieht den Schlauch von ihrem Helm ab. Dann führt er ihn in die Atemöffnung seiner Außenhaut. Der reine Sauerstoff aus dem Tank fließt in ihn hinein. Er verteilt sich unter der Haut, wird vom Pilzgewebe gespeichert, das sich damit auflädt, um danach sie beide versorgen zu können. Dann ist der Tank leer. Er wirft ihn weg. Sie brauchen ihn nicht mehr. Boris zieht die Arme an den Körper. Der Pilz wächst weiter. Er schließt Jennas Oberkörper mit ein, klettert über ihren Kopf und vereinigt sich dort mit der Außenhaut, die seinen eigenen Schädel umschließt.

Jenna atmet schwer. Der Sauerstoff in ihrem Anzug muss fast aufgebraucht sein.

»Kannst du noch?«, fragt er.

Sie nickt.

»Gleich ist es so weit.«

Der Kokon muss komplett sein, bevor er ihr Erleichterung verschaffen kann. Noch spürt er Wunden, die sich schließen. Doch dann ist seine Außenhaut wieder komplett. Der Kokon ist bereit. Sein Gesicht ist kurz vor Jennas Helmscheibe.

»Löse die Verriegelung«, sagt er.

Jenna gibt mit ihrem letzten Atem den Befehl an den Helm. Er schiebt ihn mit der Nase ein Stück nach oben, und Jenna atmet tief ein. So ist es gut. Sie atmen die gleiche Luft. Die Außenhaut hat noch Reserven. Sie nutzt das spärliche Sonnenlicht, um zusätzlichen Sauerstoff herzustellen und die verbrauchte Luft zu reinigen. Sie werden überleben, solange es geht, und wenn es vorbei ist, ist es vorbei.

4804.14

»Hier ist nichts, Anna, nichts außer Staub und Dreck.«

»Das glaube ich nicht.«

»Das ist keine Frage des Glaubens. Mir wäre nichts lieber, als wenn uns Jenna und Boris von irgendeinem Bruchstück des Asteroiden aus zuwinken würden, aber du hast doch die Explosion selbst gesehen! Selbst Blane und Sara sind der Meinung, dass das kein Mensch überlebt haben kann.«

»Kein Mensch, da siehst du es.«

Geralt seufzt. Er hat die Explosion wieder und wieder analysiert. Er hat berechnet, mit welcher unglaublichen Geschwindigkeit der Asteroid in Millionen auseinanderfliegende Teile zerfallen ist – und wie schnell Jenna und Boris mit ihren Rucksäcken davor geflüchtet sein können. Er kommt immer wieder zur selben Schlussfolgerung: Ihre beiden Freunde müssen von den Kräften der Explosion zermahlen worden sein.

Das war ihm schon vorgestern klar gewesen, und er hatte es Anna klar begründet. Trotzdem hatten sie sofort ihre neuen Erdlings-Freunde kontaktiert. Blane hatte sie mit seinem Shuttle so gut wie möglich beschleunigt, sodass sie das Explosionsgebiet nur zwei Umläufe nach der Katastrophe erreicht hatten. Selbst wenn Boris und Jenna der Explosion auf magische Art entkommen wären, besteht ihre einzige

Hoffnung doch darin, zumindest ihre Leichen bergen zu können. Denn weder Jennas Anzug noch Boris' System können in der Lage sein, sie derart lange am Leben zu erhalten.

»Wir sollten hier abbrechen und zu Titan zurückkehren. Die beiden haben unsere Welt gerettet. Sie werden für immer Helden sein, ganz egal, ob wir ihre Körper finden.«

»Ich hätte ihn nicht gehenlassen sollen. Es wäre meine Aufgabe gewesen. Aber er hat sich so auf die Zeit mit Jenna gefreut.«

»Für ein paar Tage waren sie zusammen. Und stell dir vor, er wäre hiergeblieben und hätte Jenna und dich verloren, das hätte ihn umgebracht, das weiß ich.«

»Das kannst du nicht wissen, Geralt.«

Ein Piepsen ist zu hören. Anna zieht sich zur Mittelkonsole.

»Das ist der Metallsensor.«

»Vielleicht Schrott vom Shuttle«, sagt Geralt. »Warte, ich versuche das im Radar zu erkennen.«

Er schwingt sich auf den rechten Platz und füttert das Radar mit den Daten des Metallsensors. Ein kleiner, heller, schnell rotierender Strich erscheint.

»Könnte eine Strebe sein«, sagt Geralt, »aber wir sind noch zu weit weg.«

»Eher ein Zylinder«, sagt Anna.

Sie sieht mit angespanntem Gesichtsausdruck auf den Schirm. Das Objekt ist nur noch hundert Meter entfernt.

»Ein Shuttletank vielleicht?«

»Dafür ist es zu klein. Warte mal, da vorn hängt etwas.«

Anna kriecht förmlich in den Bildschirm hinein.

»Sieht wie ein Schlauch aus«, sagt sie. »Dann ist es … ein Sauerstofftank.«

»Vielleicht ein Ersatztank aus dem Shuttle«, sagt er, aber

er glaubt nicht daran. An den Ersatztanks hängen keine Schläuche.

»Netter Versuch«, sagt Anna. »Aber du weißt selbst, dass es nur Jennas Sauerstoff-Tank sein kann.«

»Ja«, sagt Geralt.

Er weiß ja die ganze Zeit schon, dass Jenna tot ist. Aber jetzt den Beweis zu sehen, hat noch einmal eine ganz andere Wirkung. Er wird wütend.

»Wenn ich das Arschloch treffe, das dafür verantwortlich ist«, sagt Geralt laut.

»Die Explosion haben wir selbst ausgelöst. Sara glaubt, dass ein Antimaterie-Kern die Energiequelle des Asteroiden war. Dessen Isolierung haben wir mit dem Magnetfeld kurz aufgebrochen.«

»Das hätte sie ja auch vorher sagen können.«

»Sie hat es nicht gewusst. Ich mache ihr da keinen Vorwurf. Wer rechnet denn schon damit, dass irgendjemand Asteroiden im Gürtel mit Antimaterie-Kernen ausrüstet?«

»Nun lass mir doch wenigstens meine Wut«, sagt Geralt.

»Gleich. Sieh dir mal das hier an«, sagt Anna und zeigt auf den Schirm. »Habe ich zufällig im Radar in der Nähe des Tanks entdeckt.«

Er betrachtet das Objekt. Es ist rundlich; seine Form erinnert an eine Walnuss.

»Ein abgesprengter Teil des Asteroiden?«, schlägt er vor.

»Dafür ist es zu kalt. Bei der Explosion wurde jede Menge Wärme frei. Es hat fast Umgebungstemperatur. Unter normalen Umständen hätten wir das nie gesehen.«

»Wie groß ist es?«

»Knapp zweieinhalb Meter, schätze ich.«

»Vielleicht ein anderer Asteroid, der zufällig hier seine Bahn zieht?«

»Dafür ist es nun wieder zu warm«, sagt Anna. »Aber warte, das kann ich testen.«

Das Objekt erreicht gerade seine geringste Entfernung zum Schiff. Sie richtet einen Außenscheinwerfer darauf und misst die Reflektion.

»Es ist definitiv kein Asteroid. Dafür ist es viel zu dunkel.«

»Ein Kohlenstoff-Asteroid?«

»Nein, Geralt, es hat die gleichen Reflektions-Eigenschaften, lass mich überlegen, ja, wie der Pilz – wie unsere Außenhaut.«

Anna springt auf, und ihre plötzliche Hektik steckt auch Geralt an. Ein Objekt, mitten im All, das optisch wie die Außenhaut eines Titaniers rückstrahlt, das ist ein wirklich unglaublicher Zufall.

»Ich muss mir das sofort ansehen«, sagt Anna.

Mit riesigen Schritten fliegt sie aus der Zentrale.

»Ich bereite den Tank vor«, sagt Geralt.

Sie bugsieren die Walnuss durch die Ladeluke in den Laderaum. Aus der Nähe wirkt sie eher wie eine Erdnuss. Danach schließt Geralt die Luke und lässt das Schiff den Laderaum mit Atemluft füllen.

»Sie sind drin«, sagt Anna. »Ich kann sie tasten. Und Boris hat sich bewegt, ich habe es gespürt.«

In der Schwerelosigkeit bringen sie den Kokon zum Tank.

»Warte, ich gehe vor«, sagt Anna und kriecht durch die Membran hinein.

Geralt drückt das Objekt gegen die Membran, aber es tut sich erst etwas, als er Annas Arme herauskommen sieht. Sie zieht den Kokon, der Jenna und Boris umschließt, von innen in den Tank. Dann kommt sie wieder ins Freie. Ölige Flüssigkeit tropft von ihrem Körper zu Boden.

»Danke, dass du darauf bestanden hast weiterzusuchen«, sagt er.

»Dazu ist es zu früh. Dank mir erst, wenn sie herauskommen.«

»Das werden sie«, sagt Geralt. »Diesmal habe ich recht.«

Sechs Stunden später bewegt sich die Membran. Zwei dünne, weiße Hände erscheinen in ihrem Zentrum. Sie ziehen einen Kopf nach, der Flüssigkeit ausspuckt und hustet. Geralt und Anna springen nach vorn, um Jenna aus dem Tank zu helfen. Sie trägt das Unterteil ihres Raumanzugs und hält die Arme um den Körper.

»Kalt ist es bei euch«, sagt sie.

Geralt trocknet sie so gut es geht mit einem Handtuch ab und legt ihr dann eine Decke um.

»Schön, dass du wieder da bist«, sagt er.

»Ja, das finde ich auch«, sagt Jenna.

»Wir haben so um dich gebangt«, sagt Anna.

»He, und um mich hat sich wohl niemand Sorgen gemacht?«

Boris meldet sich aus dem Tank heraus per Funk.

»Doch, Brüderchen«, sagt Anna, »mindestens so sehr wie um Jenna. Aber warum kommst du nicht einfach raus?«

»Weißt du, mir gefällt es hier drin so sehr, dass ich einfach keine Lust habe.«

»Wie lange wird er sich darin regenerieren müssen?«, fragt Jenna.

»Ich schätze zwei Tage«, antwortet Anna.

»Gut, dann haben wir ja bis zur Landung auf Titan noch ein paar gemeinsame Tage.«

4815.4

Eine letzte Erschütterung, dann steht das Schiff. Boris spürt es sofort: Sie sind wieder zu Hause. Die Anziehungskraft, mit der Titan ihn auf die Matte am Boden presst, ist unverwechselbar. Er hat den Abstieg aus dem Orbit wie Anna im Lagerraum verbracht, im Liegen angeschnallt auf zwei bequemen Matratzen. So konnten Jenna und Geralt die Zentrale auf für sie angenehme Temperaturen heizen. Angesichts der doch recht diffizilen Aufgabe, das Schiff durch die dichte Atmosphäre nach unten zu bringen, war ihnen das sinnvoll erschienen.

Trotzdem schmerzt die physische Trennung. Ob das ein Zeichen für die Zukunft ist? Er hätte es sich ja auch denken können. Es war eine Ausnahme-Situation. Aber sie ist nun vorüber. Alles wird sich normalisieren. Jenna wird wieder ihrer Wege gehen. Sie werden sich ab und zu begegnen, wenn er es nicht vermeiden kann. Irgendwann wird sie einen Wnutri kennenlernen, der gut zu ihr passt. Hoffentlich erzählt ihm niemand davon.

Anna springt auf.

»He, Brüderchen, warum so trübsinnig? Wir sind zu Hause!«

Sie läuft zu dem Hebel, mit dem sich die Ladeluke öffnen lässt.

»Hilf mir doch mal!«

Er richtet sich auf, geht auf die Knie und dann in die Hocke.

»Wie ein alter Mann«, kommentiert Anna.

Er ist ja auch ein alter Mann. Seine Schwester hat schon recht. Wer will mit so einem alten Mann etwas zu tun haben? Eine schöne, begabte Wnutri ganz sicher nicht. Sie hat Besseres verdient. Boris stöhnt. Es tut gut, sich wenigstens selbst so zu bemitleiden, wenn schon niemand anders dazu bereit ist. Langsam erhebt er sich und hält sich dabei an der Wand fest, obwohl es gar nicht nötig ist. Dann geht er zum zweiten Hebel.

»Du musst ihn aber auch bewegen, nur rumstehen reicht nicht«, sagt Anna.

Wenn er seine Schwester nicht hätte, würde er vermutlich zur Salzsäule erstarren. Aber Anna wird ihn heute auch verlassen. Sie hat ihre Freundin schließlich viele Umläufe nicht gesehen. Vielleicht hat er ja Glück, und Frida hat sich in der Zwischenzeit in eine andere Frau verliebt. Aber nein, das darf er sich nicht wünschen. Wenn wenigstens Anna glücklich wird, ist das doch schon eine ordentliche Quote. Er selbst ist ja nicht so wichtig.

»Hallo? Boris?«

Er erwacht aus seinen Gedanken und kippt den Hebel nach oben. Er muss sich ganz schön anstrengen. Es wird Zeit, dass er sein regelmäßiges Training wieder aufnimmt. Auf seine Muskelstärke hat er sich immer verlassen können.

Die Ladeluke klappt nach vorn und verwandelt sich wieder in eine schmale Terrasse. Dichter Nebel dringt herein. Boris schmeckt seine chemische Zusammensetzung. Es ist ungewöhnlich viel Wasserdampf darin. Vermutlich haben die heißen Abgase der Triebwerke einen Teil des eisigen Untergrunds verdampft. Aber Geraldine hat darauf bestanden, in der Nähe der Basis zu landen, statt einen Landeort mit felsigem Untergrund zu suchen.

Die Lüftung braust auf. Sie scheint zunächst keinen Erfolg zu haben, doch langsam klärt sich der Nebel im Laderaum.

Die Feuchtigkeit kondensiert an den Wänden. An seinem Körper und seinen Gliedmaßen bildet sich ein dünner, öliger Film, als würde er eine Mischung aus Methan und Wasser schwitzen. Er schüttelt sich, dass es spritzt, und wischt den Rest mit den Händen ab. Hoffentlich ist nicht die halbe Basis zur Begrüßung erschienen. Draußen breitet sich der Nebel noch aus. Wer immer ihnen die Hand drücken will, wird von ihm ordentlich angefeuchtet werden.

Allmählich zeichnet sich um das Schiff herum ein dunkler Ring ab. Man könnte fast meinen, es wäre der Horizont, aber dafür scheint er zu nah. Boris versucht, mit dem Radarmodus der Brille etwas zu erkennen, aber dafür ist der Nebel noch zu dicht. Die feinen, schwebenden Tröpfchen reflektieren die Radarstrahlen, sodass er geblendet wird. Er muss einfach geduldig sein. Sie haben ja Zeit.

»Hörst du das?«, fragt Anna.

Er lauscht aufmerksam. Ja, da ist ein Geräusch, eine Art Prasseln, als würde es auf die Außenhaut des Schiffes regnen. Aber draußen ist nur Nebel, kein Regen. Ein paar Scheinwerfer fahren in die Hexenküche draußen. Sie kommen von jenseits des vermeintlichen Horizonts. Ihre Lichtfinger stechen in den Nebel und machen Strukturen deutlich, die er bisher nicht bemerkt hat: feine Schleier, die wie Fahnen durch die Luft wehen. Sie lösen sich langsam auf, während der Nebel durchsichtiger wird. Bald ist klar, wo sie gelandet sind. Das Schiff steht in einer Mulde, die es sich vermutlich selbst mit seinen heißen Triebwerksgasen gegraben hat. Sie ist etwa zwanzig Meter tief. Was wie ein Horizont gewirkt hat, ist der obere Rand der Mulde.

Anna tritt auf die Terrasse hinaus und fängt an zu winken. Was will sie denn da? Er folgt ihr. Der Rand der Mulde wirkt seltsam gezackt, und er bewegt sich wie eine Made, deren feine Härchen im Wind vibrieren. Das Geräusch kommt von dort. Dann endlich kann er auch Einzelheiten ausmachen, und ein Schauer zieht über seinen Rücken. Am Rand der Mulde stehen Menschen, Wnutri und Snarushi, bunt gemischt. Viele winken, und ebensoviele klatschen. Sie müssen zu ihrer Begrüßung hier erschienen sein. Es sind viele – eine so große Zahl von Titaniern, wie er sie bisher nie an einem Ort gesehen hat.

»Wahnsinn, das müssen Tausende sein«, sagt Anna. »Geraldine hat wohl die ganze Bevölkerung hierher geholt.«

Ja, sie übertreibt nicht. Da steht nicht nur eine Menschenreihe. Die Terrasse ist gerade so hoch, dass sie knapp über den Rand der Mulde sehen können. Hinter jedem Menschen warten noch viele andere. Es ist unfassbar. Boris schämt sich fast wegen der Aufmerksamkeit, denn sie haben doch nur getan, was logisch und notwendig war.

»Die sind alle unseretwegen hier«, sagt er.

»Ja, großartig! Wir sind Heldinnen und Helden, weißt du das?«

»Nein, das kann ich mir nicht vorstellen. Es ist bestimmt das Schiff der Gründer, das sie hergelockt hat.«

Das Schiff ist Teil der Gründungslegende, wie sie in der Schule gelehrt wird. Natürlich sind alle Titanier daran interessiert. Gut, dass sie sich dagegen entschieden haben, die Legende durch die historische Wahrheit zu ersetzen.

»Du wirst schon sehen, dass es um uns geht«, sagt Anna.

Boris schnauft. Es ist gar nicht so leicht, den Rand der Mulde zu erklimmen. Sie helfen sich gegenseitig; Boris bildet das Schlusslicht. So kommt er als Letzter oben an. Anna hatte recht. Wieder läuft ein Schauer über seinen Rücken. Die Menschenmasse teilt sich auf fast magische Weise, als sie über den Rand der Mulde klettern. Die Snarushi klatschen und schreien.

Die Wnutri sind leiser in ihren Raumanzügen, sie winken vor allem und klatschen Beifall. Wenn sie nun alle die wahren Zusammenhänge kennen würden. Auf der Erde gelten die Snarushi als genetische Monster. Wie würde es ihr Zusammenleben verändern, wenn sich ein ständiger Kontakt zur Erde etablieren würde?

Und wie haben sich Jennas Gedanken darüber verändert? Sie weiß, dass die Gründer gegen die Regeln der Erdmenschen verstoßen haben. Sie muss sich im Klaren darüber sein, welche Verirrung des menschlichen Geistes er verkörpert – aus Sicht der Erde. Das muss doch ihre Gefühle zu ihm beeinflussen! Es ist unmöglich, sich davor abzuschirmen, was zehn Milliarden Wesen denken, mit denen sie genetisch näher verwandt ist als mit ihm. Sie würde nicht auffallen, wenn sie zur Erde zurückkehrte. Das war ihr Glück, als sie den Erdmenschen in die Hände fiel. Was wäre wohl geschehen, wenn sie auf ihn getroffen wären? Hätten sie das Monster gleich erschossen?

Eine Hand landet auf seiner Schulter. Boris bleibt stehen und dreht sich um. Viele Arme recken sich zu ihm. Er drückt ein paar Hände. »Tolle Leistung«, ruft einer. »Ja, großartig«, ein anderer. »Ich will ein Kind von dir«, ruft eine ältere Snarushi. Die Umstehenden lachen, und er stimmt ein. Sie sind wirklich alle ihretwegen gekommen. Die Erkenntnis lastet als zusätzliches Gewicht auf seinen Schultern. Er ist plötzlich ein Vorbild. In den Schulen werden sie über die vier Retter sprechen. Kleine Mädchen und Jungen werden ihnen nacheifern wollen. Manch Neugeborenes bekommt vielleicht sogar seinen Vornamen.

»Aber im Ernst, ihr habt das wirklich gut hinbekommen.«

Die Stimme kennt er. Sie kam von links. Er dreht sich um. Es ist Grigori, sein Onkel. Er lächelt breit.

»Danke, Grigori.«

»Komm doch mal abends zum Essen zu uns«, sagt Grigori, »wenn der ganze Rummel vorbei ist.«

»Das werde ich«, antwortet er.

»Zu uns auch«, sagt eine Snarushi direkt neben Grigori. »Ich mache die besten Piroggen, die es auf Titan gibt.«

Er kennt sie nicht. Trotzdem nickt er. Wenn dieser Rummel vorbei ist, wird er auf den Schicksalsberg klettern, seine Flügel ausbreiten und sich hinabstürzen. Ganz allein. Vielleicht wartet er nicht einmal so lange. Seine Abwesenheit fällt bestimmt niemandem auf. Würde er nicht den anderen folgen, sondern hier in der Masse untertauchen – er bräuchte sich nur ein paar Meter nach links oder rechts zu bewegen, und alle würden ihn für einen stinknormalen Titanier halten. Jetzt wäre der richtige Moment. Wenn der Trubel sich fortsetzt, wird irgendwann auch der letzte sein Gesicht erkennen, aber jetzt, so kurz nach der Landung, kann er noch zum Niemand werden, der er immer war.

Jemand ergreift seine Hand und zerrt daran. Er will sich schon mit einer unwirschen Bemerkung losreißen, da merkt er, dass Anna ihn zieht. Hat sie Frida etwa noch nicht gefunden, oder warum sonst kümmert sie sich lieber um ihn?

»Nun komm schon«, sagt sie, »das Bad in der Menge kannst du nachher auch noch genießen. Wir haben noch einige Hände von Offiziellen zu schütteln.«

Der offizielle Festakt findet in einer großen, neu erbauten Halle statt. Sie ist in der Mitte durch einen Vorhang geteilt, damit Wnutri und Snarushi es sich bequem machen können. Sie betreten die Halle durch ein breites, geöffnetes Tor. Dahinter wartet eine größere Zahl von Snarushi. Sie haben einheitlich gestaltete, goldfarbene Flaschen mit langen Trinkhalmen in den Händen und tragen dünne Schals in bunten Farben.

Am Eingang drückt eine Snarushi allen einen Schal in die Hand. Boris betrachtet seinen. Er ist gelb, grün und rot gestreift und besteht aus einem Material, das auch bei diesen Temperaturen nicht hart wird. Ihre vier Vornamen sind darauf gedruckt. Wie peinlich! Die Namen sind alphabetisch angeordnet: Anna, Boris, Geralt, Jenna. Sein Blick bleibt beim letzten Wort hängen. Er sollte diesen Namen besser abschneiden, denn von Jenna wird er sowieso nie wieder hören. Anna nimmt ihm den Schal ab und legt ihn um seinen Hals. Er hängt an einer Seite etwas herunter. Wenn er nicht aufpasst, wird er den Schal verlieren. Er wird nicht aufpassen.

Die Menge teilt sich vor ihnen. Geralt und Jenna wirken

unter all den Snarushi wie Zwerge. Sie könnten Trophäen sein, die Anna und er von der Jagd mitgebracht haben. Durch die vielen Menschen hier steigt die Luftfeuchtigkeit. Eine dünne Kondensschicht setzt sich auf den Visieren von Geralt und Jenna ab, sodass ihre Gesichter dahinter verschwimmen. Es ist nicht ihre Welt, ganz klar.

Sie erreichen den Vorhang. Er bildet eine Ausbuchtung, einen temporären Übergang. Jenna dreht sich kurz um und winkt ihm zu. Ihr Gesicht kann er nicht erkennen. Lächelt sie? Hoffentlich nicht. Sie betritt den Übergang zwischen den beiden Welten. Kurz danach verschwindet die Ausbuchtung, als hätte ein mächtiger Magier seine beiden Wnutri-Freunde einfach weggezaubert.

Die Feier ist dröge. Es liegt nicht an den anderen Gästen. Alle sind extrem freundlich zu ihm. Er bekommt zahlreiche Einladungen. Während der nächsten zehn Umläufe wird er nicht allein essen müssen, wenn er alle annimmt. Aber er kann sie sich ja nicht einmal merken. Anna ermuntert ihn immer wieder, sich mit interessanten Snarushi zu unterhalten. Es handelt sich verdächtig oft um Frauen. Sie denkt sicher das Gleiche wie er.

Aber sie wirkt auch selbst nicht besonders glücklich. Immer wieder sieht sie sich um. Sicher sucht sie nach Frida. Warum hat die dumme Kuh sich nicht entschuldigt, wenn sie Anna heute nicht begrüßen kann? Natürlich gibt es Titanier, die auch an diesem Tag arbeiten müssen, aber eine Entschuldigung wäre doch das Mindeste gewesen. Er hasst Menschen, die seiner kleinen Schwester wehtun. Das hat sie nicht verdient. Der Ärger auf Frida hat aber für ihn auch einen Vorteil, denn er lenkt ihn zumindest ein bisschen von seinen Gedanken an Jenna ab. Er versucht zwar trotzdem immer wieder, durch den transparenten Vorhang einen Blick auf ihre Gestalt zu erhaschen, doch es gelingt ihm nicht. Sie scheint wie vom Erdboden verschluckt.

KURZ VOR ENDE DER FEIER GIBT ES DANN DOCH NOCH EIN Happy End. Frida kommt in die Halle gestürzt, die sich schon zur Hälfte geleert hat. Er hatte Anna schon mehrmals gebeten, ihn nach Hause zu begleiten, aber sie hatte immer herumgedruckst und auf die großartige Stimmung verweisen. Ihr Gefühl war also richtig gewesen. Boris freut sich für sie. Die beiden Frauen liegen sich in den Armen und wollen sich gar nicht mehr loslassen. Es ist schön, Anna so glücklich zu sehen. Er freut sich wirklich für sie. Umso stärker wird aber das Gefühl, dass er etwas verloren hat. Hätten sie den Asteroiden nicht viel später zerstören können? Hätte er die Rettung vielleicht hinauszögern können?

Etwas tippt ihn an. Er ist nah am Vorhang, und die Berührung kam von der anderen Seite.

»War eine tolle Zeit«, sagt Geralt. Es folgt ein längerer Satz, den er nicht versteht. Der Vorhang dämpft den Schall.

»Was hast du gesagt? Du musst lauter sprechen.«

»Ich sagte, du sollst nicht so ein Gesicht machen. Alles wird gut, vertrau mir.«

»Alles wird gut, na sowas. Es tut mir leid, aber du bist naiv. Nicht alles wird gut.«

»Manche Dinge brauchen eben Zeit«, sagt Geralt.

Was meint er damit? Weiß er mehr, als er zugibt?

»Was soll das heißen?«

»Gut Ding will Weile haben, so könnte man es auch ausdrücken. Irgendwann wird die Gesellschaft reif sein für die Wahrheit über die Gründer.«

Er spricht von der Wahrheit über ihre Geschichte. Nur Geraldine kennt alle Details. Sie will sie Schritt für Schritt unter die Menschen bringen. Wie macht man das, eine Wahrheit portionsweise ausschenken? Ist das überhaupt möglich? Es soll nicht seine Sorge sein. Aber Geralt ist damit betraut, sich eine Strategie dafür zu überlegen. Es wird nicht einfach werden. Darum ist es gut, dass er an seine einfache Weisheit glaubt, dass am Ende alles gut wird. Boris glaubt nicht daran.

4815.7

Er rennt und rennt und rennt. Die körperliche Anstrengung lässt keinen Raum mehr für irgendwelche Gedanken. Es gibt nur das Eis und ihn. Er bringt Meter um Meter hinter sich, ohne langsamer zu werden. Boris zieht auf der Laufstrecke um die Basis seine Kreise. Die Läufer, die er getroffen hat, als er heute gestartet ist, haben schon längst die Strecken verlassen und sind bei ihren Familien.

»Boris, bist du da?«

Annas Stimme ist in seinem Kopf.

»Ich … renne … gerade«, antwortet er.

»Willst du nicht zu uns essen kommen? Frida hat gekocht. Du bist eingeladen. Wir essen im Freien, am Ufer des Methansees.«

Er hat die letzten drei Tage nichts gegessen. Er muss nicht essen, wenn er keine Lust hat. Der Tank versorgt seinen Körper mit allem, was er braucht.

»Ich habe keinen Hunger«, sagt er.

Das ist auch nicht gelogen. Er verspürt weder Hunger noch Appetit. Nur sein Bewegungsdrang ist übergroß.

»Nun komm«, sagt Anna. »Wir haben uns seit der Landung nicht gesehen.«

Weil du die ganze Zeit mit Frida verbracht hast. Aber er nimmt es ihr nicht übel. Geralt hatte auch keine Zeit für ihn gehabt. Er musste viele Stunden in irgendwelchen geheimen Sitzungen verbringen, wie er sich immer wieder beklagt hat.

»Nein, danke.«

NOCH ZWEI RUNDEN. DANN HAT ER DIE 40 KILOMETER geschafft. Boris läuft durch die Titanebene. Nebel wallt links und rechts der Strecke. Es könnte romantisch sein, müsste er nicht allein laufen.

»Boris?«

Es ist schon wieder Anna.

»Nein, ich komme nicht zum Essen«, sagt er, »ich will euch nicht mit meiner Trübsal den Abend verderben.«

»Es geht nicht um den Abend. Gerade hat sich Geraldine gemeldet. Sie konnte dich nicht erreichen.«

»Ich habe den Funk auf privat gestellt. Schließlich habe ich jetzt Feierabend.«

»Das ist schade, dann willst du sicher auch nicht wissen, was sie von uns will.«

»Von uns?«

Er bleibt stehen, beugt sich vor und stützt sich auf den Oberschenkeln ab. Vielleicht reichen auch 38 Kilometer für heute.

»Ja, von uns. Aber du hast Feierabend. Am besten, du meldest dich dann morgen bei Geraldine.«

»Nein, so habe ich das nicht gemeint. Nun sag schon!«

»Na gut. Geraldine möchte, dass wir mit dem Gründerschiff starten. Es ist Zeit, dass wir unsere Umgebung näher kennenlernen, das Ringsystem des Saturn, die anderen Monde. Ich glaube, sie will vorbereitet sein, falls irgendwann die Erde ein Auge auf uns wirft.«

»Das ist nachvollziehbar und klug. Wann geht es los?«

Boris' Herz galoppiert. Er hätte nicht einfach stehenbleiben dürfen.

»Wann wir wollen.«

»Wir?«

»Geralt, du und ich.«

»Oh«, sagt er.

Hat sie nichts von Jenna gesagt? Warum nicht? Vermutlich gibt sie sich nicht mehr mit solchen Hilfsaufgaben ab. Er traut sich nicht zu fragen.

»Und bevor du fragst, von Jenna war nicht die Rede.«

Da hat er es. Sie ist jetzt auf einer anderen Ebene angekommen. Er sollte sich für sie freuen. Vielleicht kann sie sogar irgendwann Geraldine ablösen. Die Kommandantin ist schon alt.

»Hast du …«

Er formuliert die Frage nicht aus, weil seine Stimme bricht. Boris schluckt.

»Ich habe nichts von ihr gehört, tut mir leid. Sie scheint spurlos verschwunden zu sein.«

»Irgendeine Geheimmission?«, fragt er.

»Ich habe Geraldine gefragt. Du traust dich ja sowieso nicht. Aber sie weiß nichts, sagt sie. Sie findet es selbst schade, dass Jenna nicht an der Expedition teilnimmt. Aber sie will damit auch nicht auf sie warten.«

»Danke, dass du gefragt hast.«

»Irgendwer muss das doch in die Hand nehmen. Kommst du nun zu uns?«

»Nein, aber wir sehen uns morgen im Schiff, okay?«

»Ich freue mich.«

4822:3

Das All liegt vor ihm. Die gläsernen Barrieren verschwinden aus seiner Wahrnehmung. Die Kuppel ist ein kleines Paradies, das ihn mit dem Universum verschmelzen lässt – und das ihn wieder mit dem Leben versöhnt. Es gibt Dinge, die größer sind als er. Die glitzernden Ringe, die den mächtigen Planeten Saturn umgeben zum Beispiel. Erstmals hat er die Gelegenheit, sie in der Draufsicht zu bewundern statt nur von der Seite. Das Schiff hat dazu die Ekliptik verlassen. Sensoren zeichnen unermüdlich auf, was sie dabei entdecken. Und er hat immer wieder Gelegenheit, sich hier in der Kuppel zu erholen, sein Inneres reparieren zu lassen von der gewaltigen Schönheit, die auf der dunstigen Oberfläche des Titan und im zermürbenden Alltag so schnell verlorengeht.

Er wird vorschlagen, Kuren zu organisieren. Wer sich müde und traurig fühlt, sollte zwischen die Saturnringe reisen dürfen. An Bord des Schiffes wäre Platz für hundert Titanier. Jetzt sind sie zu viert. Geralt hat Iwona, eine Wnutri, überzeugt, an der Reise teilzunehmen. So ist ihre Vierercrew wieder komplett. Iwona ist Materialwissenschaftlerin. Sie soll die Zusammensetzung all der Phänomene untersuchen, die ihnen begegnen. Privat ist sie begeistert von Archäologie – und vermutlich auch von einem bestimmten Archäologen.

Boris will das gar nicht genauer wissen. Er gönnt es seinem Freund. Er hat sich nur gewundert, dass Anna nicht darauf bestanden hat, Frida mitzunehmen. Sie verstünden sich besser, wenn sie sich nicht dauernd sähen, hatte Anna gemeint.

»Boris, es wird Zeit.«

Kaum denkt er an Anna, meldet sie sich schon.

»Ich komme.«

Er wirft einen letzten Blick auf Saturn und verabschiedet sich. Es geht erst einmal zurück. Ihr Flug soll evaluiert werden. Haben sie genügend Informationen gesammelt, um weitere Starts zu rechtfertigen? Geraldine scheint es dabei nur zum Teil um den Planeten und seine Monde zu gehen, denn sie hat sie immer wieder gedrängt, die Erde zu beobachten. Santa, der Asteroid, auf dem er Jenna verloren hat, scheint inzwischen dort in einem Orbit angekommen zu sein. Die Erde hat nun also zwei Monde. Wenn Geralts Abschätzungen stimmen, dann steckt ein unglaubliches Energie-Reservoir in dem Asteroiden. Wäre es für Titan vielleicht besser gewesen, wenn sie Koronis nicht gesprengt hätten? Aber Geraldine macht ihnen keine Vorwürfe. Titan braucht keine Hilfe von außen. Sie sind stark genug, sich aus eigener Kraft weiterzuentwickeln.

Langsam kriecht er durch den engen Gang nach unten. Er schiebt die Luke zur Seite und lässt sich in die Zentrale sinken.

»Das wird auch Zeit«, sagt Anna.

»Ja, das wird es«, antwortet er.

4822.4

Sie landen erneut in der Mulde. Die Frachtluke befindet sich nun schon unterhalb des Randes, das sieht er auf dem Bildschirm mit dem Infrarotbild. Beim nächsten Mal sollten sie einen anderen Landeort wählen.

Boris hat ein Deja-vu, als er den Hebel nach unten drückt und gemeinsam mit Anna die Frachtluke öffnet. Sie treten auf die Terrasse und warten, bis sich der Nebel lichtet. Wieder schüttelt er die ölige Flüssigkeit ab, die ihn bedeckt.

»He, du triffst mich, pass doch auf«, sagt Anna.

»Entschuldige.«

Diesmal wartet keine Menschenmenge auf sie. Es ist still. Auch die Lüftung fährt herunter.

»Willkommen zu Hause«, meldet sich Geraldine über die allgemeine Frequenz. »Ich erwarte euch in der Basis.«

So schnell schwindet die Aufmerksamkeit. Boris ist froh, und doch fühlt er sich ein wenig missachtet. Sie leisten wichtige Arbeit für Titan, und so ein Weltraumflug ist nach wie vor gefährlich. Aber das gilt für die Tätigkeit fast aller seiner Mitbürger. Titan ist nicht sehr großzügig im Umgang mit Fehlern, und sie sind noch so wenige, dass der Beitrag jedes einzelnen zählt. Es wäre schade, wenn sich daran etwas ändern würde. Der Mond bietet Platz für eine Milliarde Menschen. Aber dann wäre es nicht mehr Titan.

Der Nebel sinkt auf den Boden der Mulde. Jetzt bemerkt Boris, dass auf dem nun etwas oberhalb von ihm gelegenen Rand jemand steht und winkt. Die Person ist zu weit weg, um Einzelheiten zu erkennen.

»Schau mal, Frida ist gekommen«, sagt er.

»Das kann nicht sein, sie ist heute in der Nähe des Nordpols und untersucht einen Ethansee«, sagt Anna.

»Vielleicht eine Überraschung für dich.«

»Das glaube ich nicht. Ich kenne Frida ganz gut. Aber da winkt wirklich jemand.«

»Ein Abgesandter von Geraldine?«

»Du hast sie doch vorhin gehört. Sie ist in der Basis. Vielleicht hast du einen Fan.«

»Ich, einen Fan?«

»Warum sollte Boris, der Held, keinen Fan haben?«

Er winkt ab. »Veralbern kann ich mich auch allein.«

Sie kraxeln die Wand der Mulde nach oben. Boris muss sich teilweise auf alle Viere begeben, weil die Wand so steil ist. Aber die Bewegung unter Schwerkraft ist angenehm. In der Mikrogravitation unter den Sternen ist er immer zu faul, sich an den Geräten zu quälen. Er keucht, weil er nicht hinter Anna zurückbleiben will. Geralt und Iwona sind weit hinter ihnen. In den Raumanzügen haben sie es aber auch schwerer.

Anna erreicht den Rand als Erste und bleibt plötzlich stehen. Er muss umständlich an ihr vorbei klettern.

»Was ist denn los? Warum stehst du …«

Da ist der Mensch, der ihnen zugewinkt hat. Es ist eine Frau. Sie ist ungewöhnlich klein, fast wie eine Wnutri. Doch sie trägt keinen Raumanzug. Es ist eine Snarushi, ganz eindeutig. Aber – sie sieht aus wie Jenna.

Es ist unglaublich. Diese Ähnlichkeit! Hat Jenna eine Schwester? Dann müsste sie es sein. Er traut seinen Augen nicht.

Aber es sind nicht nur seine Augen, die ihm ein Wunder vorgaukeln. Auch sein Herz spielt ihm diesen fiesen Streich. Es schlägt wie verrückt und ist drauf und dran, seinen Brustkorb zu sprengen. Er räuspert sich, doch das verschafft ihm keine Erleichterung. Es ist grausam, weil es eine Illusion sein muss, das weiß er ganz genau.

»Hallo Anna, hallo Boris, ihr habt ja lange gebraucht«, sagt die Frau.

Es ist Jennas Stimme. Ihre Schwester spricht mit ihrer Stimme. Es müssen eineiige Zwillinge sein. Die Schwester ist Snarushi geworden. Das ist die einzig mögliche Erklärung. Aber sein Herz glaubt ihm nicht. Es will ihn bewegen, einen Schritt nach vorn zu machen, und noch einen, und dann noch einen. Wie in Trance beobachtet er sich dabei. Er geht wirklich auf sie zu! Es ist unfassbar. Und sie lächelt auch noch. Sie müsste ihn abwehren. Er kennt doch Jennas Schwester überhaupt nicht! Wie kann er sich da so sehr von ihr angezogen fühlen? Und warum sagt sie nicht Stopp, keinen Schritt weiter? Nein, im Gegenteil, sie breitet auch noch die Arme aus. Es ist ein magischer Moment. Eine dunkle Kraft verkürzt den Raum zwischen ihnen. Er kann sich nicht wehren. Er steht vor ihr, und im nächsten Moment liegen sie sich schon in den Armen, und kein Mikrometer Platz ist noch zwischen ihnen.

Erst ein paar Stunden später kommt er dazu, sie nach ihrer Veränderung zu fragen. Noch nie hat sich auf Titan ein Erwachsener in einen Snarushi verwandelt. Es ist ein mehrere Umläufe andauernder, schmerzhafter Prozess, der nicht ohne Weiteres rückgängig zu machen ist. Der gesamte Gencode muss umprogrammiert werden, damit das Immunsystem des Körpers die Bestandteile des Pilz-Organismus nicht abstößt.

»Warum hast du denn nichts gesagt?«, fragt er.

»Du hättest versucht, mich davon abzuhalten.«

»Das stimmt.«

»Weil du gedacht hättest, dass ich für dich zur Snarushi werde. Das wäre falsch gewesen. Und deshalb brauchte ich Zeit, um mir erst einmal selbst darüber klar zu werden, was ich will. Am Ende standen die Entscheidung – und die Verwandlung. Ich bin Snarushi, weil ich es will. Es passt besser zu mir. Der Raumanzug hat mich immer behindert. Ich möchte den Titan ganz direkt erleben, ihn in mich aufnehmen. Ich habe ja diesen Menschen erlebt, an Bord des Erdschiffes. Er war so völlig im Reinen mit sich und seinem Körper, aber ohne die Technik wäre er hilflos gewesen. Das hat nicht mehr zu mir gepasst.«

»Und deshalb hast du dich in ein Monster verwandelt?«

Jenna lacht. »Sich in ein Monster zu verwandeln, ist leicht. Du brauchst bloß deine Menschlichkeit abzulegen. Ich aber habe mich in den Menschen verwandelt, der ich wirklich sein will.«

4826.13

Auf dem Gipfel des Schicksalsberges sind sie dem Himmel näher als anderswo. Sie haben keine Schwingen mitgebracht. Boris und Jenna haben sich nebeneinander in den frischen Methanschnee gelegt und sehen in die Wolkendecke, die heute ungewöhnliche Wirbel zeigt. Es sieht ganz danach aus, als wüsste Titan, was ihm bevorsteht. Der Mond scheint aufgeregter als sie. Boris sieht auf die Uhr. Wenn die Berechnungen stimmen, geht es in 60 Sekunden los. Er streicht Jenna ein paar Flocken aus dem Gesicht. Ob Snarushi oder Wnutri, sie ist wunderschön.

»Da!«, sagt sie.

Er blickt in den Himmel, der mit einem Mal voller farbig leuchtender Spuren ist. Der Asteroid hat ein Feuerwerk für sie gezündet, das in diesem Moment wohl alle Titanier beobachten. Boris ist ein Held, dem es meist eher peinlich ist, der Retter der Welt zu sein. Doch um sich den exklusiven Platz auf dem Schicksalsberg zu sichern, nur in Begleitung von Jenna, dafür hat er seinen Ruhm in die Waagschale geworfen, und es hat sich gelohnt. Das Farbenspiel am Himmel ist spektakulär, und das Gefühl, neben Jenna zu liegen, ist richtig; richtiger als alles, was er in seinem Leben je gespürt hat.

Nachwort

Liebe Leserinnen und Leser,

Wenn dies nicht Ihr erster Morris ist, haben Sie vermutlich gerade ihren zweiten Ausflug zum Titan hinter sich. Wir befinden uns 250 Jahre in der Zukunft, und die Erde ist eine andere – ich hoffe nicht, dass es je zu dem in der Handlung vorausgesetzten »großen Krieg« kommen wird. Aber Titan ist ein so faszinierender Mond, dass sich jeder Besuch dort lohnen würde. Meine Bücher sind zwar nicht primär Reiseführer, aber ich möchte immer auch, wie ein guter Reiseführer, das Gefühl vermitteln, sich dort zu befinden.

Diesmal durften Sie dank der Snarushi-Gentechnologie sogar ganz ohne Raumanzug in Methanmeere steigen und sich vom Schicksalsberg (den es wirklich gibt) stürzen. Die beiden Fraktionen, Snarushi und Wnutri, leiten sich übrigens von russischen Adjektiven ab (wnutri, kyrillisch внутри, heißt innen, snarushi, kyrillisch снаружи, heißt außen). Dass Sie immer mal wieder fremdsprachliche Begriffe in meinen Büchern finden, liegt daran, dass ich gern neue Sprachen lerne. Russisch allerdings ist mir schon in der Schule beigebracht worden.

Sie haben Fragen? Ich antworte gern, schreiben Sie mir einfach!

Diese Geschichte hat übrigens auch eine zweite Seite. Was geschieht mit der Erde? Warum wird sie bedroht? Das erfahren Sie in »Einschlag: Erde« von meinem Kollegen John C. Corner:

hardsf.de/links/735690

Eine Bitte noch: Unglaublich wichtig sind für Autoren – Rezensionen, Sie ahnen es. Nur damit findet dieses Buch Leser. Wenn Ihnen der Roman gefallen hat, formulieren Sie doch ein paar Worte hier:

hardsf.de/links/733756

Allerbesten Dank – und noch viel Spaß beim Lesen!

Ihr Brandon Q. Morris

Die Biografie des Saturn erhalten Sie wie immer unter hardsf.de/fortsetzung/ als bebildertes PDF.

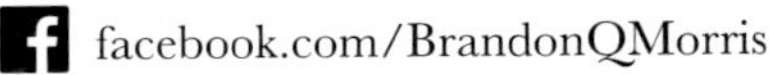

Bücher von Brandon Q. Morris

Mars Nation 1

Endlich hat es die NASA geschafft: Der erste Mensch hat soeben seinen Fuß auf die Oberfläche unseres Nachbarplaneten gesetzt. Damit beginnt ein langer Forschungsaufenthalt, für den die Wissenschaftler ins All geschickt wurden.

Doch die vier Astronauten der Mars-Expedition sind nicht die einzigen mit diesem Reiseziel: Die durch Spenden finanzierte Initiative »Mars für Alle« zieht es ebenfalls auf den roten Planeten – die zwanzig Männer und Frauen möchten dort sesshaft werden und die erste Siedlung auf dem Mars gründen. Schon der Anfang birgt Schwierigkeiten: Das Raumschiff der MfA-Organisation, das kurz nach der NASA eintreffen soll, havariert im Orbit. Nur die vier NASA-Astronauten können jetzt noch helfen und versuchen, die Leben zu retten. Dabei ahnen sie nichts von der unvorstellbaren Katastrophe, die sich hinter ihrem Rücken anbahnt - und die ihre Existenz grundlegend in Frage stellt. Ganz zu schweigen von den alltäglichen Tücken, die ein Aufenthalt auf einem fremden Planeten mit sich bringen kann. Es beginnt ein Kampf um begrenzte Ressourcen, menschlichen Zusammenhalt und das nackte Überleben.

3,99 € – hardsf.de/links/527010

Einschlag: Titan

Vor 250 Jahren hat sich die Menschheit zum großen Teil selbst zerstört. Ein versprengter Haufen von Forschern und Astronauten hat kurz vorher auf dem Saturnmond Titan eine neue Heimat gefunden – und überlebt, indem sich ihre Nachfahren der lebensfeindlichen Umgebung genetisch angepasst haben. Die Titanier, wie sie sich nennen, sind stolz auf die faire Gesellschaft, die sie sich aufgebaut haben, und weinen der alten, langsam wiedererstarkenden Heimat nicht hinterher. Doch dann löst sich aus dem Asteroidengürtel ein 30 Kilometer großer Gesteinsbrocken und nimmt Kurs auf die Erde. Für deren Bewohner muss es so aussehen, als ob das tödliche Bombardement von Titan aus gestartet wurde. Können die Titanier den Einschlag noch verhindern und damit einer ansonsten unweigerlichen kriegerischen Auseinandersetzung mit den Erdlingen aus dem Wege gehen?

Jede Geschichte hat zwei Seiten. "Einschlag: Erde" (hardsf.de/links/735690) von John C. Corner erzählt die andere.

3,99 € – hardsf.de/links/733807

Das Triton-Desaster

Nick hält zwar den offiziellen Weltrekord für Starts ins All, aber eigentlich reizt ihn sein Astronauten-Job schon lange nicht mehr. Erst, als seine Frau ihn verlässt, ändert er sein Leben. Er geht auf das verlockende Angebot eines russischen Milliardärs ein: Wenn er eine simple Reparatur auf dem Neptun-Mond Triton übernimmt, ist er bei seiner Rückkehr mehrfacher Millionär und kann sich als Winzer in Kalifornien zur Ruhe setzen. Den Flug wird er allein unternehmen, und er dauert immerhin vier Jahre, doch das stört ihn nicht. Menschen mag er sowieso nicht besonders. Sein Auftraggeber verschweigt ihm allerdings etwas, das ihn sein Leben kosten könnte - und die Menschheit ihre Existenz ...

3,99 € – hardsf.de/links/680494

The Wall: Ewiger Tag

Judith Rosenberg, Kapitänin des Raumschiffes ARES, steht unter Druck. Nachdem die Vorgängermission abgestürzt ist, soll sie die ersten Menschen auf dem Mars absetzen. Maxim Gontscharow hat derweil mit anderen Problemen zu kämpfen. Er leitet den Aufbau einer internationalen Mondbasis am Südpol des Mondes, wo die Sonne fast immer scheint. Doch seiner Crew gehen langsam die Ressourcen aus. Die Menschheit scheint das Interesse am Mond verloren zu haben. Als die ARES auf einen interstellaren Besucher stößt, klären die Forscher auf dem Mond seine wahre Natur auf: eine Entdeckung mit furchtbaren Folgen, wie Judith und Maxim fast gleichzeitig feststellen müssen ... The Wall: Ewiger Tag schildert ein schicksalhaftes Ereignis, das das Sonnensystem und all seine Bewohner verändert. Doch jedes Schicksal besitzt zwei Seiten. In The Wall: Ewige Nacht von Joshua Tree lernen Sie die andere Seite kennen.

3,99 € – hardsf.de/links/618875

Der Untergang des Universums

Milliarden Jahre lang hat sich die unsterblich gewordene Menschheit in der ganzen Galaxis ausgebreitet. Ihre größte Enttäuschung liegt darin, dass sie keine andere vernunftbegabte Spezies gefunden hat. Jetzt aber steht die Menschheit selbst vor dem Untergang, denn das Universum stirbt einen langsamen Tod. Ihre einzige Hoffnung liegt deshalb im »Rettenden Projekt«. Es soll das Schwarze Loch im Zentrum der Milchstraße in einen Quasar verwandeln, um den Menschen auch in ihren letzten Atemzügen genug Energie zu liefern. Doch dann geschieht etwas, das niemand erwartet hätte – und die Menschheit muss sich und ihre Existenz in völlig neuem Licht betrachten.

3,99 € – hardsf.de/links/527019

Der Untergang des Universums: Geisterreich

Milliarden Jahre lang hat sich die unsterblich gewordene Menschheit in der ganzen Galaxis ausgebreitet. Ihre größte Enttäuschung liegt darin, dass sie keine andere vernunftbegabte Spezies gefunden hat. Jetzt aber steht die Menschheit selbst vor dem Untergang, denn das Universum stirbt einen langsamen Tod. Ihre einzige Hoffnung liegt deshalb im »Rettenden Projekt«. Es soll das Schwarze Loch im Zentrum der Milchstraße in einen Quasar verwandeln, um den Menschen auch in ihren letzten Atemzügen genug Energie zu liefern. Doch dann geschieht etwas, das niemand erwartet hätte – und die Menschheit muss sich und ihre Existenz in völlig neuem Licht betrachten.

3,99 € – hardsf.de/links/566636

Clouds of Venus

Die Venus ist ein lebensfeindlicher Planet, bedeckt von aktiven Vulkanen. Trotzdem startet die NASA eine Expedition, die nach Leben suchen soll, denn die dichten Wolken der heißen Schwester der Erde könnten dafür gute Bedingungen bieten. Ein speziell entwickeltes Airship dient den vier Astronauten als Forschungsplattform. Doch dann entdecken sie auf der glühenden Oberfläche gefährliche Aktivitäten, für die es nur eine Erklärung geben kann: Dort muss eine hoch entwickelte Lebensform am Werk sein.

3,99 € – hardsf.de/links/527016

Helium-3: Kampf um die Zukunft

Das System ist ideal. Vier Gasriesen bieten die einmalige Chance, genug des seltenen Helium-3 abzubauen, um das Überleben ihrer Spezies zu sichern. Dafür haben sie eine lange und gefährliche Reise auf sich genommen – eine Expedition ohne Wiederkehr.

Doch dann müssen sie feststellen: Sie sind nicht allein! Die Anderen sind genauso auf die wertvolle Ressource angewiesen wie sie – aber sie sind so grundverschieden, dass eine Verständigung aussichtslos erscheint. Alles, was bleibt, ist ein Kampf auf Leben und Tod – und um die Zukunft…

3,99 € – hardsf.de/links/527009

The Hole

Ein mysteriöses Objekt droht, unser Sonnensystem zu zerstören. Obwohl das Überleben der Menschheit auf dem Spiel steht, nimmt niemand die Entdeckung der jungen Astrophysikerin Maribel Pedreira ernst. Währenddessen schürft an der Grenze unseres Sonnensystems eine eingeschworene Crew von Außenseitern auf einem Asteroiden nach seltenen Erzen – bis sich herausstellt, dass sie die Letzten und die Einzigen sind, die unsere Welt vielleicht noch retten können.

Denn The Hole rast unerbittlich auf die Sonne zu.

3,99 € – hardsf.de/links/526925

Silent Sun

Verhält sich die Sonne anders als vergleichbare Sterne? Als Astronomen auf Teleskopbildern eine seltsame Entdeckung machen, scheinen sie eine Erklärung für das Rätsel der Sonne gefunden zu haben. Was genau es ist, kann jedoch nur eine erfahrene Crew herausfinden. Vier Menschen machen sich auf den Weg und wissen genau: Was vor ihnen liegt, ist nicht nur bedeutsam für die Vergangenheit, sondern vor allem auch für die Zukunft der gesamten Menschheit.

3,99 € – hardsf.de/links/526991

Der Riss

Quer durch den Himmel verläuft ein Riss. Er ist über Nacht entstanden. Jeder Mensch kann ihn sehen, aber die Physiker verzweifeln, weil sie keinerlei Signale empfangen. Der Riss besteht buchstäblich aus Nichts. Zunächst scheint keine Gefahr von ihm auszugehen, doch dann passiert etwas, das die schlimmsten Befürchtungen der größten Pessimisten weit übertrifft.

3,99 € – hardsf.de/links/527001

Proxima Rising (Proxima 1)

Gegen Ende des 21. Jahrhunderts erreicht die Erde ein Hilferuf vom sonnennächsten Stern Proxima Centauri. Ein Strahlungsausbruch droht, die dortige Zivilisation zu vernichten. Die Menschheit ist ratlos, denn Hilfe zu leisten scheint technisch unmöglich. Einem russischen Milliardär gelingt es trotzdem, mit nicht ganz legalen Mitteln ein bemanntes Raumschiff auf die lange Reise zu schicken. Vor der ungewöhnlichen Crew steht eine übermenschliche Aufgabe. Erst recht, weil die Besatzungsmitglieder nicht mit dem rechnen, was der fremde Planet für sie bereithält.

3,99 € – hardsf.de/links/526922

Proxima Dying (Proxima 2)

Ein intelligenter Roboter und zwei Menschen erforschen Proxima Centauri b. Ihre naiven Vorstellungen über den Verlauf der Mission erweisen sich auf diesem Planeten der Extreme schnell als falsch. Wo sind die Absender des Hilferufs geblieben, der sie dorthin gelockt hat? Weil alle anderen Spuren im Sand verlaufen, setzen die drei ihre letzten Hoffnungen auf eine Expedition ins ewige Eis. Doch die dunkle Seite von Proxima b birgt nicht nur immerwährenden Schatten und mehr Gefahren, als sie bewältigen können – sie fordert auch eine schicksalhafte Entscheidung, die den Planeten dauerhaft verändern wird.

3,99 € – hardsf.de/links/526928

Proxima Dreaming (Proxima 3)

Eva ist verzweifelt. Von der Forschungsmission auf die dunkle Seite des Exoplaneten Proxima Centauri b ist sie als letztes Crewmitglied übriggeblieben. Dann hat sie auch noch aus Versehen einen verhängnisvollen Prozess in Gang gesetzt, der das gesamte System zerstören wird. Während sie lediglich auf ein schnelles Ende hofft, erwacht in unmittelbarer Nähe ein außerirdisches Wesen, das viel zu lange geschlafen hat – und nun den Auftrag bekommt, die zerstörerischen Eindringlinge von der Erde zur Strecke zu bringen.

3,99 € – hardsf.de/links/526921

Enceladus (Eismond 1)

Im Jahre 2031 finden Forscher in den Signalen einer Roboter-Sonde, die den Saturnmond Enceladus studiert, eindeutige Spuren biologischer Aktivität. Beweise für außerirdisches Leben – eine Weltsensation. Fünfzehn Jahre später macht sich ein eilig dafür gebautes, bemanntes Raumschiff auf die weite Reise zum Ringplaneten. Der internationalen Crew stehen nicht nur schwierige siebenundzwanzig Monate bevor: Falls sie es ohne Zwischenfall bis zum Enceladus schafft, muss sie mit einem Bohrschiff den kilometerdicken Eispanzer des Mondes durchdringen. Denn Leben kann nur am Grunde des ewig dunklen Salz-Ozeans existieren, der sich vor Milliarden Jahren in der Schale des Eismondes gebildet hat, sagen die Astrobiologen. Doch schon kurz nach dem Start macht eine Katastrophe ein glückliches Ende des Abenteuers höchst unwahrscheinlich.

2,99 € – hardsf.de/links/526930

Titan (Eismond 2)

2005 setzt die von der Erde gesandte Sonde Huygens auf dem Saturnmond Titan auf. 40 Jahre später empfängt ein Radioteleskop Signale vom Titan, die nur von dem längst vergessenen Lander kommen können. Zur selben Zeit kehrt eine internationale Expedition gerade vom Nachbarmond Enceladus zurück. Die Crew landet auf Titan und stößt dort auf ein gefährliches Geheimnis, das ihre Rückkehr in Frage stellt. Gleichzeitig beginnt auf Enceladus ein Wettlauf mit dem Tod, mit dem niemand gerechnet hat – doch entscheiden können ihn nur die auf Titan festsitzenden Astronauten.

3,99 € – hardsf.de/links/526917

Io (Eismond 3)

Der Jupitermond Io gilt mit seinen Lavaströmen, Schwefelseen, Strahlungsfeldern und ständigen Vulkanausbrüchen als extrem lebensfeindlich. Doch existiert dort wirklich eine Gefahr, die die gesamte Menschheit bedroht? Davor warnt das auf Enceladus entdeckte geheimnisvolle Wesen eindringlich. Die Crew der Internationalen Expedition, eigentlich auf der ersehnten Heimreise, begibt sich widerwillig auf die riskante Mission nach Io. Doch plötzlich droht ein Feind im Inneren, all ihre Hoffnungen zu zerstören, dass sie den Höllenmond lebend verlassen werden.

3,99 € – hardsf.de/links/526920

Enceladus – Die Rückkehr (Eismond 4)

Der russische Multimilliardär Nikolai Schostakowitsch bietet der Crew der ILSE an, eine weitere Reise zum Saturn-Mond Enceladus zu finanzieren. Das Angebot ist zu gut, um es abzulehnen – schließlich bietet die neue Expedition die einmalige Chance, den ehemaligen Bordarzt Marchenko zu retten. Allen ist klar, dass ihr Gönner auch andere Motive verfolgt. Doch die wahren Interessen des Industriellen und die Gefahren, die er dadurch heraufbeschwört, übersteigen jegliche Vorstellungskraft.

3,99 € – hardsf.de/links/526919

Eismond – der Sammelband (Eismond 1-4)

Der Sammelband enthält die vier aufeinander aufbauenden Romane »Enceladus«, »Titan«, »Io« und »Enceladus – die Rückkehr«. Hinweis: »Enceladus«, das erste

Buch der Reihe, ist hier in einer speziellen Version enthalten, die einer chronologischen Erzählweise folgt und einige zusätzliche Szenen bietet. Ihre Meinung dazu würde mich interessieren!

Im Taschenbuch-Layout 1945 Seiten Lesestoff.

9,99 € – hardsf.de/links/526924

Jupiter (Eismond 5)

Das Expeditionsraumschiff ILSE ist mit brisanter Fracht auf dem Weg zur Erde. Doch plötzlich häufen sich die Fehlfunktionen und die Crew gerät in große Gefahr. Es scheint, als hätten alle Schwierigkeiten mit dem Riesenplaneten Jupiter zu tun, dessen Bahn das Schiff gerade kreuzt. Die Expedition bewegt sich auf eine Katastrophe zu – weil eine unbekannte Macht Pläne schmiedet, die die Zukunft der Menschheit beeinflussen sollen.

Jupiter spielt zum Teil zeitlich nach *The Hole*, Sie sollten also zunächst *The Hole* lesen.

3,99 € – hardsf.de/links/526995

Brandon Q. Morris in Englisch

Wussten Sie schon, dass viele meiner Titel auch in englischer Sprache erhältlich sind? Wenn Sie Ihr Englisch aufpolieren möchten oder neugierig auf die Umsetzung sind – schauen Sie doch mal rein! Die Titel sind alle über Kindle Unlimited kostenlos zu lesen (oder für Käufer zum gewohnten Preis)

- The Enceladus Mission: hardsf.de/links/526999
- The Titan Probe: hardsf.de/links/527000
- The Io Encounter: hardsf.de/links/527008
- Return to Enceladus: hardsf.de/links/527011

- The Hole: hardsf.de/links/527017
- Silent Sun: hardsf.de/links/527020
- The Rift: hardsf.de/links/534396
- Proxima Rising: hardsf.de/links/610690
- Proxima Dying: hardsf.de/links/652197
- Proxima Dreaming: hardsf.de/links/705470
- Mars Nation 1: hardsf.de/links/762824

Brandon Q. Morris zum Hören

Auch als Hörbuch gibt es die meisten meiner Bücher bereits. Hören Sie doch mal rein! Bei Amazon zahlen Sie oft nur einen kleinen Aufpreis, wenn Sie das E-Book bereits gekauft haben.

- Enceladus: hardsf.de/links/161101
- Titan: hardsf.de/links/160893
- Io: hardsf.de/links/160941
- Enceladus – Die Rückkehr: hardsf.de/links/160925
- Jupiter: hardsf.de/links/224451
- The Hole: hardsf.de/links/161021
- Silent Sun: hardsf.de/links/184274
- Der Riss: hardsf.de/links/304978
- Mars Nation 1: hardsf.de/links/348145

Science ohne Fiction?

Wenn Sie sich für die Geheimnisse des Alls interessieren, kann ich Ihnen noch diese Titel empfehlen:

- Die neue Biografie des Universums: hardsf.de/links/239871
- Die neue Biografie des Sonnensystems: hardsf.de/links/239894
- Die faszinierende Welt der Quanten: hardsf.de/links/239888
- Die faszinierende Welt von Relativität und

Stringtheorie: hardsf.de/links/239889

Die neue Biografie des Saturn

Der Saturn schmückt sich nicht nur mit einem ganzen Arsenal glänzender Ringe und mit 62 Monden: An seinem Nordpol hat sich ein sechseckiges Wolkenmuster aufgebaut, während der Besucher am Südpol einem uralten Malstrom ins Auge blickt. Von allen Planeten des Sonnensystems besitzt der Saturn die geringste Dichte und ist am stärksten abgeplattet.

Ein Kurzurlaub auf dem Saturn sollte wenigstens drei Sehenswürdigkeiten einschließen. Natürlich, die Ringe muss man gesehen haben, so wie in Berlin das Brandenburger Tor zum Standardprogramm gehört. Doch dazu später, denn die Ringe kennt der Mensch ja sowieso schon seit langer Zeit.

Von wirklichen Geheimnissen umwittert ist hingegen das Hexagon, das sich in zehn Stunden und 39 Minuten einmal um den Nordpol dreht. Jede seiner aus Wolken bestehenden sechs Seiten ist 13.800 Kilometer lang, das ist mehr als ein Erd-Durchmesser. Es hat seine Position nicht verlassen, seit es auf Bildern der Voyager-Sonden erstmals entdeckt wurde. Woher es kommt, wissen die Astronomen noch nicht mit Sicherheit. Sie vermuten, dass es sich um eine Art stehende Welle handelt – ein ähnliches Phänomen wie die Surfwellen in schnell fließenden Gewässern, etwa im Münchner Eisbach.

Immerhin ist es im Labor bereits gelungen, in sich drehenden Flüssigkeiten solche Hexagon-Muster zu erzeugen.

Das Auge des Saturn

In der Mitte des Sechsecks befindet sich ein Wirbelsturm, allerdings ein kleines Exemplar, vergleicht man es mit seinem Pendant am Südpol. Hier bietet sich dem Touristen ein besonders faszinierender Blick, denn es scheint, als beobachte der Planet seinen Besucher mit einem Auge. Lange hatten die Forscher angenommen, dass solche Augen ein typisches Element erdgebundener Wirbelstürme seien – denn selbst in Jupiters Großem Roten Fleck lässt sich keine solche Struktur nachweisen. Saturns Auge ist zugleich der wärmste Punkt des Planeten nahe seiner Oberfläche. Während man sonst mit minus 185 Grad rechnen muss, herrschen dort laue minus 122 Grad Celsius.

Stürme sind auf dem Ringplaneten aber sowieso keine Seltenheit. Hier findet man die zweitschnellsten Wirbelwinde im Sonnensystem, mit Geschwindigkeiten von bis zu 1800 Kilometern pro Stunde. Einmal pro Saturnjahr (das 30 Erdjahre dauert), etwa zur Zeit der Sommersonnenwende, lässt sich ein Großer Weißer Fleck beobachten, der aber nicht so langlebig wie die Flecken des Jupiter ist. Besonders schnelle Stürme nehmen manchmal sogar eine bläuliche Farbe an. Das liegt wohl am Phänomen der Rayleigh-Streuung, die auch für das Blau des Erdhimmels verantwortlich ist.

Dreierlei Wolken

Weiße Flecken und Stürme treten in der Atmosphäre des Saturn auf, die etwa 1000 Kilometer dick ist. Sie enthält vor allem Wasserstoff mit etwas Helium und Spuren weiterer Elemente. Ähnlich wie bei Jupiter besteht sie aus konzentrischen Streifen, die jedoch deutlich feiner sind. Ihre geschichtete Struktur haben Satelliten schon aufgeklärt. Im obersten Bereich, wo ungefähr ein Luftdruck herrscht wie auf der

Erde, bestehen die Wolken aus Ammoniak-Eis. In der Schicht darunter gehen die Temperaturen schon gegen Null Grad Celsius, bei Drücken wie in 100 Metern Wassertiefe auf der Erde. Hier ist das Revier der Wassereis-Wolken. Kurz danach folgt eine Ebene aus Ammonium-Hydrosulfid-Wolken, die schließlich in ein Gebiet übergeht, das von Ammoniak in wässriger Lösung gekennzeichnet ist.

Ähnlich wie bei Jupiter ist dabei keine Oberfläche auszumachen. Druck und Temperatur steigen kontinuierlich, entsprechend verändern sich die Eigenschaften der Stoffe. Unter zunehmendem Druck nimmt der Wasserstoff irgendwann metallische Eigenschaften an, bis man schließlich auf den festen Kern aus Gestein trifft, der zwischen neun und zwanzig Erdmassen haben dürfte und bis zu 11.700 Grad Celsius heiß ist.

Saturn produziert etwa 2,5 Mal mehr Hitze als er über die Sonne empfängt. Den Mechanismus dafür vermutet man einerseits im allmählichen Schrumpfen des Planeten, bei dem Gravitationsenergie frei wird. Doch das reicht (anders als bei Jupiter) wohl nicht. Vermutlich tragen Heliumtropfen, die aus der Hülle langsam in Richtung Kern wandern und dabei Reibungshitze erzeugen, zur Energiebilanz bei. Um den Kern könnte sich mit der Zeit deshalb ein Heliummantel gebildet haben.

Saturns Ringsystem

Saturn wiegt so viel wie 95 Erdkugeln. Und doch ist er der Planet mit der geringsten Dichte im Sonnensystem. Seine mittlere Dichte liegt noch ein Drittel unter der von Wasser. Weil sich das Material so gut zusammendrücken lässt, besitzt der Ringplanet auch die größte Abplattung: Am Äquator ist sein Durchmesser zehn Prozent größer als an den Polen. Diese etwas hässliche Figur macht Saturn aber sehr leicht wieder wett: mit seinem Ringsystem. Zwar weiß man inzwischen, dass alle Gasplaneten Ringe besitzen. Doch nirgends sind sie so eindrucksvoll wie bei Saturn.

Das liegt vor allem an ihrer Zusammensetzung. Die Ringe, die im Mittel nur 20 Kilometer dick sind, bestehen zu 93 Prozent aus sehr sauberem Wassereis, das das einfallende Licht gut reflektiert. Sie erstrecken sich bis zu 120.000 Kilometer in den Weltraum hinaus. Das ist etwa ein Drittel der Entfernung von der Erde zum Mond.

Astronomen haben etwa 100.000 einzelne Ringe gezählt, die in der Regel scharf voneinander abgetrennt sind. Wo sich kleine Monde in die Scheibe schmuggelten, haben diese kleine Schneisen mit sehr niedriger Teilchendichte geschlagen.

Die Teilchen selbst sind zwischen Tausendstel Millimetern und ein paar Metern groß. Ihre Gesamtmasse liegt bei 30 Billiarden Tonnen. Das klingt viel, ist aber etwas weniger als die Masse des 396 Kilometer durchmessenden Mondes Mimas, der die deutlich sichtbare Cassini-Teilung der Ringe erzeugt. Entstanden sind die Ringe vermutlich zur selben Zeit wie der Saturn. Wahrscheinlich sind sie Überbleibsel einer weitaus massiveren Akkretionsscheibe, aus der sich auch die Saturnmonde bildeten. Das ist derzeit wohl die favorisierte Theorie. Ältere Ideen gehen davon aus, dass an dieser Stelle früher ein weiterer Mond den Saturn umkreiste, der jedoch von dessen Gravitationskräften zerrissen wurde.

Die Monde des Saturn

Von den 62 bekannten Monden des Saturn sind nur 13 größer als 50 Kilometer. Immerhin 38 umkreisen den Planeten auf irregulären Bahnen, also etwa andersherum als der Rest oder mit einer anderen Achsneigung. Nicht alle sind vermutlich mit dem Saturn zusammen entstanden, manche wird sich der Planet auch eingefangen haben.

Da auch die Ringe teilweise durchaus aus größeren Objekten bestehen, ist es unmöglich, die Saturnmonde genau zu zählen – schließlich gibt es keine festgelegte Grenze, wann ein Himmelskörper als Mond zählt. Die meisten der großen

Monde, darunter Rhea und Dione, bestehen primär aus Wassereis, manche besitzen auch einen Gesteinskern.

Mimas – wo sich Starwars und Pacman treffen

Mimas schafft es auf der Hitliste der Monde gerade noch unter die Top 20. Gleichzeitig ist er der kleinste Himmelskörper mit annähernd kugelförmiger Gestalt. Der etwa 400 Kilometer durchmessende Mond besteht vor allem aus Wassereis. Auf seiner Oberfläche fällt eine riesige Wunde auf: der Herschel-Krater mit einem Durchmesser von 130 Kilometer. Der Einschlag, der diesen Krater bildete, scheint Mimas beinahe zerstört zu haben. Davon erzählen jedenfalls die Bruchlinien auf der gegenüberliegenden Seite des Mondes.

Nebenbei trägt der Krater dazu bei, die Ähnlichkeit von Mimas mit dem Todesstern des Imperators aus der Starwars-Filmreihe zu vergrößern.

Auch ein anderes Symbol der Popkultur hat es bis auf Mimas geschafft: Eine Karte der Temperaturverteilung auf der Oberfläche sieht aus wie Pacman, der gerade einen Punkt frisst. Dass die Wärme anders verteilt ist als vorhergesagt, stellt die Forscher vor gewisse Rätsel. Sie vermuten, dass das Material, das die jeweilige Oberfläche bedeckt, Wärme unterschiedlich gut leitet beziehungsweise speichert.

Enceladus – der Mond der Eisvulkane

Enceladus ist einer der hellsten Himmelskörper im Sonnensystem. Seine Albedo, sein Reflektionsvermögen, liegt bei fast 100 Prozent. Frisch gefallener Schnee wirft Licht nicht ganz so gut zurück. Dadurch ist der nur 500 Kilometer große Enceladus zwar gut zu sehen. Doch wenn er fast das gesamte Sonnenlicht zurückwirft, bleibt nicht viel, um die Oberfläche zu erwärmen. Mit 200 Grad Frost muss ein Besucher deshalb rechnen.

Das Phänomen wirft außerdem die Frage auf, warum der

Mond so hell ist. Seine Geschwister sind durch kosmischen Staub aus der Umgebung mit den Jahrmillionen dunkler geworden, Enceladus offenbar nicht. Es muss also eine Quelle geben, die immer wieder frische Eiskristalle nachliefert. Sie speist auch eine dünne Atmosphäre, denn Enceladus wäre selbst nicht in der Lage, eine Luftschicht festzuhalten.

Die Quelle hat nach langem Rätseln 2005 die Cassini-Sonde ausgemacht. Sie fotografierte aus der Gegend des Südpols austretende Fontänen aus Eiskristallen. Die Gegend ist von den so genannten Tigerstreifen geprägt, tiefen Brüchen in der Kruste des Enceladus. An einigen Stellen treten hier durch einen bisher nicht vollständig erklärten Mechanismus Eisfontänen aus dem Inneren empor, deren Inhalt sich dann über den gesamten Mond verteilt.

Eine der möglichen Ursachen könnte ein warmer Ozean unter der Oberfläche sein. Erhöht sich der Druck zu sehr, spritzt das Wasser wie bei einem isländischen Geysir mit enormer Geschwindigkeit (1600 km/h) aus den unterirdischen Kammern und gefriert dabei sofort wieder. Die Kristalle erreichen dabei Höhen von bis zu 500 Kilometern und speisen auch Teile der Saturnringe. Die riesigen Fontänen müssen ein großartiger Anblick sein. Dass Enceladus nicht komplett gefroren ist, daran ist wohl Saturn schuld. Seine Anziehungskräfte kneten Gesteinskern und Eismantel des Enceladus so stark durch, dass es zu einer Erwärmung des Materials kommt. Wie sich bei einem nahen Vorbeiflug der Cassini-Sonde 2008 zeigte, ähnelt die Zusammensetzung der Fontänen auffällig der von Kometen, mit Anteilen von Kohlenstoff-Verbindungen und organischen Molekülen. Das hat die Spekulation angeheizt, ob sich im warmen Ozean nicht vielleicht Leben finden könnte – Energie und chemische Voraussetzungen wären jedenfalls gegeben.

Titan – die Methan-Erde

Eine dichte Atmosphäre, Wetterphänomene wie Regen und Schnee, Dünen am Äquator, bis zu 2000 Meter hohe Berge, aber auch große Seen und Flüsse – der Saturnmond Titan weist eine Menge Ähnlichkeiten zur Erde auf. Obwohl nur ein wenig größer als der sonnennächste Planet Merkur, gilt er deshalb als erdähnlichster Himmelskörper in unserem Sonnensystem. Wer jetzt schon daran denkt, ein Grundstück mit Blick auf den Ontario Lacus zu erwerben, der immerhin so groß wie Schleswig-Holstein ist, sollte allerdings auch das Kleingedruckte studieren. Es gibt da nämlich auch ein paar kleinere und größere Unterschiede zu den Verhältnissen bei uns.

Das Surfbrett kann zum Beispiel auf jeden Fall zu Hause bleiben. Die Wellen auf dem See sind maximal einen Millimeter hoch – so war es jedenfalls zu dem Zeitpunkt, als die Cassini-Sonde der NASA das Gewässer mit Radar abtastete. Auch die Tauchausrüstung muss nicht ins Reisegepäck, weil der See im Mittel nur zwischen einem halben und drei Metern Tiefe aufweist. Allerdings könnte sie ganz nützlich sein, um im Freien zu überleben. Denn obwohl der Mond nur ein Siebtel der Schwerkraft der Erde aufweist, lastet seine außerordentlich dichte Atmosphäre mit ziemlicher Schwere auf ihm und all seinen Bewohnern. Auf der Oberfläche müssen Sie mit einem etwa anderthalb mal größeren Luftdruck als auf der Erde rechnen. Stellen Sie sich einfach vor, Sie müssten am Boden eines Swimming Pools leben. Statt nach Sonne und Meer duftet es vermutlich eher nach Tankstelle, denn die Luft besteht zu 98 Prozent aus Stickstoff, gemischt mit Argon, Methan und anderen Kohlenwasserstoffen. Sauerstoff zum Atmen bietet die Atmosphäre leider nicht.

Immerhin besitzt der Titan eine dichte Atmosphäre. Das kann kein anderer Mond von sich behaupten. Da er ein Stück größer als Merkur ist, ginge er aber auch gut als Planet durch.

Dass es auf dem Titan ab und zu regnet, dürfte Sylt- oder Ostsee-Urlauber nicht stören. Die mittleren Temperaturen liegen aber noch deutlich niedriger als im deutschen Hochsommer, nämlich bei rund minus 180 Grad Celsius. Was da auf den Regenschirm tröpfelt, ist bei diesen Temperaturen natürlich kein Wasser, sondern flüssige Kohlenwasserstoffe wie Methan und Ethan. Die Forscher vermuten allerdings, dass sich der Wetterkreislauf auf Titan von dem auf der Erde deutlich unterscheidet. Die Atmosphäre kann nämlich weit mehr Flüssigkeit halten. Und wegen der niedrigen Sonneneinstrahlung verdampft das flüssige Methan viel langsamer. Deshalb dürften auf jahrhundertelange Trockenzeiten vermutlich kurzfristige Überschwemmungen folgen. In der Äquatorregion jedoch fällt kein Regen: Dort kristallisieren durch Wechselwirkungen von Methan mit Sonnenlicht entstandene große Moleküle komplizierterer Kohlenstoff-Verbindungen zu den typischen Dünen aus.

Sogar die Form des Mondes könnte, wie NASA-Forscher vermuten, von der Meteorologie des Himmelskörpers bestimmt sein. Er ist nämlich deutlich stärker abgeplattet, als das aufgrund seiner Rotationsgeschwindigkeit zu vermuten wäre. Also muss er sich entweder früher etwa ein Drittel schneller um seine Achse bewegt haben – oder das in der Atmosphäre vorhandene und auf den Boden regnende Ethan hat die Polkappen zusätzlich schwerer gemacht und so die Abflachung verursacht.

Auch Oberflächenstrukturen werden vom Titan-Wetter geformt: So lassen sich zum Beispiel in Äquatornähe 100 Meter hohe, vom Wind geformte Dünen nachweisen, die zum großen Teil aus Kohlenwasserstoff-Sand bestehen und sich über Hunderte von Kilometern erstrecken. Früher hielt man diese Sandseen für flüssigkeitsgefüllt. Echte Seen finden sich näher an den Polen. Etwa der oben beschriebene Ontario Lacus mit 15.000 Quadratkilometern Fläche, oder das Kraken Mare, das die Ausmaße des Kaspischen Meeres besitzt. Wassereis zu finden, ist kein Problem: Bei den Oberflächentemperaturen ist es hart wie Stein. Sogar Vulkanismus haben die Forscher auf dem Mond nachgewiesen – nur dass statt Lava flüssiges Wasser austritt. Dieses Wasser kommt aus einem riesigen, unterirdischen Reservoir, einem Ozean, den die Wissenschaftler in 45 bis 100 Kilometern Tiefe vermuten.

Die neueste Entdeckung der Cassini-Sonde, gemeldet im

Dezember 2012, ist ein riesiges Fluss-System, das sich mit einigen Verästelungen über etwa 400 Kilometer entlang einer Bruchstelle hinzieht und schließlich in den Methansee Ligeia Mare mündet, der selbst einen Durchmesser von 500 Kilometern besitzt. Die Forscher vermuten, dass er mit einer Flüssigkeit gefüllt ist, wohl mit einem Gemisch aus Ethan und Methan, wie Cassini-Spektrometer-Daten 2008 für den Ontario Lacus nachweisen konnten. Die Bruchstelle, an der sich der Fluss entlang schlängelt, deutet nicht unbedingt auf eine Plattentektonik wie auf der Erde hin. Die Forscher vermuten jedoch, dass die Brüche im Gestein ausreichten, so große Methanseen wie den Ligeia Mare entstehen zu lassen. Statt der Plattentektonik dürfte ein andauerndes Schrumpfen des Mondes dafür zuständig sein: Sein immer noch einigermaßen heißer Kern kühlt sich ab und zieht sich dabei zusammen. Wie bei einem Luftballon wird dadurch die Außenhaut schrumpelig und bekommt Risse.

Hyperion – der fliegende Schwamm

Hyperion könnte mit der Zeichentrickfigur Spongebob bekannt sein, denn der Mond hat viele Merkmale eines Schwamms. Ein Bild sagt dabei mehr als tausend Worte. Der Mond ist der zweitgrößte Himmelskörper im Sonnensystem mit irregulärer Gestalt. Er besteht vor allem aus Wassereis, das jedoch von einer dunklen Staubschicht bedeckt ist.

Wie ein Schwamm oder ein Schweizer Käse ist Hyperion enorm porös: Etwa 30 bis 40 Prozent seines Inneren bestehen aus Leere. Womöglich stellt er das Bruchstück eines weitaus größeren Mondes dar. Durch seine Nähe zum Mondriesen Titan könnte er nach dem Auseinanderbrechen die Atmosphäre des Titan angereichert haben.

Iapetus – der doppelgesichtige Mond

Mit 42 Prozent der Größe des Erdmonds ist Iapetus kein Winzling. Berühmt ist er für seine ausgeprägten Farbunterschiede: Die Seite, die in "Fahrtrichtung" zeigt, also auf der Bahn des Mondes nach vorn, ist weitaus dunkler als Iapetus' Rücken. Iapetus besitzt nämlich eine gebundene Rotation, blickt also immer mit derselben Seite in Bahnrichtung. Heute weiß man, dass eine höchstens einen halben Meter dicke Schicht von Ablagerungen für den Farbunterschied verantwortlich ist.

Diese Ablagerungen blieben zurück, als sich auf der stärker erwärmten Vorderseite Eis, aus dem Iapetus zu 80 Prozent besteht, auflöste (sublimierte). Durch die schwache Gravitation kann das gasförmige Wasser leicht auf die Rückseite migrieren, wo es kälter ist. Deshalb setzt es sich hier und an den Polen wieder als Eis ab, um so zur hellen Farbe beizutragen.

Iapetus besitzt als zweite Besonderheit einen ausgeprägten Wulst um den Äquator. Hier ragt eine den Mond umlaufende Gebirgskette bis zu 20 Kilometer über die Umgebung auf. Iapetus besitzt deshalb einige der höchsten Berge des Sonnensystems. Wie der Wulst entstanden ist, darüber sind sich die Forscher noch nicht einig.

Die Biografie des Saturn erhalten Sie natürlich wie immer unter hardsf.de/fortsetzung/ als bebildertes PDF, außerdem informiere ich Sie dort über neue Titel.